Rente

Alles, was Sie wissen müssen

Detlef Pohl

Rente

Alles, was Sie wissen müssen

Weltbild

Besuchen Sie uns im Internet:
www.weltbild.de

Haftungsausschluss

Die Inhalte dieses Buches sind sorgfältig recherchiert und erarbeitet worden. Dennoch kann weder der Autor noch der Verlag für die Angaben in diesem Buch eine Haftung übernehmen. Weiterhin erklären Autor und Verlag ausdrücklich, dass sie trotz sorgfältiger Auswahl keinerlei Einfluss auf die Gestaltung und die Inhalte der im Buch aufgeführten Internetseiten haben. Deshalb distanzieren sich Autor und Verlag hiermit ausdrücklich von allen Inhalten aller Seiten und machen sich diese Inhalte nicht zu Eigen. Diese Erklärung gilt für alle in diesem Buch aufgeführten Links.

Impressum

Es ist nicht gestattet, Abbildungen und Texte dieses Buches zu digitalisieren, auf digitale Medien zu speichern oder einzeln oder zusammen mit anderen Bildvorlagen/Texten zu manipulieren, es sei denn mit schriftlicher Genehmigung des Verlages.

Weltbild Buchverlag
–Originalausgaben–
Copyright © 2007 by Verlagsgruppe Weltbild GmbH
Steinerne Furt, 86167 Augsburg
Alle Rechte vorbehalten

Der im Text erwähnte Name *eBay* ist ein eingetragenes Markenzeichen.

Projektleitung: Almut Seikel
Redaktion: Dr. Thomas Rosky
Umschlaggestaltung: X-Design, München
Umschlagfoto: Bananastock / Premium
Satz und DTP: KL-Grafik, München
Druck und Bindung: Bagel Roto-Offset GmbH & Co.KG, Schleinitz

Gedruckt auf chlorfrei gebleichtem Papier

Printed in the EU

ISBN 978-3-89897-710-4

Inhalt

Sorgenfrei leben im Alter *12*

Wie die finanzielle Versorgung im Alter gesichert wird *14*

Gesetzliche Altersrente *14*

Betriebsrente *16*

Versorgung für Arbeiter und Angestellte im öffentlichen Dienst *19*

Ruhestand für Beamte *22*

Privatvermögen *25*

Riester-Rente für Ältere *28*

Wohneigentum *32*

Rententeilung nach der Scheidung *34*

Was die gesetzliche Rente bringt *37*

Was eingezahlt wurde, kommt nicht 1:1 heraus *37*

Anspruch auf Rentenauskunft *38*

Wann es Altersrente gibt *42*

Nachteile bei vorzeitiger Altersrente *43*

Teilrente bei Berufstätigkeit von Senioren vor 65 .... *44*

Jährliche Anpassung
von Beitrag und Leistung *46*

Die neueste Rentenreform
und ihre Folgen *48*

Unterlagen für den Antrag
auf Altersrente *52*

Der Übergang zur Altersrente *54*

So stellen Sie einen Rentenantrag *54*

So wehren Sie sich gegen
einen falschen Rentenbescheid *55*

Beratungs- und
Prozesskostenhilfe *58*

Weitere Tipps für Rentner *61*

Rente ins Ausland? *67*

Welche Steuern
Altersrentner zahlen müssen *68*

Zusätzliches Geld vom Staat *70*

Grundsicherung *70*

Wohngeld *72*

Sozialhilfe *75*

Ermäßigte Gebühren mit
Schwerbehindertenausweis *77*

Finanzspritzen für die Freizeit *83*

Ansprüche aus Kranken-, Pflege- und Unfallversicherung 87

Leistungsansprüche aus der
Krankenversicherung der Rentner 87

So können Kassenpatienten sparen 94

Wie sich hohe PKV-Beiträge
im Alter vermeiden lassen 97

Was die Pflegeversicherung
bringt und kostet 98

Wie man an Leistungen
der Pflegeversicherung kommt 103

Die schlimmsten Fallen
der Pflegeversicherung 104

Private Zusatzpflegeversicherung
zahlt sich aus 108

Wie die gesetzliche Unfallversicherung
Rentnern noch helfen kann 110

Kunstfehler beim Arzt 114

Versicherungen für Rentner 118

Welche Policen überflüssig werden 118

So klappt der Ausstieg
aus Versicherungen 121

Weitere wichtige Verträge 123

Sind spezielle Seniorentarife sinnvoll? 124

Wenn die Lebens- oder Privatrentenversicherung fällig wird *129*

Auf Reisen richtig versichert *132*

Geldanlage für Rentner *140*

Vermögensstatus zu Rentenbeginn *140*

Tipps für Anleger ab 60 .... *142*

Sinn und Unsinn von
Verrentungsplänen *145*

Warum Fondssparpläne auch
im Alter interessant sind *148*

Wo es gute Beratung
zu Geldanlagen gibt *151*

Ersparnisse sind nicht
immer sicher *153*

Vorsorge für die Enkel *156*

Kleines Einmaleins des
Verbraucherrechts *158*

Ärger beim Einkauf – vom Internet
bis zur Kaffeefahrt *158*

Tricks von Handwerkern
erfolgreich begegnen *164*

Was bei gelegentlichen Jobs
finanziell zu beachten ist *169*

Erfolgreich mit dem
Vermieter streiten *173*

Reisemängel nicht klaglos
hinnehmen *178*

Betreuung bei eingeschränkter
Entscheidungsfähigkeit *183*

Wenn Sie Geld spenden wollen *184*

Wohnen im Alter *186*

In der bisherigen Mietwohnung
bleiben *186*

Kauf einer Eigentumswohnung *190*

Altenheimverträge *194*

Nießbrauch: mietfrei im
verschenkten Eigenheim *197*

Wohnen im Ausland *199*

Häufige Alltagsärgernisse bestehen *202*

Lästige Werbung *202*

Abonnementverträge beenden *204*

Stress mit dem Finanzamt *206*

Ärger mit Versorgungsfirmen *209*

Probleme mit dem Führerschein *211*

Ihr Recht als Opfer von
Gewalt und Unfall *213*

Richtig vererben 216

Rechtliche Ausgangslage bei
Schenkung und Erbe 216

Schenkung für Erben günstiger 220

Vererben: besser mit Testament 221

Statt Testament: ein Erbvertrag 222

Wer erbt und wer »enterbt«
werden kann 223

Patientenverfügung und
Betreuungsvollmacht 224

Rentner und Steuern 228

Steuern auf Altersrente 228

Steuern auf Pensionen 231

Steuern auf Kapitalversicherungen 232

Steuern auf private
Rentenversicherungen 234

Steuern auf Geldanlagen 236

Steuern auf Immobilien 240

Steuern auf Einkommen 241

Lebensende 247

Was bei einem Todesfall zu tun ist 247

Bestattung: Fallstricke und Preise 248

Obduktion und Organentnahme *251*

Sterbegeld *252*

Hinterbliebenenrente *254*

Grabpflegeverträge *258*

Erneute Heirat *260*

Anhang *261*

Rentenberatung *261*

Schlichtungsstellen/Ombudsleute *263*

Anwaltssuche *265*

Weitere nützliche Adressen
für Rentner *266*

Checklisten *270*

Musterbriefe *300*

Stichwortverzeichnis *349*

Sorgenfrei leben im Alter

Das Bewusstsein des Genusses liegt immer in der Erinnerung, sagt die Schriftstellerin Christa Wolf. Sie muss es wissen, gehört sie doch mit Geburtsjahrgang 1929 zur immer weiter wachsenden Masse der älteren Menschen in Deutschland. Die Republik altert in nie gekanntem Ausmaß. Aber Alter – was heißt das schon? Viele sagen, dass auch beim Älterwerden alles eine Frage der Einstellung ist. In der Tat: Wer mit einer gehörigen Portion Lebenserfahrung ausgestattet in die Phase nach der Berufstätigkeit hineinwächst, steht nicht plötzlich vor einem neuen Leben. Neu ist allenfalls, dass mehr Zeit für Familie, Freunde und Hobbys da ist. Eine besondere Rechtssituation ergibt sich daraus nicht. Allerdings kann man sich mit Rechtsfragen konfrontiert sehen, die man im bisherigen Leben nicht kannte. So etwa, wenn Sie noch einmal etwas für die eigene Bildung tun und an einer Hochschule studieren wollen. Oder wenn gesundheitliche Probleme oder pure Vorsorge Sie über neue Wohnideen wie das betreute Wohnen nachdenken lassen. Oder wenn Sie nicht völlig von der Berufstätigkeit lassen wollen, sich aber mit den Rahmenbedingungen bislang überhaupt nicht vertraut gemacht haben.

Anlässe gibt es viele, um sich mit wachsendem Alter über neue Ziele und Wege klar zu werden. Ganz gewiss kann es dabei nicht schaden, die eigenen Rechte zu kennen. Wer sein ganzes Leben lang gearbeitet hat, wird immer häufiger mit niedriger bzw. nicht steigender Rente, schlechterer medizinischer Versorgung und miserabler Pflegesituation konfrontiert. Dieses Buch soll Ihnen dabei helfen, die wohlverdienten Ansprüche auszuschöpfen. Sie haben es sich verdient.

Da Ihnen aber niemand Geld schenkt – von einer Erbschaft einmal abgesehen –, sollten Sie spätestens ab 60 selbst die Weichen für Ihre finanzielle Unabhängigkeit nach der Berufstätigkeit stellen. Trennen Sie sich von Versicherungen, die kein Mensch braucht. Vergeuden Sie Ihre Ersparnisse nicht länger auf dem niedrig verzinsten Sparbuch. Zieren Sie sich nicht, in angespannter Lebenslage staatliche Finanzhilfen in Anspruch zu nehmen.

Falls nach der Beschäftigung mit dem Buch Fragen offenbleiben: Im Anhang finden Sie seriöse Anschriften und Adressen für das Beratungsgespräch. Keinesfalls soll mit diesem Buch anwaltlicher oder anderweitiger Rat gänzlich ersetzt werden, denn dieser kann im Gegensatz zu einem Buch stärker den Einzelfall berücksichtigen. Dennoch bietet Ihnen dieses Handbuch eine Fülle von Tipps, Anregungen, Musterbriefen und persönlichen Checklisten, die Ihnen zu einem selbstbestimmten Leben im Alter und zu einem souveränen Umgang mit den Anforderungen des Alltags verhelfen können.

Berlin, im Frühjahr 2007   *Detlef Pohl*

Wie die finanzielle Versorgung im Alter gesichert wird

Nach dem aktiven Berufsleben gibt es vom deutschen Staat normalerweise eine Rente. Rund 33 Millionen Deutsche sind Mitglied der gesetzlichen Rentenversicherung. Sie umfasst neben der Altersrente auch Leistungen für Wechselfälle des Lebens, die schon während der Berufstätigkeit auftreten können: Rente wegen verminderter Erwerbsfähigkeit (Invalidenrente), medizinische und berufsfördernde Rehabilitation (um Invalidität zu vermeiden), Rente wegen Todes (Hinterbliebenenrente; Erziehungsrente).
Der Lebensstandard im Alter hängt vor allem von der Höhe der gesetzlichen Altersrente ab. Allerdings wissen immer mehr Vorruheständler und Neurentner: Damit allein kommt man finanziell kaum noch über die Runden.

Gesetzliche Altersrente

Altersrente steht jedem Bürger zu, der während seines Berufslebens Beiträge in die Kassen seines Rentenversicherungsträgers eingezahlt hat – entweder pflichtgemäß (alle Arbeitnehmer; wenige Selbstständige) oder freiwillig (die meisten Selbstständigen). Altersrente gibt es frühestens ab dem 60. Geburtstag, in der Regel ohne Abstriche ab 65 und künftig erst ab 67 (ab Jahrgang 1964). Voraussetzung, dass überhaupt Geld im Alter fließt: Sie waren mindestens fünf Jahre (Altersrente ab 65) oder mindestens 35 Jahre versichert (Altersrente ab 63), oder Sie sind schwerbehindert (Altersrente ab 60). Träger der gesetzlichen

Rentenversicherung ist die Deutsche Rentenversicherung Bund (ehemals BfA und VDR). Die weiteren Bundesträger Bahnversicherungsanstalt, Bundesknappschaft und Seekasse sind nun zum Sonderträger Deutsche Rentenversicherung Knappschaft-Bahn-See verschmolzen worden. Die früheren regionalen Landesversicherungsanstalten (LVA) firmieren nun unter Deutsche Rentenversicherung in den Regionen, etwa Deutsche Rentenversicherung Bayern Süd (Adressen → Seite 261–263).

Altersrente stellt für die Mehrzahl der Bürger die wichtigste Säule ihrer Altersvorsorge dar – neben Betriebsrenten, Pensionen, berufsständischen Versorgungswerken und privater Vorsorge (private Versicherungen, Ersparnisse, Immobilien). Diese Rente ist sicher. Der geflügelte Ausspruch des früheren Sozialministers Norbert Blüm stimmt tatsächlich. Nur die Höhe der Rente ist leider nicht sicher. Derzeit kann ein deutscher »Eckrentner« mit rund 50 Prozent seines Nettoeinkommens als Altersrente rechnen, Tendenz allerdings fallend. Derzeit kommen da für Menschen mit durchschnittlichem Einkommen 1082 Euro netto an Altersrente heraus (Ost: 951 Euro). Im angespannten Arbeitsmarkt ist der Eckrentner aber eine aussterbende Spezies. Unter einem »Eckrentner« versteht man eine Person, die es auf 45 Arbeitsjahre gebracht hat. Die meisten Deutschen arbeiten – zum Teil unfreiwillig – heute schon wesentlich kürzer und zahlen demzufolge weniger in die gesetzliche Rentenversicherung ein. Fatale Folge: Vier von fünf Rentnern müssen sich im Alter mit Leistungen zwischen 300 und 750 Euro pro Monat bescheiden. Also darf sich niemand ernsthaft auf diese Grundsicherung im Alter allein verlassen, soll es nicht zu finanziellen Engpässen nach dem Ende der Berufstätigkeit kommen. Theoretisch wird die Rente zwar jedes Jahr in Abhän-

gigkeit von der Lohnentwicklung dynamisiert. Dies führte jedoch seit mehreren Jahren zu Nullrunden.
Wie sicher ist die Rente? Seriöse Prognosen gehen davon aus, dass sie keine Rundumversorgung mehr fürs Alter bietet. Schon heute arbeiten nur noch etwa 48 Prozent der über 55-Jährigen. Zudem hat sich die Rentenbezugszeit in den vergangenen 40 Jahren von 10 auf 17 Jahre deutlich erhöht. Abgesehen von den Zwängen wachsender Überalterung verpflichtet das Grundgesetz den Staat lediglich, dem einzelnen Bürger eine Mindestausstattung für seine soziale Sicherung zu garantieren. Von Versorgungs- oder Wohlfahrtsstaat ist da keine Rede. Die gesetzliche Rentenversicherung ist der dickste Knoten im sozialen Netz Deutschlands, das ohne Reformen in Zukunft eben nicht mehr solide finanziert werden kann. Ein schwieriger Weg des Abschiednehmens von Besitzständen liegt vor uns. Übrig bleiben wird vermutlich eine Rente, die gemessen an heutigen Maßstäben nur noch eine Halbrente ist. Hinzu kommt ein zusätzliches Problem bei der Finanzierung der Renten: Die Anzahl der Hochbetagten steigt. Was für den Einzelnen bei guter Gesundheit einen Glücksfall darstellt, erweist sich für die Rentenversicherung und vor allem für jüngere Generationen als Unglück. Schließlich muss die Altersrente immer länger bezahlt werden, und zwar mit potenziell wachsenden Beiträgen von immer weniger Arbeitenden. Für das Jahr 2030 hat die Bundesregierung nur noch ein Rentenniveau von 43 Prozent des letzten Bruttoeinkommens avisiert.

Betriebsrente

Früher hatte zumeist der Arbeitgeber über Lohn bzw. Gehalt hinaus etwas fürs Alter der Mitarbeiter angelegt – in Form betrieblicher Altersversorgung (Betriebsrente). Inzwischen ist diese freiwillige Sozialleistung jedoch heftig zusammengestrichen worden. Und in weiten Teilen der Wirtschaft wird sie gar nicht mehr angeboten. Der Weg zur Betriebsrente führt meist nur noch darüber, dass Arbeitnehmer auf einen Teil ihres Barlohns verzichten und diesen Teil in eine Betriebsrente stecken (Entgeltumwandlung). Darauf hat seit 2002 jeder Arbeitnehmer einen Rechtsanspruch, wenn er in eine Direktversicherung, Pensionskasse oder einen Pensionsfonds einzahlt.

Der Arbeitgeber muss mindestens eine betriebliche Versorgungsform anbieten – welche, das darf er selbst entscheiden. Für 2007 kann jeder Arbeitnehmer bundeseinheitlich maximal 2520 Euro vom Jahreseinkommen in einen betrieblichen Vorsorgevertrag einzahlen, ohne extra dafür Lohnsteuer zahlen zu müssen (§ 3 Nr. 63 EStG). Bis zu dieser Höhe seiner Entgeltumwandlung spart er auch die Beiträge zur Sozialversicherung (zumindest bis Ende 2008; bei Bezahlung durch den Arbeitgeber auch über 2008 hinaus). Bei Neuabschlüssen seit dem 1. Januar 2005 können Betriebsrentenverträge sogar noch bis zu 1800 Euro pro Jahr höher dotiert sein, ohne dass der Betroffene für die Beiträge Lohnsteuer zahlen muss; dafür fallen jedoch Sozialabgaben an.

Gefördert werden ausschließlich Einzahlungen, nicht mehr – wie früher häufig üblich – die späteren Auszahlungen im Rentenalter. Die verstärkte Förderung der Betriebsrente folgt nämlich dem Prinzip der nachgelagerten Besteuerung.

Das heißt: Da die Einzahlungen aus unversteuertem Einkommen erfolgen, unterliegen erst die Auszahlungen im Rentenalter der Einkommensteuer (→ Seite 228–246). Zudem sind Betriebsrenten bei späterer Bedürftigkeit vor dem Zugriff des Staates sicher: Bei der

Bedürftigkeitsprüfung für Arbeitslosengeld II oder Sozialhilfe werden sie nicht angerechnet. Sie gelten als sogenanntes Schonvermögen. Unterm Strich fließen in großen Firmen häufig 500 Euro pro Monat Betriebsrente. Die Auszahlungen unterliegen jedoch dem vollen individuellen Satz der Einkommensteuer. Gesetzlich Kranken- und Pflegeversicherte müssen dann auch zum vollen Beitragssatz aus ihrer Betriebsrente in die Kranken- und Pflegeversicherung einzahlen. Das hat für viel böses Blut und eine Klagewelle vor Gericht gesorgt, scheint aber vergebens gewesen zu sein.

Aktuelle Urteile zur Betriebsrente

§ Die Auszahlung von Betriebsrenten ist seit 2004 mit vollem Beitrag für die gesetzliche Kranken- und Pflegeversicherung belegt. Dies sei rechtens, entschied das Bundessozialgericht (BSG) mit Urteil vom 21. September 2005 (Az.: B 12 KR 12/04). Nicht betroffen seien lediglich kleine Betriebsrenten von bis zu 119 Euro pro Monat.

§ Voller Beitrag für die gesetzliche Kranken- und Pflegeversicherung ist auch bei Kapitalabfindungen von Direktversicherungen fällig. Solche Einmalzahlungen unterliegen für längstens zehn Jahre der SV-Pflicht, entschied das BSG am 13. September 2006 (Az.: B 12 KR 1/06). Dabei sei es gleichgültig, ob der Arbeitgeber die Beiträge komplett oder überwiegend gezahlt hat.

§ Wenn eine Firma pleitegeht, darf der Insolvenzverwalter nicht Direktversicherungen zu Geld machen und den jeweiligen Rückkaufswert vom Versicherer verlangen. Denn bei Insolvenz des Arbeitgebers gehört der Rückkaufswert zum Vermögen des Bezugsberechtigten, entschied der Bundesgerichtshof (BGH) mit Urteil vom 3. Mai 2006 (Az.: IV ZR 134/05).

Versorgung für Arbeiter und Angestellte im öffentlichen Dienst

Von seinen Dienern erwartet der Staat ganz besondere Loyalität und Pflichtbewusstsein. Dafür sorgt er sich auch besonders um sie – bis ins Alter. In Deutschland gibt es im öffentlichen Dienst drei Beschäftigtengruppen: Angestellte, Arbeiter und Beamte. Für öffentlich bedienstete Angestellte und Arbeiter gelten im Prinzip die gleichen Regeln zur gesetzlichen Rentenversicherung wie für alle anderen Arbeitnehmer auch; die meisten sind pflichtversichert. Es gibt aber eine Zusatzrente (»Pflichtversorgung«), die die gesetzliche Altersrente aufstockt. Das sind die Eckpunkte:

➤ Seit 2002 berechnet sich die Zusatzrente nicht mehr nach dem Nettogehalt vor Rentenbeginn, sondern aus der Summe der eingezahlten Beiträge. Nach dem Versorgungspunktemodell (nach Gehalt und Alter) wird eine Leistung zugesagt, die sich ergeben würde, wenn 4 Prozent des Bruttoeinkommens vollständig in ein kapitalgedecktes System eingezahlt würden.

➤ Tatsächlich aber bleibt es zur Finanzierung der Zusatzrente bei einer Umlage: Arbeitnehmer zahlen zwar nur wenig ein (1,41 Prozent ihres Bruttoentgelts, Arbeitgeber 6,45 Prozent), können sich der Höhe ihrer Leistung aber nicht lebenslang sicher sein.

In keinem Fall mehr werden in der Summe aus gesetzlicher Altersrente und Zusatzrente wie früher 75 Prozent des letzten Bruttoeinkommens der öffentlich bediensteten Arbeiter und Angestellten erreicht. Im Gegenteil: Durch den Systemwechsel der Pflichtversorgung vom Nettogehaltmodell auf das Versorgungspunktemodell haben viele Arbeiter und Ange-

Aktuelle Urteile zur Zusatzrente im öffentlichen Dienst

§ Wer im öffentlichen Dienst arbeitet und in eingetragener Lebenspartnerschaft lebt, kann, anders als ein Ehepartner, keinen Anspruch auf Hinterbliebenenrente aus der VBL geltend machen. So entschied der Bundesgerichtshof (BGH) mit Urteil vom 14. Februar 2007 (Az.: IV ZR 267/04).

§ Die Umrechnung für viele rentenferne Jahrgänge ist falsch, sagte das Oberlandesgericht Karlsruhe mit Urteil vom 22. September 2005 (Az.: 12 U 99/04 – Revision beim BGH).

§ Für rentennahe Jahrgänge fand das Oberlandesgericht (OLG) Karlsruhe mit Urteil vom 7. Dezember 2006 die Umrechnung in Ordnung (Az.: 12 U 91/05 – Revision beim BGH).

§ Immerhin hat das OLG Karlsruhe Betroffenen mit Urteil vom 1. März 2007 erlaubt, auch noch später als sechs Monate nach Mitteilung der »Startgutschrift« durch die VBL zu widersprechen und damit für höhere Rente zu streiten (Az.: 12 U 40/06).

stellte im öffentlichen Dienst Einbußen zu erwarten. Wer 2002 schon Altersrente bekam, für den ändert sich nichts. Die jetzige Satzung des Trägers – der Versorgungsanstalt des Bundes und der Länder (VBL; Adresse → Seite 263) – enthält Übergangsregelungen für die früheren Rentenanwartschaften. Diese Anwartschaften wurden wertmäßig festgestellt und als sogenannte Startgutschriften auf die neuen Versorgungskonten übertragen. Dabei wird unterschieden zwischen rentennahen Jahrgängen (die Neujahr 2002 das 55. Lebensjahr vollendet hatten) und den jüngeren, rentenfernen Jahrgängen. Die Anwartschaften der rund 200 000 rentennahen Versicherten werden weitgehend nach dem alten Satzungsrecht ermittelt und übertragen. Die Anwartschaften der rund 1,7 Millionen »Rentenfernen« werden schlechter umgestellt. Darüber ist heftiger juristischer Streit entbrannt (→ Seite 20).

Mehr als 220 000 Beanstandungen der sogenannten Startgutschriften gab es bei der Umrechnung, von denen viele beim Bundesgerichtshof gelandet, aber vielfach noch nicht entschieden sind. Vorwurf: Durch den Systemwechsel bekommen viele angestellte Staatsdiener weniger Zusatzrente. Im Einzelfall fehlen bis zu 100 Euro im Monat und mehr.

Vergleich der Zusatzrente für Arbeitnehmer im öffentlichen Dienst[1] nach altem und neuem Recht

Jahrgang	Zusatzrente pro Monat [Euro]			
	altes Recht[2]	neues Recht[2]	Startgutschrift	Vergleichshöhe[3]
	Single			
1945	280	342	265	295
1955	456	387	191	319
1965	606	493	121	271
1975	774	676	51	135
	Ehepaar			
1945	558	508	431	295
1955	768	493	297	319
1965	964	555	183	271
1975	1193	693	68	135

[1] Durchschnittsverdiener; 45 Beitragsjahre
[2] Rentenanwartschaft im 1. Jahr
[3] Anspruch auf Zusatzrente bis 31.12. 2001 (Berechnung von Beginn an nach neuem System)

Quelle: Stiftung Warentest 2007

Die Stiftung Warentest hat die Startgutschriften des neuen Systems mit dem Rentenanspruch verglichen, den die Versicherten bis Ende 2001 erworben hatten (→ Tabelle Seite 21). Ergebnis: Wer nur noch wenige Jahre bis zur Rente arbeiten muss, ist mit dem neuen System meist recht gut bedient. Wer dagegen noch lange bis zur Rente braucht, schneidet schlechter ab, insbesondere Verheiratete. Dennoch gab es generell zur Neuordnung keine Alternative, denn die Kosten für die Zusatzrente genannte Pflichtversicherung liefen aus dem Ruder.

Beispiel: Ein Single (Jahrgang 1955), der nach 45 Dienstjahren in Rente gehen will, hätte bis Ende 2001 einen Anspruch von 319 Euro pro Monat erworben, wenn die Zusatzrente bis zu diesem Termin nach dem neuen Punktesystem berechnet worden wäre. Seine Startgutschrift beträgt aber nur 191 Euro, also 128 Euro weniger. Nach neuem Recht hat er unterm Strich knapp 70 Euro weniger im Portemonnaie. Daher bieten Länder und Kommunen inzwischen verstärkt auch Formen der Entgeltumwandlung wie in der Privatwirtschaft an (→ Seite 16–18). Diese sogenannte freiwillige Versicherung setzt voll auf Kapitaldeckung und scheint damit zukunftssicherer. Für Bundesarbeitnehmer gibt es noch keinen solchen Entgeltumwandlungs-Tarifvertrag (Stand: Mai 2007).

Ruhestand für Beamte

Beamte bekommen keine Rente, sondern Pension. Sie zahlen also gar nichts in die gesetzliche Rentenversicherung ein, haben aber auch nichts von ihr zu erwarten. Die Altersvorsorge übernimmt der Arbeitgeber (Dienstherr genannt), und damit letztlich der Steuerzahler. Nach dem Beamtenversorgungsgesetz steht ihnen Pension (Ruhegehalt genannt) in Höhe der letzten Tätigkeit (Amt genannt) zu, wenn dieses Amt mindestens zwei Jahre ausgeübt wurde. Die Pension wird nach Dienstjahren berechnet. Von 2001 an gibt es für jedes Dienstjahr 1,794 Prozent. Um die Pension zu ermitteln, wird diese Zahl einfach mit den ruhegehaltsfähigen Dienstbezügen multipliziert. Ruhegehaltsfähige Dienstbezüge sind im Wesentlichen das letzte Grundgehalt, der Ortszuschlag und womöglich ruhegehaltsfähige Zulagen.

Faustregel: Die Mindestversorgung liegt bei 35 Prozent der Dienstbezüge. Je nach Dienstzeit (jedes Jahr steigt die Pension um besagte 1,794 Prozent) sind maximal 75 Prozent der Dienstbezüge drin – allerdings erst nach 40 Dienstjahren. Achtung: Durch das Versorgungsreformgesetz 1998 wird bei Beamten künftig bei jeder »Gehaltserhöhung« ein Teil der Erhöhung einbehalten und in ein Sondervermögen eingezahlt, das zur Bezahlung künftiger Pensionen angelegt wird. Dies führt zu einer dauerhaften Senkung der Besoldung und Pension um drei Prozent. Zudem wird durch das Versorgungsänderungsgesetz (2001) der Höchstsatz in mehreren Schritten von 75 Prozent auf 71,75 Prozent im Jahr 2010 abgesenkt. (Beamte, die schon zuvor in den Ruhestand gegangen waren, sind davon nicht betroffen.)

Der Vorteil der Beamtenversorgung liegt auf der Hand: Im Gegensatz zur gesetzlichen Rente, wo das Durchschnittseinkommen aller Jahre zugrunde gelegt wird, zählt bei Beamten das letzte und damit höchste Grundgehalt zur Berechnung der Pension. Scheiden Beamte aus ihrem Dienstverhältnis ohne Anspruch auf Pension aus (insbesondere während der bis zu drei Probejahre), so werden sie in der gesetzlichen Rentenversicherung nachversichert. Dann wird so getan, als wären sie immer versichert gewesen. Diese Nachversicherung bezahlt einzig und allein der bisherige Dienstherr. Das laufende Gehalt während des Arbeitslebens richtet sich wiederum ganz nach der Laufbahn. Im höheren Dienst gibt es am meisten Geld. Das Mindestruhegehalt für Beamte (Voraussetzung: mindestens fünf Dienstjahre) beträgt rund 1200 Euro im Monat (35 Prozent der Dienstbezüge). Übrigens: Beamte stehen auch bei einem Unfall bzw. ihre Angehörigen nach dem Tod besser da als mit der gesetzlichen Rentenversicherung. So gibt es keine fünf Jahre Wartezeit, ehe bei Dienstunfall oder Tod Leistungen beansprucht werden können.

Ruhestandsbeamte werden von besonderen Dienststellen betreut. Diese informieren und beraten in allen Fragen des Ruhestands, und zwar nicht nur Pensionäre, sondern auch aktive Beamte. Denn bei den Pensionen der Beamten knirscht es gewaltig. Die zunehmenden Pensionslasten werden die deutschen Bundesländer bis 2020 nahe an den Rand der Zahlungsunfähigkeit treiben. Zu diesem Fazit kommt eine gemeinsame Studie der Stiftung Marktwirtschaft und der Albert-Ludwig-Universität Freiburg. Die Länder werden dann zwischen sechs Prozent (Sachsen) und 27 Prozent (Hamburg) ihrer künftigen Steuereinnahmen für die Versorgungsleistungen ihrer Beamten aufwenden müssen. Immerhin haben einige Länder begonnen, Rücklagen für Pensionslasten zu bilden (Versorgungsfonds). Auch der Bund zahlt seit dem 1. Januar 2007 für neu eingestellte Beamte und Soldaten in einen Pensionsfonds ein, der von der Bundesbank verwaltet wird. Erste Auszahlungen sind jedoch nicht vor 2020 vorgesehen. Bis dahin müsste im Zweifel der Steuerzahler die Pensionslasten (aktuell beim Bund: 8,5 Milliarden Euro pro Jahr) über höhere Steuern finanzieren.

Privatvermögen

Die privaten Haushalte in Deutschland sind heute so vermögend wie nie zuvor. Fasst man das Geld- und Sachvermögen zusammen, so kommen allein im Westen der Republik über sechs Billionen Euro zusammen – das sind 6 000 000 000 000 Euro. Davon entfallen zwei Drittel auf Sachvermögen (Wohneigentum, Ausstattung mit langlebigen Gebrauchsgütern), ein Drittel auf Geldvermögen. Nach einer Untersuchung der Deutschen Bank legten die Privathaushalte zu Beginn des neuen Jahrtausends jedes Jahr etwa 176 Milliarden Euro zurück. Pro Haushalt sind das rund 3120 Euro im Jahr, also etwa 260 Euro pro Monat. Deutschland ist also immer noch ein reiches Land, zumindest was den Durchschnitt betrifft.

Die Untersuchung zeigte darüber hinaus, dass gerade bei den Haushalten der 35- bis 54-Jährigen überdurchschnittlich viel Rücklagen gebildet werden: Sie machen nur 35 Prozent aller Haushalte aus, tragen aber zu 50 Prozent zur gesamten Ersparnisbildung bei. Dabei hat sich die Struktur der Geldvermögen privater Haushalte in Deutschland in den letzten 20 Jahren dramatisch verändert. Die Sparer setzen stärker auf die Rendite; aus Sparern werden damit sprichwörtlich Anleger, die Fonds und Wertpapiere für sich entdeckt haben.

Eine Studie des Deutschen Instituts für Altersvorsorge (DIA) in Köln hatte im Jahr 2002 ergeben, dass über 80 Prozent der Haushalte über positives Vermögen verfügen. 82 Prozent davon gaben nennenswertes Vermögen an – im Schnitt 143 000 Euro (davon aber im Schnitt nur 32 000 Euro Finanzvermögen). Mit steigendem Alter ist die Fähigkeit zum Sparen offensichtlich stärker ausgeprägt, wie die folgende Tabelle sehr anschaulich zeigt:

Wie in welchem Alter gespart wird

Sparfähigkeit	Alter (Angaben in %) 30–59	ab 60
Am Monatsende ist immer reichlich Geld übrig.	13,2	14,5
Am Monatsende ist oft etwas Geld übrig.	45,0	58,0
Es bleibt nur etwas Geld bei einmaligen zusätzlichen Einkünften übrig.	17,8	10,8
Am Monatsende hat es öfter nicht gereicht.	19,5	12,9
Am Monatsende hat das Geld nie gereicht.	4,5	3,8

Quelle: DIA »Sparen in Deutschland«

In einer anderen DIA-Studie war herausgekommen, dass die Jahrgänge zwischen 50 und 65 das größte Geldvermögen besitzen. So kommen 55- bis 59-Jährige im Schnitt auf 53 690 Euro Geldvermögen (samt Rückkaufswerten für Kapitalversicherungen). Es folgen die 60- bis 64-Jährigen mit knapp 50 000 Euro Geldvermögen und dann die 50- bis 54-Jährigen mit reichlich 48 000 Euro. Letztere Altersgruppe spart am meisten von allen Altersgruppen in Deutschland (13 Prozent Sparquote).

Inzwischen steht fest: Den deutschen Rentnern geht es wirklich nicht schlecht. Denn das durchschnittliche Nettoeinkommen der Rentnerhaushalte beträgt 1953 Euro. Das hat eine Allensbach-Umfrage im Auftrag der Postbank Anfang 2007 ergeben.

Betrachtet nach Regionen sowie Schul- und Berufsausbildung ergeben sich aber große Unterschiede. So kommen beispielsweise ostdeutsche Ruheständlerhaushalte nur auf durchschnittlich 1647 Euro im Monat – das sind rund 19 Prozent weniger als im Westen (2040 Euro). Das meiste Geld steht Ruheständlern im Rhein-Main-Gebiet sowie im Südwesten Deutschlands zur Verfügung.

So viel haben Rentner bar zur Verfügung

Region	Durchschnittseinkommen netto pro Monat (Euro)
Rhein-Main/Südwest	2207
Bayern	2036
NRW	1969
Nord	1920
Berlin	1844
Thüringen; Sachsen	1701
Mecklenburg-Vorpommern; Brandenburg; Sachsen-Anhalt	1579
BRD (West gesamt)	2040
BRD (Ost gesamt)	1647

Quelle: Postbank-Altersvorsorge-Studie 01/2007

Große Unterschiede gibt es auch bei den Quellen, aus denen sich die Einkommen der Ruheständlerhaushalte speisen. So verfügen in Westdeutschland 89 Prozent über eine gesetzliche Rente, in Ostdeutschland sind es 92 Prozent. Zahlungen aus einer betrieblichen Altersvorsorge erhalten im Westen 37 Prozent der Rentnerhaushalte, im Osten sind es lediglich 9 Prozent. 45 Prozent der westdeutschen Ruheständler besitzen ein eigenes Haus oder eine eigene Wohnung, in Ostdeutschland sind es nur 28 Prozent. Auch verfügen zehn Prozent der westdeutschen Rentner und Pensionäre über Aktien, während dies bei den Ostdeutschen mit fünf Prozent nur halb so häufig der Fall ist. Nach Berufsgruppen differenziert zeigt sich, dass pensionierte Beamte mit 2578 Euro über das mit Abstand höchste Altersgeld verfügen. Ehemalige Angestellte kommen auf durchschnittlich 2009 Euro – das ist mehr, als Selbstständige und Freiberufler (1951 Euro) sowie Arbeiter (1710 Euro) erhalten.

Riester-Rente für Ältere

Viele wissen nicht, dass die Riester-Rente, die 2002 aus der Taufe gehoben wurde, kein zusätzliches Geld im Alter bringt, sondern nur Ersatz für die Kürzung der Altersrenten durch die Rentenreform 2002 bietet. Der Staat zahlt Zulagen, falls die neue Lücke freiwillig durch private Vorsorge aufgefüllt wird. Die Botschaft: Wer Pflichtbeiträge zur gesetzlichen Rentenversicherung einzahlen muss und ergänzend privat vorsorgt, kann die Kürzung der gesetzlichen Altersrente privat ungefähr ausgleichen. Die Initiative geht auf den früheren Bundesarbeitsminister Walter Riester zurück – daher die Bezeichnung Riester-Rente. Sie wird nach einer zeitlichen Stufenleiter immer stärker gefördert. Die Endstufe mit der höchsten Förderung wird 2008 erreicht. Gefördert wird eine Einzahlung von bis zu vier Prozent des individuellen rentenversicherungspflichtigen Bruttoeinkommens des jeweiligen Vorjahres.

Mit der Riester-Rente wurde die sogenannte nachgelagerte Besteuerung eingeführt. Das heißt: Da die Einzahlungen aus unversteuertem Einkommen erfolgen, unterliegen erst die Auszahlungen im Rentenalter der

So viel Riester-Zulage ist drin

Jahr	Grundzulage pro Ehepartner	Zulage pro Kind	Mindesteigenbeitrag[1]
2005	76	92	60
2006	114	138	60
2007	114	138	60
ab 2008	154	185	60

[1] mit 1 Kind (für Kinderlose mehr; für alle anderen weniger); Angaben in Euro

> **Tipp:** Wer nicht staatlich gefördert wird (Unternehmer, freiwillig gesetzlich Rentenversicherte sowie Angehörige berufsständischer Versorgungseinrichtungen), kann durch die Hintertür doch noch in den Genuss der Förderung kommen – als Ehepartner einer geförderten Person (auch Hausfrauen), sofern beide Partner gemeinsam steuerlich veranlagt werden. Das bedeutet zum Beispiel für eine Hausfrau, dass sie einen eigenen Riester-Vertrag abschließt. Die Einzahlung kann ausschließlich aus der Zulage (Förderung) bestehen. Es muss also kein einziger Euro selbst bezahlt werden. Zumindest gibt es dafür keine gesetzliche Vorgabe.

Einkommensteuer – und zwar in voller Höhe. Der individuelle Steuersatz ist im Alter jedoch traditionell deutlich geringer als in der Phase der Berufstätigkeit. Gefördert werden nicht beliebige Geldanlagen, sondern nur staatlich zertifizierte Sparpläne mit regelmäßigen monatlichen Einzahlungen in private Rentenversicherungen, Investmentfonds oder Banksparpläne. Gegenüber ungeförderten Sparplänen gibt es jedoch einige besondere Anforderungen. So muss der Anbieter garantieren, dass der gesamte eingezahlte Beitrag zu Beginn der Auszahlungen im Rentenalter auch wirklich zur Verfügung steht (Beitragserhalt). Das Geld darf also nicht verspekuliert worden sein. Zudem darf man sich später das Kapital – frühestens ab 60 – in der Regel nicht komplett auszahlen lassen (maximal: 30 Prozent), sondern nur als gleichbleibende oder steigende monatliche Zusatzrente bis ans Lebensende. Wenn alle Anforderungen an das Produkt erfüllt sind, gibt es ein staatliches Zertifikat. Die Zertifizierung kann auch im Internet nachgeprüft werden (www.bafin.de/datenbanken/zertifizierung.xls).

Sie ist jedoch kein staatliches Gütesiegel. Ein Vertrag mit Zertifizierungsnummer garantiert also nicht, dass der Anbieter die Leistungen in der versprochenen Höhe auch tatsächlich erbringen kann. Ob das Angebot lohnt, muss der Anleger vorher selber durch Vergleich verschiedener Anbieter herausbekommen (→ Checkliste 1 auf Seite 270).

Die Stiftung Warentest untersucht in regelmäßigen Abständen die Riester-Angebote. Zum Beispiel die Riester-Banksparpläne: Gewöhnlich werfen Banksparpläne zwischen 3 und 6 Prozent Rendite pro Jahr ab. Durch die Riester-Förderung werden bei 25 Jahren Laufzeit daraus etwa 7 bis 9 Prozent. Die genaue persönliche Rendite richtet sich nach dem Einkommen und den Familienverhältnissen des Sparers und nach der Laufzeit des Vertrages. Um überhaupt Zulagen zu bekommen, erhalten Anleger von ihrem Riester-Anbieter nach Ablauf des ersten Beitragsjahres ein Antragsformular. Das müssen Sie ausgefüllt an die Bank oder den Versicherer zurückschicken. Der Anbieter reicht den Antrag dann an das Zulagenamt weiter. Dort wird die konkrete Zulage errechnet und die Auszahlung an den Anbieter veranlasst. Der Anbieter hat die Zulagen unverzüglich dem Konto des Kunden gutzuschreiben.

Übrigens: Bei der Riester-Vorsorge sind Ältere nicht automatisch im Nachteil. Zehn Jahre Sparzeit sollten es aber möglichst noch sein. Die Riester-Rente kann frühestens mit 60 ausgezahlt werden, ohne die Förde-

Tipp: Es gibt Ausfüllhilfen im Internet (www.deutsche-rentenversicherung-bund.de unter dem Link: »Riester-Rente«: Tipps zum Ausfüllen des Zulageantrages) und über eine kostenlose Telefon-Hotline (0800/ 333 1919).

rung wieder einzubüßen. In der Regel werden viele jedoch bis 65 einzahlen. Also kann der Einstieg auch mit 55 noch lohnen, im Einzelfall sogar noch später. Grund: So wird keine Grundförderung verschenkt. Gemessen am eigenen Geldeinsatz ist die Verzinsung gegenüber anderen, nicht geförderten Geldanlagen kaum zu übertreffen.

Natürlich ist die Riester-Rente in erster Linie ein Angebot für die jüngeren Jahrgänge. Denn erst über längere Zeiten kann sich der Zinseszinseffekt einer Geld-

Höhe der Monatsrente für Späteinsteiger[1]

Vertragsbeginn im Alter von	Frau (Euro)	Mann (Euro)	Erreichtes Kapital[2]	Vergleichszins[3]
50	174	200	37 172	6,68
51	158	186	33 570	6,99
52	141	166	30 073	7,33
53	128	148	26 677	7,76
54	112	129	23 381	8,25
55	97	112	20 180	8,84
56	82	84	17 073	9,54
57	68	78	14 056	10,38
58	54	62	11 127	11,37
59	41	47	8 284	12,41
60	30	35	6 150	14,11

[1] Single mit 25 000 Euro Bruttoeinkommen bei 3 % Zinsen pro Jahr nach Abzug der Inflation (auch 3 %); Einzahlung jährlich zum 1.12.; Förderung wird maximal ausgeschöpft und immer zum 1.6. des Folgejahres gutgeschrieben; ausbezahlte Steuervorteile werden mit 3 % angelegt.
[2] in Euro zum 65. Geburtstag
[3] Zinsen für alternative Anlage (nach Abzug von 3 % Inflation), um das gleiche Kapital wie mit einem Riester-Vertrag aufzubauen

Quelle: Verbraucherzentrale - Bundesverband

anlage richtig entfalten und relativ hohe Ablaufleistung bringen. Doch auch Minizusatzrenten der Älteren können interessant sein. Mit der Riester-Förderung können konventionelle Geldanlagen nicht mithalten. So würde bei einem Banksparplan ein vergleichbar hohes Kapital ohne Förderung erst durch eine Verzinsung von rund 12 Prozent pro Jahr erreicht werden.

Wenn die Höchstbeträge der staatlichen Förderung ausgenutzt werden können, lohnt ein Riester-Vertrag also auch für Ältere. Die Auszahlung zum Rentenstart erfolgt weitgehend nur als Monatsrente. Es ist nicht erlaubt, einen höheren Betrag auf einmal (Kapitalabfindung) abzuheben – etwa für eine Weltreise oder eine luxuriöse Kur. Die oben schon angesprochene Ausnahme: Zu Rentenbeginn darf man sich einmalig bis zu 30 Prozent des Gesamtguthabens auf einen Schlag auszahlen lassen. Der Rest wird dann in gleichbleibenden oder steigenden Monatsrenten überwiesen. Ab 85 muss das restliche Guthaben aller Anbieter in eine Privatrente umgewandelt werden. Achtung: Wer seinen Dauerwohnsitz ins Ausland verlegt, muss die Förderung wieder zurückzahlen. Denn er könnte sonst auf diese Weise die Besteuerung der Auszahlungen umgehen. Ausnahme: Er erklärt, dass er in Deutschland weiterhin steuerpflichtig sein möchte.

Wohneigentum

Die Hälfte des Privatvermögens steckt in Deutschland in Immobilien. Dieses sogenannte Betongold gilt als feste Burg der Altersvorsorge: Auf lange Sicht gleicht die ersparte Miete Einkommenseinbußen im Alter aus. Daher stellt sich spätestens ab 50 die Frage, ob man auch dann weiter eine Mietwohnung nutzen will, wenn die Kinder aus dem Haus sind, oder ob Wohneigentum im Alter günstiger käme. Um mit 65 schuldenfrei zu sein, müsste schon ein solider Grundstock an Eigenkapital – etwa 50 Prozent des Kaufpreises – vorhanden sein, wenn die Träume von den eigenen vier Wänden in diesem Alter noch reifen sollen.

Mit Immobilien lässt sich auf zweierlei Art fürs Alter vorsorgen: durch den Kauf eigener vier Wände zur Selbstnutzung oder zur Vermietung. Ersteres erspart auf Dauer die Miete. Letzteres sichert zusätzliche Einnahmen, Steuervorteile und bei Bedarf im Ruhestand dann ebenfalls die Selbstnutzung, verbunden mit Mietersparnis. Im Vergleich zu Geldanlagen und Versicherungen gibt es jedoch einige entscheidende Besonderheiten:

Was Sie beim Immobilienkauf beachten müssen

➤ Der finanzielle Einsatz ist ungleich höher und lässt sich häufig nur über Kredit finanzieren.

➤ Bauen oder Kaufen erfordern ungleich höheren persönlichen Einsatz, Zeit, handwerkliches Geschick und auch ein Mindestmaß an Fachwissen in Sachen Bau, Finanzierung und Recht.

➤ Immobil heißt unbeweglich; eine Immobilie ist gegenüber Geldanlagen unflexibel. Aus diesem Grund sollte der Anlagehorizont mindestens 10 Jahre (besser 20 Jahre) betragen.

➤ Die schrumpfende Bevölkerung in Deutschland lässt die Nachfrage nach Immobilien in Zukunft wahrscheinlich stark sinken. Damit fallen auch die Chancen für einen vernünftigen Wiederverkaufserlös im Alter und eine halbwegs vernünftige Rendite.

Wenn Sie bis zur Rente die Raten für Ihre eigenen vier Wände abbezahlt haben, können Sie Ihre Versorgungslücke im Alter oft sehr gut schließen. Sie sparen zumindest die Miete. Zwar sollten Sie dann auch immer etwas Geld als Rücklage für Reparaturen bereithalten, doch als Eigentümer eines solchen Sachwertes wohnen Sie deutlich preiswerter als jeder Mieter. Ruheständler, die zur Miete wohnen, müssen fürs Wohnen immerhin 20 Prozent ihres Einkommens aufwenden, Wohneigentümer dagegen nicht einmal fünf Prozent. Voraussetzung: Das Haus ist zum Rentenstart wirklich schuldenfrei, sonst drücken die monatlichen Raten bei verringertem Alterseinkommen doppelt schwer (→ Seite 186–201).

Rententeilung nach der Scheidung

Die finanzielle Versorgung im Alter kann durch vorzeitige Invalidität und den dadurch entstehenden Ausfall des Arbeitseinkommens gefährdet werden. Noch häufiger wird sie jedoch durch Scheidung infrage gestellt: Knapp 50 Prozent der Ehen halten nicht bis ins Rentenalter. Dies ist mit Einbußen auf beiden Seiten verbunden, häufig auch mit dem Notverkauf des Eigenheims, das als fester Bestandteil der Altersvorsorge (mietfreies Wohnen im Alter) angeschafft worden war. Zudem schmälern Unterhaltsansprüche des Ex-Partners die weitere Vorsorge. Häufig stehen beide nach der Scheidung finanziell wesentlich schlechter da.
Bei den Ansprüchen an die gesetzliche Rentenversicherung kommt es in aller Regel zu einer genauen Angleichung, da alle Rentenanwartschaften aus der Ehezeit je zur Hälfte an beide Ex-Gatten aufgeteilt werden (Versorgungsausgleich). Wenn die Anwart-

Hier ist schuldrechtlicher Versorgungsausgleich möglich

➤ Der gesetzliche Versorgungsausgleich konnte nicht vorgenommen werden, weil ein Partner bis zur Scheidung kaum oder nur wenig Anwartschaft erworben hat (zum Beispiel bei Selbstständigen).

➤ Die Aussichten auf eine betriebliche Altersversorgung sind zum Zeitpunkt der Scheidung noch sehr gering (zum Beispiel, weil Sie erst kurze Zeit in der Firma beschäftigt sind).

➤ In der Ehe konnten keine Beiträge für Anwartschaften entrichtet werden, weil bereits die Voraussetzungen für eine Altersversorgung erfüllt waren (zum Beispiel bei Beamten, die erst nach 35 Dienstjahren heiraten und sich dann wieder scheiden lassen).

➤ Die Anwartschaft kann nicht geteilt oder begründet werden, weil der zulässige Rentenhöchstbetrag schon ohne Versorgungsausgleich überschritten würde, also sowieso schon mehr Rente herauskäme, als die aktuelle Beitragsbemessungsgrenze der gesetzlichen Rentenversicherung (zum Beispiel bei gut betuchten Doppelverdienern) zulässt.

schaften auf Altersversorgung allerdings kaum der Rede wert sind, kann der wirtschaftlich Schwächere einen unterhaltsähnlichen Anspruch auf eine Geldrente gegenüber dem besser verdienenden Ex-Ehepartner begründen. Das bezeichnet man als schuldrechtlichen Versorgungsausgleich. Diese Geldrente berechnet sich nach dem gleichen Prinzip wie der gesetzliche Versorgungsausgleich. Der schuldrechtliche Versorgungsausgleich ist jedoch nur in bestimmten Fällen zulässig.

Wer schuldrechtlichen Versorgungsausgleich anstrebt, sollte alle Unterlagen, Informationen und Berechnungen aufheben, die man im Rentenalter braucht. Sie können den Antrag auch noch nach der Scheidung stellen, ja sogar noch dann, wenn Ihr geschiedener Partner schon tot ist. Damit hätten Sie zunächst alle Rentenansprüche gesichert, die während der Ehe entstanden sind. Doch das Leben geht ja nach der Scheidung weiter. Wenn Sie zunächst nicht selbst berufstätig sind, können Sie keine weiteren eigenen Rentenansprüche aufbauen. Das kann im Alter katastrophale Folgen haben. Am besten also, Sie erwirken schon im Scheidungsverfahren einen richterlichen Beschluss, der den vermögenden Partner zu einer Ausgleichszahlung für die Rentenversicherung verpflichtet. In der Praxis läuft das meist auf eine monatliche Ratenzahlung hinaus, die regelmäßig beim Rechtspfleger des Familiengerichtes angepasst werden sollte. Am günstigsten lassen Sie sich die Rate gleich auf Ihr Rentenkonto überweisen. Im Zweifelsfalle wenden Sie sich einfach an Ihren Rentenversicherungsträger.

Übrigens: Das Prinzip des Versorgungsausgleichs gilt auch, wenn Rentner sich scheiden lassen. Es kann im Extremfall bei dem reicheren Ex-Ehepartner zu einer erheblichen Kürzung der Altersrente kommen, während der ärmere Ex-Partner dann einen entsprechend satten Aufschlag bekommt. Dies gilt dann lebenslang und ist nicht umkehrbar. Besonders bitter: Da die Berufstätigkeit längst zu Ende ist, kann auch kein zusätzliches Vermögen mehr erarbeitet werden. Abhilfe schaffen nur ausreichend hohe Rücklagen.

Was die gesetzliche Rente bringt

Für die Höhe der Rente sind vor allem die eingezahlten Beiträge entscheidend. Grundsätzlich gilt: Je mehr Beitrag in die Kasse eingezahlt wurde, desto mehr Leistungen sind zu erwarten. Doch auch Zeiten, in denen aus unterschiedlichsten Gründen kein Beitrag entrichtet wurde, können in die Wertung kommen. Zur Berechnung der Rente wird aus allen Beitragszeiten (Pflicht- und freiwillige Beiträge) des Arbeitslebens ein Durchschnitt ermittelt. Versicherungslücken verschlechtern also den Durchschnitt. Ausnahme: Beitragsfreie und beitragsgeminderte Zeiten verbessern den Durchschnitt. Wollen Sie Anspruch auf eine Rente geltend machen, so müssen Sie nicht nur Beiträge eingezahlt, sondern auch bestimmte Wartezeiten hinter sich gebracht haben. Im Allgemeinen sind dies mindestens fünf Jahre.

Was eingezahlt wurde, kommt nicht 1:1 heraus

Wer jahrelang Rentenversicherungsbeitrag eingezahlt und die meisten Wartezeiten schon erfüllt hat, weiß längst noch nicht, welche Rentenhöhe ihn erwartet. Grund: Die monatliche Überweisung an die gesetzliche Rentenversicherung hat nicht denselben Effekt wie eine Einzahlung aufs eigene Sparkonto, bei dem Sie sich mit Zins und Zinseszins den Kontostand ausrechnen können. Ihr Rentenkonto ist komplizierter, obwohl es auch eine Kontonummer hat.
Die Einzahlungen werden nicht direkt gutgeschrieben, sondern kommen in den großen Topf mit laufenden Einzahlungen der Jetztverdiener, aus dem dann

die laufenden Renten der Jetztsenioren bezahlt werden. Die Generationen der 18- bis 65-Jährigen gewährleisten also die Altersrenten (Umlageverfahren). Der Anspruch desjenigen, der ins Rentenalter kommt, wird nach einer komplizierten Rentenformel umgerechnet. Kurzum: Ihr persönliches Konto beim zuständigen Versicherungsträger ist weniger ein Bankkonto als vielmehr ein Zeitkonto. Praktisch eine Datenbank, auf der im Laufe der Zeit alle Angaben, Beitragssummen und Zeiten, die zur Berechnung der Rente nötig sind, gespeichert werden. Derzeit bedeutet jedes Beitragsjahr, das nicht mit Beiträgen oder rentenrechtlichen Zeiten belegt werden kann, für Durchschnittsverdiener in den alten Bundesländern rund 27 Euro weniger Altersrente im Monat. Daher sind vollständige Daten auf dem Konto im Alter bares Geld wert. Nur ein vollständiges Konto bildet die Grundlage für schnelle und richtige Rentenzahlung.
Fazit: Die gesetzliche Rentenversicherung ist keine billige Altersvorsorge. Die Stiftung Warentest hat ausgerechnet, dass rund 20 000 Euro an Beitrag eingezahlt werden müssen, um 100 Euro Monatsrente zu bekommen. Im Schnitt sind nach 45 Arbeitsjahren mit Durchschnittseinkommen rund 1000 Euro Monatsrente drin. In der Praxis sieht es so aus: Neurentner erhalten im Schnitt 640 Euro Altersrente (Stand: 2004 auf Basis von Datenerhebungen des Instituts für Empirische Sozialökonomie der Hans-Böckler-Stiftung). Nicht berücksichtigt sind dabei Witwen- und Waisenrente, betriebliche und private Altersversorgung.

Anspruch auf Rentenauskunft

Um schon während der Berufstätigkeit einen Eindruck von der späteren Rentenhöhe zu bekommen, verschicken die Versicherungsträger seit 2005 unaufgefordert einen jährlichen Kontoauszug (»Renteninformation«). Voraussetzung: Man hat schon mindestens fünf Jahre Rentenbeitrag eingezahlt und ist 27 Jahre alt. Die Information kann natürlich nur einen Überblick bis ins laufende Jahr und eine Schätzung des nächstfolgenden Jahres bieten. Deshalb wird mit dem Durchschnitt der letzten fünf Jahre hochgerechnet. Für jedes künftige Jahr bis zum Beginn der Altersrente kommen aber weitere Ansprüche hinzu. Wie viel das noch sein wird, hängt von der Zahl der Rentenbeitragsjahre ab, die noch verbleiben, und von der Höhe des zukünftigen Verdienstes.

Darüber informiert der Kontoauszug jedes Jahr aufs Neue. Er enthält übersichtlich auf zwei DIN-A4-Seiten die aktuelle Höhe der Erwerbsminderungsrente, die Höhe der aktuellen Anwartschaft auf Altersrente sowie den momentanen Stand der Altersrente, falls bis 65 weiterhin Beitrag in der gleichen Höhe eingezahlt wird wie im Durchschnitt der letzten fünf Jahre.

Leider sind die vom Versicherungsträger genannten Beträge illusorisch hoch. Denn der jährliche Kontostand suggeriert, dass die ausgedruckte Summe quasi netto zur Verfügung stehen wird. Lediglich auf den Abzug der Beiträge für die gesetzliche Kranken- und Pflegeversicherung wird hingewiesen. Dabei handelt es sich allenfalls um die Vorschau der Bruttorente, die nur einen Überblick bis ins laufende Jahr bietet, sowie die künftige Entwicklung lediglich auf ein Jahr im Voraus schätzt. Weitere Prognosen für die Zukunft – Fehlanzeige. Auch die Inflation wird überhaupt nicht berücksichtigt. Dabei sind 1000 Euro Rente in 30 Jahren nur noch 630 Euro wert. Dazu gibt es in der Renteninformation zwar einen Warnhinweis, doch die Endsumme wird diesbezüglich nicht korrigiert und verringert.

Keine Frage: Die zukünftige Rentenhöhe zu bestimmen ist nicht einfach, zumal die frühere Faustregel, wonach die Bruttorente auch nahezu der Nettorente entspricht, seit Einführung der nachgelagerten Besteuerung 2005 nicht mehr gilt. Bis zu zwei Monatsrenten pro Jahr fehlen damit dem Rentner, schätzten private Rentenberater. Zwar gibt es seit längerer Zeit Rentenschätzprogramme, doch auch die erinnern an Kaffeesatzleserei. Auch die Deutsche Rentenversicherung Bund (DRV) bietet einen Vorsorgerechner an, doch der bezieht die Einkommensteuer nicht in die Prognose mit ein. Damit leben über 30 Millionen gesetzlich Rentenversicherte und auch Rentner mit dem Bewusstsein, eine größere Lücke zu besitzen, deren Höhe sie jedoch nicht abschätzen können.

Seit Ende Mai 2006 verschickt die gesetzliche Rentenversicherung nun geänderte Renteninformationen an Versicherte – ohne fantasievolle Hochrechnungen mit tollen jährlichen Rentensteigerungen. Jetzt wird mit durchschnittlichen Rentensteigerungen von 1,0 Prozent in der niedrigeren und von 2,0 Prozent in der höheren Variante ausgegangen. Nun sieht man schwarz auf weiß, dass man sich nicht auf die staatliche Rente allein verlassen darf: Für die Jahrgänge 1946 und älter wird in der Renteninformation gar keine Dynamisierung mehr ausgewiesen (Nullvariante), weil in den kommenden Jahren die Rentensteigerung praktisch komplett ausfällt. Die Jahrgänge 1947 bis 1951 bekommen nur noch die bescheidenere Variante der Hochrechnung (1 Prozent Steigerung pro Jahr).

Damit ist das Ende der Märchenstunde aber nicht in Sicht: Demnächst ist mit einer weiteren Absenkung zu rechnen, wenn die Rente ab 67 sowie der »Nachholfaktor« zur Dämpfung künftiger Rentenanpassungen eingearbeitet werden. Dann sind auch reale Senkungen Fakt (→ Seite 48–52). Und selbst die heute errechnete magere Rente ist mit Vorsicht zu genießen. Denn sie ist nur eine Bruttorente. Im Geldbeutel werden die Rentner viel weniger haben. Denn sie müssen noch Krankenkassenbeiträge bezahlen (bis zu 10 Prozent). Existieren zudem weitere Einkünfte, etwa aus Mieten oder Zinsen, können schnell steuerliche Freibeträge überschritten sein. Außerdem sind noch Steuern abzuziehen (mindestens 15 Prozent). Steuerfrei ist derzeit nur eine gesetzliche Rente von etwa 19 000 Euro pro Jahr (Verheiratete das Doppelte), Tendenz stark fallend.

Die Rendite der staatlichen Rente steht immer stärker im Blickpunkt der Kritik. Bereits vor einiger Zeit hatten Berechnungen des Deutschen Instituts für Altersvorsorge (DIA) eine Nullrendite für die Geburtsjahrgänge ab 1980 unterstellt. Dabei wurde jedoch ein Beitragssatz von durchschnittlich 27 Prozent angenommen, die Inflationsrate abgezogen und nicht berücksichtigt, dass 20 Prozent des Beitrages für andere Leistungen als die Altersrente ausgegeben werden (Rehabilitation, Hinterbliebenenrente, Erwerbsminderungsrente). In einer eigenen Untersuchung hatte die DRV Bund die Prognose abgegeben, dass die Rendite in der gesetzlichen Rentenversicherung zwar tendenziell sinkt, aber auch für Neurentner ab 2030 voraussichtlich noch über 3,0 Prozent beträgt. Schwachpunkt dieser Betrachtung: Es wurden 45 Beitragsjahre unterstellt, in denen der Versicherte stets zu den Durchschnittsverdienern gehörte. Auf solch ungebrochene Erwerbsbiografien dürften die Deutschen künftig immer seltener kommen. Würde die Rendite tatsächlich auf null sinken, droht ein verfassungsrechtliches Verbot der gesetzlichen Rentenversicherung. In jedem Falle gibt es keine Alternative zu privater Altersvorsorge, die selbst zehn Jahre vor Rentenbeginn noch lohnt.

Wann es Altersrente gibt

Während früher viele Berufstätige schon mit 60 Rente bekamen, können die meisten inzwischen erst ab 65 mit Altersrente rechnen (ab Jahrgang 1964 erst mit 67), ohne sich Abzüge wegen vorgezogenem Rentenstart gefallen lassen zu müssen. Lediglich Bergleute (ab 63), Schwerbehinderte (ab 60) und langjährig Versicherte (ab 63) können eher in den Ruhestand, teils mit Abschlägen.
Es gelten jedoch darüber hinaus noch zahlreiche Übergangsregeln:
➤ Vorzeitige Rente für Frauen mit 60 wurde bis Ende 2004 abgeschafft. Frauen erhalten erst mit 65 Jahren Altersrente (ab Geburtsjahrgang 1952). Mit 60 können nur noch Frauen (Jahrgänge 1951 und älter) in Rente gehen, die nach dem 40. Geburtstag auf mehr als zehn Jahre mit Pflichtbeitragszeiten kommen und die Wartezeit von 15 Jahren erfüllt haben (mit lebenslangem Abschlag).
➤ Vorzeitige Rente für Arbeitslose und Altersteilzeit-Arbeitnehmer gibt es inzwischen erst mit 63 (früher: ab 60). Ab Geburtsjahrgang 1949 gibt es erst mit 63 Jahren Rente (mit lebenslangem Abschlag).
➤ Vorzeitige Rente für langjährig Versicherte mit 63 wollte die Bundesregierung eigentlich längst abschaffen. Nun bleibt es dabei (Voraussetzung: 45 Pflichtbeitragsjahre). Allerdings hagelt es auch hier Abzüge (→ Seite 43–44).

In der Praxis sieht es aber so aus, dass Berufstätige im Schnitt mit 60,4 Jahren in Altersrente gehen (Stand: 2004; auf Basis von Datenerhebungen des Instituts für Empirische Sozialökonomie der Hans-Böckler-Stiftung). 1996 waren Berufstätige im Schnitt noch elf Monate eher in Rente gegangen.

Tipp: Details zu Altersgrenzen und Übergangsregelungen nennt insbesondere die Broschüre »Verschiebung der Altersgrenzen«, die es kostenlos bei allen Rentenversicherungsträgern gibt.

Nachteile bei vorzeitiger Altersrente

Wer in Rente geht, ehe es ihm eigentlich zusteht, hat mit Abzügen zu rechnen. Für jeden Monat, den er früher als erlaubt in Rente geht, muss er sich 0,3 Prozent Abzug von seiner eigentlichen Rente gefallen lassen – und zwar lebenslang. Das bedeutet: Auch wenn Sie dann irgendwann 65 sind, bleibt es bei den Abzügen – umgerechnet 3,6 Prozent für jedes Rentenjahr vor Erreichen der sogenannten Regelaltersgrenze.

Beispiel: Eine Frau (Jahrgang 1950) erhält vorgezogene Altersrente ab 60. Sie büßt lebenslang 18 Prozent Rente ein (60 Monate × 0,3 %). Berechnet wird der Abschlag auf Basis des Rentenanspruchs, der bis zu dem Tag erworben wurde, an dem die Frührente beginnt. Unterm Strich ist die Einbuße aber größer als die jeweilige Prozentzahl, weil ja bis 65 durch die Frührente noch mehrere Jahre Beitragszeiten fehlen.

Früherer Ruhestand drückt die Rente

Rentenbeginn	Entgeltpunkte[1]	Anspruch[2]	Abschlag[3]	Altersrente
65	46	1201,98	–	1201,98
63	44	1149,72	82,783	1066,94

[1] nur als Beispiel: 1,0 Entgeltpunkte bedeuten, man hat in dem Jahr so viel verdient wie der Durchschnitt aller Verdiener
[2] auf Basis des Rentenwerts (West) von 26,13 Euro pro Entgeltpunkt
[3] Abschlag in Höhe von 7,2 % für zwei Jahre (0,3 % x 24 Monate)

Solche Abschläge können durch freiwillige Beitragszahlungen ausgeglichen werden. Dies kommt jedoch vergleichsweise teuer (Nachzahlung = abgezogene Entgeltpunkte × Beitragssatz × Durchschnittsentgelt ÷ Zugangsfaktor). Laut Stiftung Warentest lohnt sich dies nur selten, insbesondere nicht für Singles, Kinderlose und Witwen. Wer Ausgleichszahlungen leistet, es sich aber später anders überlegt und doch bis 65 durcharbeitet, bekommt den Ausgleichsbetrag nicht zurück. Der Ausgleichsbetrag zählt jedoch als Rentenbeitrag und erhöht dann die Altersrente.

Teilrente bei Berufstätigkeit von Senioren vor 65

Wer nun schon vor 65 die volle Rente bekommt, aber noch arbeiten möchte, darf nur sehr wenig hinzuverdienen oder muss sich Abstriche an der vollen Rente gefallen lassen. Ungestraft darf man als Rentner unter 65 (künftig 67) höchstens 350 Euro hinzuverdienen. Innerhalb eines Jahres darf diese Grenze höchstens in zwei Monaten und maximal um das Doppelte überschritten werden (also höchstens 700 Euro). Der Wunsch vieler älterer Menschen, früh in Rente zu gehen und je nach Lust und Laune noch etwas zu jobben, ist angesichts dieser niedrigen Summe kaum zu verwirklichen.

Denn ist die Arbeit einträglicher, so wird sofort die volle Rente in eine Teilrente umgewandelt. Je nach Arbeitseinkommen werden dann nur ein Drittel, die Hälfte oder zwei Drittel der vollen Rente ausgezahlt; der Rest verfällt. Je geringer der ausgezahlte Rentenanteil, desto größer die Beträge, die Sie hinzuverdienen dürfen. Hier die groben Einkommensgrenzen, bei denen Hinzuverdienst die Rente nicht schmälert.

So viel dürfen Teilrentner dazuverdienen[1]

Höhe der Rente	Erlaubter Bruttohinzuverdienst bei Bruttoeinkommen vor der Regelaltersgrenze von rund ...		
Alte Bundesländer	... 450 Euro	... 2450 Euro	... 5150 Euro
volle Rente	bis 350	bis 350	bis 350
2/3-Rente	458	922	1738
1/2-Rente	685	1379	2600
1/3-Rente	913	1836	3462
Neue Bundesländer	... 440 Euro	... 2050 Euro	... 4320 Euro
volle Rente	bis 350	bis 350	bis 350
2/3-Rente	403	810	1524
1/2-Rente	602	1212	2279
1/3-Rente	802	1614	3035

[1] Grenzen gelten nur bis zum 65. Geburtstag (künftig bis 67); danach kann unbeschränkt hinzuverdient werden.

Datenquelle: DRV Bund 2007

So lesen Sie die Tabelle: Ein früherer Durchschnittsverdiener aus Köln, der vor Rentenbeginn rund 2450 Euro brutto verdiente, erhält nur eine 2/3-Rente, wenn er bis 922 Euro brutto pro Monat hinzuverdient. Verdient er noch etwas mehr dazu, bekommt er nur noch eine 1/2-Rente.

Übrigens: Nicht alle Einnahmen vor 65 werden so behandelt wie Arbeitseinkommen oder Abgeordnetendiäten. So gibt es noch keine Abstriche an der Altersrente bei Einkünften aus:

➤ Vermietung und Verpachtung
➤ Kapitalvermögen (z.B. Zinseinnahmen)
➤ ehrenamtlicher Pflege (Pflegegeld)
➤ Arbeitsentgelt von Behinderten in geschützten Werkstätten

Die monatliche Hinzuverdienstgrenze beträgt in ganz Deutschland bei einer Vollrente seit 2006 einheitlich 350 Euro brutto (gilt unverändert auch 2007). Dies entspricht einem Siebtel der monatlichen Bezugsgröße (Durchschnittsentgelt des vorletzten Kalenderjahres). Bei Änderung der Bezugsgröße ändert sich daher auch die Hinzuverdienstgrenze. Die Hinzuverdienstgrenzen für Teilrenten richten sich unter anderem nach dem zuletzt versicherten Verdienst vor Beginn der ersten Altersrente und danach, ob in Ost oder West hinzuverdient wird. Hinzuverdienstgrenzen gibt es nicht nur bei der Altersrente, sondern auch bei der Invaliditäts- und Hinterbliebenenrente (→ Seite 254–258). Die Details erfahren Sie bei Ihrem Rentenversicherungsträger. Faustregel bei Erwerbsminderungsrente: Auch hier sind maximal 350 Euro erlaubt.

Tipp: Ab 65 können Sie unbegrenzt hinzuverdienen und bekommen doch die volle Altersrente (künftig erst ab 67). Es wird jedoch Lohnsteuer fällig.

Jährliche Anpassung von Beitrag und Leistung

Je schlechter die Rahmenbedingungen (zum Beispiel Ausfall vieler Beitragszahler durch Arbeitslosigkeit) und je ungünstiger die Bevölkerungsentwicklung (zum Beispiel immer weniger Kinder und damit weniger potenzielle Beitragszahler), desto weniger kann am Ende von der gesetzlichen Rentenversicherung ausgezahlt werden. Entsprechend aktueller Rahmenbedingungen und Kassenlage werden Beitrag und Leistung jedes Jahr neu festgelegt.

Beitrag: Die Bundesregierung beschließt jährlich Rechengrößen der Sozialversicherung, aus der sich auch die Beitragsbemessungsgrenze für die Rentenversicherung ableitet. Grundlage der Verordnung sind die Vorjahreswerte der Bruttoeinkommenssumme pro durchschnittlich beschäftigtem Arbeitnehmer. Dies ergibt für 2007 als monatliche Beitragsbemessungsgrenze 5250 Euro (West) bzw. 4550 Euro (Ost).
Zugleich legt die Bundesregierung jährlich einen Rentenversicherungsbericht vor, der die Kassenlage der Rentenversicherungsträger beleuchtet und die wirtschaftlichen Rahmenbedingungen für das kommende Jahr prognostiziert. Daraus wird dann der neue Beitragssatz für das kommende Jahr abgeleitet (2007: 19,9 Prozent des Bruttoeinkommens bis zur Bemessungsgrenze; zu zahlen je zur Hälfte vom Arbeitgeber und Arbeitnehmer). Damit soll sichergestellt werden, dass die Beiträge ausreichen, um alle Renten und sonstigen Leistungen bezahlen zu können. Zur Sicherheit wird eine Reserve in Höhe von einer Monatsausgabe der Rentenversicherung an Leistungen vorgesehen (Schwankungsreserve).

Leistung: Die Rente wird jährlich dynamisiert, und zwar entsprechend der aktuellen Lohnentwicklung. Dadurch wird auch bei Rentnern der Lebensstandard gesichert. Die Rentenanpassung erfolgt theoretisch jedes Jahr zum 1. Juli durch Rechtsverordnung. Dann wird der Rentenwert aktualisiert.
Ursprünglich sollte die Formel zur Veränderung des aktuellen Rentenwertes ab 1. Juli 1999 um einen demografischen Faktor ergänzt werden, der die längere Rentenbezugsdauer aufgrund der gestiegenen Lebenserwartung berücksichtigt und damit zu einer geringeren Rente geführt hätte. Dies wurde jedoch vorerst ausgesetzt. Dennoch dürfte das bisherige Ren-

tenniveau auf Dauer nicht zu halten sein. Zumindest fiel die Rentenanpassung in den Jahren 2004, 2005 und 2006 komplett aus. Für 2007 ist nur eine symbolische Erhöhung von rund 0,54 Prozent möglich. Der finanzielle Spielraum ist jedoch sehr eng, zumal schon wieder neue Rentenkürzungen drohen, etwa durch die Rente mit 67.

Die neueste Rentenreform und ihre Folgen

Die Geschichte der gesetzlichen Rentenversicherung ist auch eine Geschichte unentwegter Reformen. Der Begriff Reform ist jedoch spätestens seit 1992 für die Mehrzahl der Kunden ein Inbegriff für Verschlechterungen. Zuletzt waren im Jahr 2005 massive Einschnitte sanktioniert worden. Dazu gehört auch die tendenziell volle Besteuerung der Altersrenten. Im Gegenzug werden die Beitragszahlungen Stück für Stück von der Steuer freigestellt.

Diese sogenannte nachgelagerte Besteuerung soll bis zum Jahr 2040 komplett funktionieren. Bis dahin gelten noch zahlreiche Übergangsregelungen, die die Beitragszahler jedoch weitgehend schlechterstellen als bisher.

Weitere Reformpunkte: Es war festgelegt worden, dass der Beitragssatz nicht über 22 Prozent steigen und das Rentenniveau nicht unter 67 Prozent sinken soll (für Standardrentner mit 45 Versicherungsjahren). Das Nachhaltigkeitsgesetz, das am 1. Januar 2005 in Kraft trat, korrigiert diesen Wert nach unten: Jetzt darf das Rentenniveau nicht unter 43 Prozent fallen. Die jährliche Anpassung der Renten erfolgt nach der sogenannten Nettolohnformel. Geringe Steigerungen der Nettolöhne lassen das Rentenniveau nahezu unverändert.

Anhebung der Regelaltersgrenze

Geburtsjahr	Anhebung um	Rentenstart mit
1947	1 Monat	65 + 1 Monat
1948	2 Monate	65 + 2 Monate
1949	3 Monate	65 + 3 Monate
1950	4 Monate	65 + 4 Monate
1951	5 Monate	65 + 5 Monate
1952	6 Monate	65 + 6 Monate
1953	7 Monate	65 + 7 Monate
1954	8 Monate	65 + 8 Monate
1955	9 Monate	65 + 9 Monate
1956	10 Monate	65 + 10 Monate
1957	11 Monate	65 + 11 Monate
1958	12 Monate	66
1959	14 Monate	66 + 2 Monate
1960	16 Monate	66 + 4 Monate
1961	18 Monate	66 + 6 Monate
1962	20 Monate	66 + 8 Monate
1963	22 Monate	66 + 10 Monate
Ab 1964	2 Jahre	67

Quelle: Rentenversicherungs-Altersgrenzen-Anpassungsgesetz

Seit 2005 ist auch ein sogenannter Nachhaltigkeitsfaktor in die Rentenformel eingebaut worden. Er soll dem sich verschlechternden Verhältnis von Beitragszahlern zu Rentnern besser gerecht werden. Botschaft: Wenn die Zahl der Beitragszahler langsamer steigt als die Zahl der Rentner, sinken die Chancen auf Rentensteigerungen noch mehr als zuvor. Es besteht also ein direkter Zusammenhang zwischen Rentenhöhe und der Situation auf dem Arbeitsmarkt sowie der demografischen Entwicklung.

Zudem wird ab 2012 das Rentenalter schrittweise von heute 65 auf 67 Jahre erhöht. Die Umstellung soll bis 2029 gänzlich vollzogen sein. Folge: Lediglich langjährig Versicherte mit mindestens 45 Pflichtbeitragsjahren können weiterhin mit 65 ohne Abschläge in Rente gehen. Im Jahr 2029 wird der erste Geburtsjahrgang erst mit 67 volle Rente erhalten – oder bei früherem Ruhestand Abzüge in Kauf nehmen müssen. Betroffen wären davon bereits Arbeitnehmer, die heute 44 Jahre und jünger sind. Der Geburtsjahrgang 1958 erhält dann mit 66 Regelaltersrente; ab Jahrgang 1964 (und jünger) gibt es erst mit 67 Jahren Altersrente.

Damit soll auf die steigende Lebenserwartung und die Finanzlage der Rentenversicherung reagiert werden. De facto wirkt dies jedoch wie eine Rentenkürzung, zumal der Arbeitsmarkt die verlängerte Lebensarbeitszeit nicht hergibt und auch das Berufsunfähigkeitsrisiko völlig unberücksichtigt bleibt.

Die Anhebung der Altersgrenzen war bei Redaktionsschluss noch nicht völlig sicher, da das Parlament starken Gegenwind bekommt. Dennoch an dieser Stelle ein Überblick, wie sich der Anspruch auf die einzelnen Rentenarten nach hinten verschiebt (→ gegenüberliegende Seite 51).

Tipp: Private Vorsorge ist als Ergänzung unerlässlich! Für jeden Monat, den Arbeitnehmer vorzeitig ihren Ruhestand antreten, fallen 0,3 Prozent Abschläge bei der gesetzlichen Monatsrente an. Bei zwei Jahren ist das ein lebenslanger Abschlag von 7,2 Prozent. Für die Durchschnittsrente bedeutet das einen Verlust von knapp 100 Euro im Monat. Dieser Betrag kann zum Beispiel mit dem Abschluss einer privaten Rentenversicherung auch noch von heute 44-Jährigen, die eigentlich mit ihrer vollen Rente ab 65 kalkuliert hatten, durch monatliche Beiträge von etwa 55 Euro aufgefangen werden.

Alte und neue Regelaltersgrenzen

	Geltendes Recht	Neues Recht	Folgen
Normale Altersrente (AR)	65	67	kein Abschlag[1]
AR für langjährig Versicherte mit 45 Pflichtbeitragsjahren	65	65	kein Abschlag
AR für langjährig Versicherte mit 35 Pflichtbeitragsjahren	63	63	nur mit Abschlag
	65	67	kein Abschlag
AR für Schwerbehinderte mit 35 Versicherungsjahren	63	65	kein Abschlag[2]
AR für langjährig unter Tage beschäftigte Bergleute	60	62	–
Knappschafts-Ausgleichsleistung	55	55	–
AR für Frauen (bis Jahrgang 1951)	60	60	nur mit Abschlag
	65	65	kein Abschlag
AR wegen Arbeitslosigkeit oder Altersteilzeit (bis Jahrgang 1951)	63	63	nur mit Abschlag
	65	65	kein Abschlag
AR in Alterssicherung der Landwirte	65	67	kein Abschlag
	–	65	nur mit Abschlag
Rente wegen verminderter Erwerbsfähigkeit	60	62	nur mit Abschlag
	63	65	kein Abschlag
– nach 35 Pflichtjahren (bis 2023)	63	63	kein Abschlag
– nach 40 Pflichtjahren (ab 2024)	63	63	kein Abschlag
Rente für Bergleute wegen bergbaulicher BU	62	64	nur mit Abschlag
	63	65	kein Abschlag
Große Witwen- und Witwerrente	45	47	–

[1] bei vorzeitiger Rente lebenslanger Abschlag von 0,3 % pro Monat
[2] frühestmöglich mit 60 (nach neuem Recht: ab 62); beides mit Abschlag

Quelle: Bundesministerium für Arbeit und Soziales auf Basis der Vereinbarung der Koalitionsarbeitsgruppe zur Rentenversicherung vom 23.10.2006

Angepasst werden darüber hinaus die Hinzuverdienstgrenzen für Teilrentner (→ auch Seite 44–46). Sie steigen leicht an und beziehen sich auf die Bezugsgröße statt auf den aktuellen Rentenwert. Damit sollen die Hinzuverdienstgrenzen wieder unmittelbar an die Lohnentwicklung gebunden werden. Eine »Anpassung« erfolgt auch beim Krankenversicherungszuschuss (§ 106 SGB VI). Nun soll kein im Ausland lebender, nach dortigen Bestimmungen pflichtversicherter Rentner mehr einen Beitragszuschuss von der deutschen Rentenversicherung bekommen – auch nicht der in Deutschland freiwillig oder privat krankenversicherte Rentner.

Übrigens: Der Gesetzentwurf zur Rente ab 67 beinhaltet eine weitere Falle. So soll schon ab 1. Mai 2007 die Chance von Rentnern beschränkt werden, bei rechtswidrigen Rentenbescheiden Nachzahlungen zu verlangen. Folge: Wer Zweifel an der Rechtmäßigkeit seines Rentenbescheides hat, sollte künftig nicht abwarten, bis ein Musterprozess vor Gericht die Rechtslage geklärt hat. Er muss zumindest fristgemäß Widerspruch einlegen, um zu verhindern, dass der Bescheid rechtskräftig wird. Mit Verweis auf ein laufendes Musterverfahren muss man dann aber nicht selbst gegen die Ablehnung des Widerspruchs klagen.

Unterlagen für den Antrag auf Altersrente

Damit die erste Zahlung der Altersrente reibungslos klappt, sollte man rechtzeitig – mindestens ein Jahr vor dem Rentenantrag – alle Unterlagen beim Träger der Rentenversicherung eingereicht haben, sodass dann ein vollständiger Versicherungsverlauf über das gesamte Berufsleben vorliegt. Laien vergessen dabei leicht, auf welche Fragen es ankommt. Denn für jedes

> **Tipp:** Die Rentenversicherung hat bundesweit Auskunfts- und Beratungsstellen eingerichtet. Dort erhalten Versicherte kostenlosen individuellen Rat. Die Berater dürfen keine Ansprüche verschweigen, um zum Beispiel an der Rentenauszahlung zu sparen.

Jahr an Ausbildung, Berufstätigkeit, Wehrdienst, Kindererziehung oder gar Arbeitslosigkeit, das nachgewiesen wird, können rentenrechtliche Ansprüche entstehen. Beispiel Arbeitslosigkeit: Wer hier Zeiten der Arbeitslosigkeit durch Nachweise vom Arbeitsamt belegen kann, erhält höhere Rente, auch wenn unterm Strich nicht so viel angerechnet wird wie bei aktiver Berufstätigkeit. (Weitere wichtige Punkte für die Zusammenstellung eines lückenlosen Versicherungsverlaufs → Checkliste 2 auf Seite 271.)
Solche Fragen werden die Versicherungsträger in Zukunft stärker von sich aus stellen. Andernfalls könnten sie gar keine verlässliche jährliche Renteninformation geben. Dort sind in der Anlage auch die Grundlagen (Versicherungsverlauf) aufgeführt. Die Bearbeitung und Kontenklärung können Sie selbst beschleunigen. Fehlen noch Beitragsnachweise aus der Vergangenheit, so sollten Sie die beizeiten beschaffen (→ Musterbrief 1 auf Seite 300).
Rückt das Renteneintrittsalter näher, sollten Sie spätestens drei Monate vor dem Ruhestand formlos die Rente beantragen. Um die Sache zu beschleunigen, sollten Sie unbedingt eine Verdienstvorausbescheinigung der letzten drei Arbeitsmonate bis zur Rente von Ihrem Arbeitgeber hinzufügen. Eine verspätete Antragstellung kann zu einem späteren Beginn der Rentenzahlung führen. Rückwirkend wird die Altersrente maximal für ein Vierteljahr gezahlt.

Der Übergang zur Altersrente

Alle Renten aus der gesetzlichen Rentenversicherung werden nur auf Antrag gezahlt. Um Ihren Rentenanspruch geltend zu machen, müssen Sie daher unbedingt einen Antrag stellen. Damit veranlassen Sie, dass das Rentenverfahren beim zuständigen Rentenversicherungsträger eingeleitet wird.

So stellen Sie einen Rentenantrag

Wenn Sie einen Rentenantrag stellen möchten, benutzen Sie bitte den dafür vorgesehenen Antragsvordruck. Sie beschleunigen damit das Rentenverfahren. Sie können den Antrag allerdings auch formlos stellen, am besten durch ein Einschreiben. Dem Antrag fügen Sie bitte alle notwendigen Versicherungsunterlagen für die Zeiten, die im Versicherungsverlauf noch nicht erfasst sind, bei. Dies sind zum Beispiel:
- Geburtsurkunde/Sterbeurkunde/Heiratsurkunde
- Aufrechnungsbescheinigungen
- Nachweise über Ausbildungszeiten
- Nachweise über Arbeitslosigkeit
- Nachweise über Krankheitszeiten

Als Anregung soll Ihnen Musterbrief 2 auf Seite 301 dienen. Beim Ausfüllen der Antragsformulare sind Ihnen die Berater der Rentenversicherungsträger bzw. die Auskunfts- und Beratungsstellen behilflich. Aber auch die Versicherungsämter, Gemeindeverwaltungen und gesetzlichen Krankenkassen dienen als Ansprechpartner und nehmen Anträge entgegen. Bei schwierigen Ermittlungen, wie zum Beispiel bei Auslandsbeiträgen, kann sich die abschließende Bearbei-

tung des Rentenantrages eventuell verzögern. Steht der Rentenanspruch aber dem Grunde nach fest, so können Sie einen Vorschuss auf Ihre künftige Rente beantragen.
Stirbt Ihr Ehepartner, so stellen Sie den Antrag auf Witwenrente bei dem Rentenversicherungsträger Ihres Ehepartners innerhalb eines Jahres, da die Rente höchstens für 12 Monate nachgezahlt wird (→ Seite 247–259). Aber bedenken Sie, dass die Behörden sechs Monate Zeit haben, um über einen Rentenantrag zu entscheiden (Sozialgericht Koblenz; Az.: S 6 RS 75/06). Eine Frau hatte auf die Beantwortung Ihres Antrages auf Witwenrente knapp fünf Monate gewartet und dann eine Untätigkeitsklage gegen den Rentenversicherungsträger angestrengt. Als der Bescheid 14 Tage später kam, zog sie zwar die Klage zurück, blieb aber auf ihren Anwaltskosten sitzen.

So wehren Sie sich gegen einen falschen Rentenbescheid

Liegt der Rentenbescheid vor, sind viele wegen der vermeintlich geringen Summe enttäuscht. In krassen Fällen sollten Sie einen Rentenexperten nachrechnen lassen. Ihr Versicherungsträger hat nämlich nicht immer recht. Das beweisen zahlreiche Verfahren vor Sozialgerichten, wo Rentner fast jeden zweiten Fall gewinnen. Die Rente ist also auf jeden Fall zu »beklagen«.
Aber Vorsicht: Der Rentenbescheid ist für den Laien schwer verständlich. Wer daraus nicht schlau wird, sollte unverzüglich direkt zu einem Experten gehen. Kostenlose Hilfe bieten Gewerkschaften oder der Sozialverband VdK Deutschland, allerdings nur für Mitglieder. Rechtsanwälte sind in Rentensachen meist

Was Rentenberater leisten und kosten

➤ **Leistung**
Sie beraten zu allen Fragen rund um die gesetzliche Rente wie Kontenklärung, Rentenantrag, Durchsetzung von Renten, Widerspruchsverfahren, Vertretung vor dem Sozialgericht.
➤ **Kosten**
Die Erstberatung kostet zwischen 75 und 190 Euro. Sie reicht meist aus, um die wichtigsten Dinge zu klären. Sind zusätzliche Arbeiten nötig, sollte gleich zu Beginn das Honorar festgelegt werden. Bei komplizierten Fällen kann der Rentenberater bis zu 800 Euro kosten.
➤ **Wo zu finden**
Bundesweit arbeiten rund 600 private Rentenberater. Die meisten sind im Bundesverband der Rentenberater organisiert (Adresse → Seite 263), der bei schriftlicher Anforderung eine Anschriftenliste verschickt. Die Liste steht auch im Internet (www.rentenberater.de).

überfordert und überlassen dieses spezielle Gebiet den privaten Rentenberatern, die von der komplizierten Materie am meisten verstehen.

Rentenberater können Ihnen nach Durchsicht der Unterlagen auf alle Fälle sagen, ob ein Widerspruch gegen den Rentenbescheid lohnt. Legen Sie Widerspruch ein, muss der Rentenversicherungsträger Gelegenheit bekommen, seine eigene Entscheidung noch einmal zu überprüfen. Das heißt: Bevor Sie klagen können, müssen Sie gegen den Rentenbescheid Widerspruch einlegen (→ Musterbrief 3 auf Seite 302). Dazu haben Sie einen Monat, nachdem Sie den Bescheid erhalten haben, Zeit. Eine unabhängige Widerspruchsstelle prüft den angefochtenen Bescheid.

Sind Sie dabei erfolgreich, steht Ihnen neben der höheren Leistung aus der Rentenversicherung die Erstattung aller notwendigen Aufwendungen (samt Anwalt oder Rentenberater) zu. Vielfach lehnt der Rentenversicherungsträger trotz fachkundiger Hilfe den Widerspruch jedoch ab. Strittige Punkte sind:

➤ Freiwillig gezahlte Beiträge werden im Bescheid vergessen.

➤ Schul- und Studienzeiten sind nicht vollständig berücksichtigt.

➤ Teilzeitjobs während des Erziehungsurlaubs werden nur als Erziehungszeit gutgeschrieben, nicht aber als Pflichtbeitragszeit.

➤ Längere Krankheit mit Zahlung von Krankengeld wird nicht als Pflichtbeitragszeit gutgeschrieben, sondern als beitragsfreie »Gesundheitsmaßnahme ohne Beitragszahlung«, obwohl die Krankenkasse in diesen Fällen immer Rentenversicherungsbeitrag eingezahlt hat.

➤ Beitragsnachweis fehlt wegen Insolvenz früherer Arbeitgeber.

Brachte der Widerspruch nichts ein, obwohl Sie sich beweisbar benachteiligt fühlen, sollten Sie vors Sozialgericht ziehen. Die Klage muss spätestens einen Monat nachdem Sie den Widerspruchsbescheid erhalten haben, eingereicht werden. Im Regelfall gibt es kaum ein Prozesskostenrisiko: Das Verfahren ist kostenlos und sehr bürgerfreundlich. Gebühren werden nur bei einer Niederlage, und dann auch nur für den eigenen Anwalt fällig. Anwaltzwang besteht lediglich in der letzten Instanz: vor dem Bundessozialgericht. Sowohl vor dem Sozialgericht (1. Instanz) als auch vor dem Landessozialgericht (2. Instanz) können Betroffene sich also selbst vertreten (→ Checkliste 3 auf Seite 272).

Gegen ein Urteil des Sozialgerichts ist die Berufung beim Landessozialgericht (2. Instanz) möglich, wenn der Beschwerdewert über 500 Euro liegt oder die Berufung wiederkehrende oder laufende Leistungen für mehr als ein Jahr betrifft (etwa die Rentenhöhe). Darüber hinaus kann die Berufung durch das Sozialgericht oder auf Beschwerde durch das Landessozialgericht zugelassen werden. Die Berufung muss aber innerhalb eines Monats nach Zustellung des Urteils erfolgen.

Beratungs- und Prozesskostenhilfe

Wer bedürftig ist, soll im Falle eines Falles nicht auf einen Anwalt oder Rentenberater verzichten müssen. Man soll auch die Chance haben, selbst bei Überschuldung vor Gericht für sein Recht kämpfen zu können. Daher springt der Staat mit Beratungshilfe ein und erstattet vor Gericht womöglich Prozesskostenhilfe. Da beim Sozialgericht keine Gerichtskosten erhoben werden, wenn Versicherte, Leistungsempfänger, Hinterbliebene und Behinderte klagen, bezieht sich Prozesskostenhilfe nur auf die Kosten für den eigenen Anwalt (falls gewählt; keine Bedingung). Prozesskostenhilfe wird jedoch nur gewährt, wenn das Gericht die Klage für aussichtsreich hält.

Beratungshilfe: Sie ermöglicht die kostenlose Rechtsberatung, solange es nicht zum Prozess kommt. Voraussetzungen für einen erfolgreichen Antrag auf Beratungshilfe sind: Es besteht keine Rechtschutzversicherung, bestimmte Einkommensgrenzen werden nicht überschritten und es existiert kein nennenswertes Vermögen. Man bekommt auf Antrag vom zuständigen Amtsgericht eine Bescheinigung, mit der beim Anwalt sehr preisgünstiger Rechtsrat eingeholt werden kann (Kosten: 10 Euro). Dies klappt aber nur, wenn Ihnen Prozesskostenhilfe ohne einen eigenen Beitrag zu den Kosten zu gewähren wäre. Diese sogenannte ratenfreie Prozesskostenhilfe erhalten Sie nur, wenn Ihr verbleibendes einzusetzendes Einkommen nach bestimmten Abzügen (Brutto minus Steuern, Vorsorgeaufwendungen, Werbungskosten, Wohnkosten und individuelle Freibeträge nach Familiengröße wie je 380 Euro pro Erwachsenem, 266 Euro pro unterhaltsberechtigtem Kind und 173 Euro pro Erwerbstätigem) nachweislich 15 Euro nicht übersteigt. Umgerechnet klappt dies zumeist bei einem Nettoeinkommen bis 850 Euro.

In Bremen und Hamburg gibt es statt der gesetzlichen Beratungshilfe eine öffentliche Rechtsberatungsstelle. In Berlin hat man die Wahl zwischen gesetzlicher Beratungshilfe und öffentlicher Rechtsberatung im Bezirks- oder Sozialamt. Ansonsten gilt die Faustregel: Anlaufstelle ist das örtliche Amtsgericht, speziell die dort beschäftigten Rechtspfleger. Entweder übernimmt das Gericht die Beratungshilfe selbst oder es verweist an einen Rechtsanwalt (dafür stellt Ihnen der Rechtspfleger einen Berechtigungsschein aus).

Prozesskostenhilfe: Kommt es schließlich doch zum Prozess, werden bei Rentenstreitigkeiten normalerweise Gerichtsgebühren fällig (nicht beim Sozialgericht). Bedürftige können Prozesskostenhilfe beantragen, falls sie sich dann einen Anwalt nehmen. Über den Antrag entscheidet das Amtsgericht. Stimmt es zu, übernimmt der Staat die Kosten. Den Antrag stellen Sie ebenfalls beim Amtsgericht. Mitzubringen sind Einkommensbescheinigung, Steuererklärung oder eine eidesstattliche Erklärung. Volle Prozesskostenhilfe gibt es nur bei geringem Einkommen.

Hier gibt es nicht rückzahlbare Prozesskostenhilfe

Einkommen (Beispiel)	Rechenschritt[1]
Nettoeinkommen	1980 €
– Grundfreibetrag je Ehepartner (je 380 €) =	1220 €
– Erwerbstätigenfreibetrag (173 €) =	1047 €
– Kinderfreibetrag (2 Kinder je 266 €) =	515 €
– volle Wohnkosten (hier: 500 €) =	15 €
= einzusetzendes Einkommen	15 €

[1] Grundfreibeträge ändern sich entsprechend der Rentenentwicklung gegebenenfalls zum 1. Juli jedes Jahres

Besserverdiener können ebenfalls Prozesskostenhilfe bekommen (aber keine Beratungshilfe). Dann sind jedoch Zuzahlungen aus eigenem Einkommen fällig – zwischen 15 und zumeist 300 Euro (maximal 48 Monatsraten). Beispiel: Läge das Nettoeinkommen im obigen Kasten bei 2980 Euro, wären bei gleichen familiären Voraussetzungen 1015 Euro einzusetzen. Demnach müssten aus eigener Tasche monatlich maximal 565 Euro (300 + 265) beigesteuert werden.

Wie viele Monate diese Rückzahlung erforderlich ist, hängt von den Prozesskosten ab, die ja über mehrere Instanzen durchaus einige zigtausend Euro ausmachen können. Spätestens nach 48 Monatsraten ist jedoch Schluss. Was dann noch an Schulden übrig ist, wird erlassen.

Noch einmal: Entschließen Sie sich zu einer Rentenklage vor dem Sozialgericht, so fallen keine Prozesskosten an. Sie brauchen in dem Fall allenfalls Prozesskostenhilfe zu beantragen, falls Sie einen eigenen Anwalt hinzuziehen. Geht der Prozess allerdings verloren, muss auch der Anwalt der Gegenseite bezahlt werden (außer vor dem Arbeitsgericht in 1. Instanz). Dafür kommt die Prozesskostenhilfe nicht auf.

Eigenbeteiligung trotz Prozesskostenhilfe

Einzusetzendes Einkommen (Euro)	Monatsrate (Euro)
Bis 15	0
50	15
100	30
200	60
300	95
400	135
500	175
600	225
700	275
750	300
über 750	300 + 750 € übersteigen den Teil des einzusetzenden Einkommens

Weitere Tipps für Rentner

Anpassung der Rente: Die Renten werden theoretisch jährlich zum 1. Juli angepasst – und zwar entsprechend der Nettolohnentwicklung vom Jahr zuvor sowie der Entwicklung des Verhältnisses von aktuellen Beitragszahlern und Rentnern. Die Erhöhungszahlung samt eventueller Kindererziehungsleistung erfolgt vom Versicherungsträger automatisch, also ohne Antrag. Per Post gibt es eine Mitteilung, die den bisherigen und den neuen Rentenbetrag, künftige Beiträge zur gesetzlichen Kranken- und Pflegeversicherung sowie bei Frauen gegebenenfalls die Höhe der neuen Kindererziehungsleistung enthält.

Rentnerausweis: Rentner erhalten oft finanzielle Vergünstigungen (→ Seite 70–86). Dazu zählen Rabatte bei kulturellen und sportlichen Veranstaltungen, in Museen und Tierparks sowie im öffentlichen Nah-

und Fernreiseverkehr. Bei den meisten Gelegenheiten müssen Sie mit einer Bescheinigung nachweisen, dass Sie wirklich Rentner sind. Da aber niemand ständig den Rentenbescheid mit sich herumtragen will, gibt es einen Rentnerausweis. Der wird bei erstmaliger Rentenbewilligung auf eine Anlage zum Rentenbescheid gedruckt und kann von dieser Anlage abgetrennt werden. Bei jeder Rentenanpassung wird ein neuer Rentnerausweis ausgestellt. Den schickt der Rentenversicherungsträger also mit jeder Rentenanpassung direkt ins Haus. Die »Rentenanpassungsmitteilung« enthält Ihre Personalien und einen Hinweis auf die Rentenart, die Sie erhalten, sowie einen Rentnerausweis im Scheckkartenformat.

Wichtig: Zur Legitimation sollten Sie den Rentnerausweis und den Personalausweis bei sich tragen. Sollte der Rentnerausweis verloren gehen, so stellt der Rentenversicherungsträger auf Antrag eine Bescheinigung über den Rentenbezug aus.

Vollmacht: Rentner scheuen vielfach den Papierkram. Wer sich etwa bei Auskunft und Beratung zur Rente oder in Geldangelegenheiten bei der Bank lieber von Bekannten, einem Anwalt oder einem Gewerkschafts-

---

Rentnerausweis zum 01.07.2007
(nur gültig in Verbindung mit einem amtlichen Lichtbildausweis)

Pensioner's card
(only valid in conjunction with an official document bearing a photo)

Carte de retraité
(valable uniquement avec présentation d'un document d'identité avec photo)

Für Herrn/Frau	Geburtsdatum
Max Mustermann	01.07.1942

Der Rentnerausweis kann herausgetrennt werden

vertreter vertreten lassen will, braucht dazu lediglich eine formlose Vollmacht zu erteilen.
Beispiel: »Frau/Herr ..., wohnhaft ..., ist berechtigt, für mich ... zu erledigen.«
Datum und Unterschrift bitte nicht vergessen (→ Musterbrief 5 auf Seite 304). Soll Bargeld von der Bank am Schalter für Sie abgehoben werden, könnte die Vollmacht lauten:
»Frau/Herr ..., wohnhaft ..., Personalausweisnummer ..., ist berechtigt, am ... von meinem Sparkonto ..., Kontonummer ..., ... Euro abzuheben.«
Auch hier sind Datum und Unterschrift wichtig. Soll Bargeld vom Geldautomaten abgeholt werden, also von Ihrem Girokonto, genügt es, einer echten Vertrauensperson (z. B. Sohn) die EC-Karte zu geben und die vierstellige Geheimzahl (PIN) zu nennen.
Auch gegenüber Behörden können sich Rentner in vielen Situationen vertreten lassen, wenn der Bevollmächtigte eine entsprechende Vollmacht vorweisen kann (→ Musterbrief 6 auf Seite 305). Über Vollmachten für den Fall schwerer Krankheit oder eingeschränkter Geschäftsfähigkeit erfahren Sie etwas im Kapitel *Richtig vererben* (→ Seite 216–227).

Abtretung: Rente wird grundsätzlich nur an den Empfänger persönlich ausgezahlt bzw. auf dessen Konto. Sie können jedoch bestimmen, dass Teile oder ausnahmsweise die volle Rente an jemand anderen überwiesen werden sollen. Dies nennt sich Abtretung oder Übertragung der Rente. Beispiel: Sie wollen in ein Seniorenheim einziehen und die Rente künftig an das Heim überweisen lassen. Dann schließen Sie mit dem Heim einen Abtretungsvertrag (formlos) und informieren Ihren Rentenversicherungsträger über Ihren Willen. Der Versicherungsträger muss aber nur bis zu bestimmten Freigrenzen die Abtretung akzeptieren.

Gleichzeitig kann Rente genauso wie Einkommen in bestimmten Grenzen auch gepfändet werden. Pfändbar ist nur der Teil der Rente, der über der Pfändungsfreigrenze liegt, die sich aus der unten stehenden Tabelle zur Zivilprozessordnung ergibt. Wie wird die Tabelle gelesen? Ein Beispiel: Sie erhalten als alleinlebender Rentner ohne unterhaltsberechtigte Angehörige 1000 Euro Monatsrente ausgezahlt. Dann dürfen höchstens 10 Euro abgetreten oder verpfändet werden. Sie selbst müssen sich also noch mindestens 989,99 überweisen lassen. Ausnahme: Auf Antrag genehmigt der Rentenversicherungsträger höhere Beträge zur Abtretung, wenn dies in Ihrem wohlverstandenen Interesse liegt, etwa bei Einzug in ein Seniorenheim.

Apropos Pfändung: Wenn Sie als Unternehmer tätig sind und noch an der Vorsorge für das Rentenalter arbeiten, so gibt es eine gute Nachricht. Seit dem 1. März 2007 ist diese Vorsorge vor Gläubigern sicher, falls Ihre Firma in die Insolvenz rutscht. Wer Ansprüche auf eine gesetzliche Rente hat oder eine Betriebsrente aufbaut, war diesem Risiko nicht ausgesetzt.

Nun dürfen Altersvorsorgeansprüche auch von Unternehmern nur wie Arbeitseinkommen gepfändet werden, also nur bis zur Pfändungsfreigrenze. Das private Ansparkapital wird vor Pfändung geschützt. Die Ge-

So viel Rentenzahlbetrag darf gepfändet/abgetreten werden

Aktuelle Pfändungsfreigrenzen

Familiensituation	Rente pfändungsfrei (€)
Alleinstehender	bis 989,99
Mit 1 Unterhaltsberechtigtem (z. B. Ehepartner)	bis 1359,99
Mit 2 Unterhaltsberechtigten (z. B. zusätzl. 1 Enkel)	bis 1569,99

Quelle: § 850c ZPO; Stand: gültig bis 30.06.2009

> **Pfändungsschutz bei Altersrenten (§ 851c ZPO)**
>
> (1) Renten, die aufgrund von Verträgen gewährt werden, die der Absicherung des Schuldners im Alter dienen, dürfen nur wie Arbeitseinkommen gepfändet werden, wenn
> 1.1 die Rente erst nach Vollendung des 65. Lebensjahres oder bei Eintritt der Berufsunfähigkeit des Schuldners gewährt wird,
> 1.2 über die Ansprüche aus dem Vertrag nicht verfügt werden darf,
> 1.3 die Bestimmung eines Dritten als Berechtigten ausgeschlossen ist und
> 1.4 die Zahlung einer Kapitalleistung anstelle einer Rente außer für den
> 1.5 Todesfall (Hinterbliebenenschutz) nicht vereinbart wurde.

samtsumme darf aber 238 000 Euro nicht überschreiten. Der pfändungsfreie Ansparbetrag ist nach Lebensalter gestaffelt und beträgt in jungen Jahren maximal 2000 Euro pro Jahr, später dann bis zu 9000 Euro (→ Tabelle auf Seite 66).

Vorsicht vor Betrügern: Rentner sind immer wieder ausgesuchte Zielgruppe von Trickbetrügern, die es auf ihr Bargeld abgesehen haben oder ihnen Zeitungsabonnements bzw. andere Verträge aufschwatzen wollen. Häufig stellen Diebe sich als Mitarbeiter einer Behörde, einer sozialen Einrichtung oder des Rentenversicherungsträgers vor und haben tatsächlich Informationsbroschüren der Rentenversicherung – die es für jedermann kostenlos beim Träger gibt –

Pfändungsfreie Altersvorsorge der Selbstständigen

Lebensalter von – bis (Jahre)	Pfändungsfreier Vorsorgebeitrag pro Jahr (Euro)
18–29	2000
30–39	4000
40–47	4500
48–53	6000
54–59	8000
60–65	9000

Quelle: Bundestagsdrucksache 16/3844

bei sich. Sie wollen sich durch diesen amtlichen Anstrich nur Ihr Vertrauen erschleichen. Denn Rentenversicherungsträger schicken keine Mitarbeiter unaufgefordert in die Wohnung, um in Rentenangelegenheiten zu beraten. Daher ist Vorsicht geboten, wenn jemand »im Auftrag der Deutschen Rentenversicherung« anruft und einen Beratungstermin ausmacht. Misstrauisch werden sollten Sie auch, wenn jemand an der Haustür klingelt und Gespräche über »Rentenerhöhungen« anbietet und dabei vielleicht noch Geldforderungen stellt. Es sind keine Gebühren oder Beiträge zu bezahlen, schon gar nicht in bar.

Gibt sich jemand in amtlicher Eigenschaft aus, so lassen Sie ihn erst gar nicht in die Wohnung, sondern verlangen Sie an der Haustür seinen Dienstausweis oder den Personalausweis. Bleibt er das Dokument schuldig (»Den habe ich leider vergessen«), brechen Sie das Gespräch ab und schließen Sie die Tür. Zeigt er einen Ausweis, so kann der gefälscht sein. Daher am besten Namen und Funktion notieren, den Besucher vor der geschlossenen Wohnungstür einen Moment warten lassen und inzwischen bei der betreffenden Dienststelle anrufen und klären, ob es dort einen Außendienstmitarbeiter mit diesem Namen gibt.

> **Tipp:** Zahlreiche Ratschläge für den Alltag stehen in der Broschüre »Tipps für Rentnerinnen und Rentner«, die es kostenlos bei Ihrem Rentenversicherungsträger gibt.

Rente ins Ausland?

Rentner sind nicht an Grenzen gebunden, ebenso wenig die Rentenzahlungen. Eine deutsche Altersrente wird, falls gewünscht, ohne irgendwelche Einschränkungen überallhin überwiesen – auf ein Konto Ihrer Wahl. Die Gebühren für die Überweisung muss der Rentenversicherungsträger bezahlen. Im Einzelfall kann die Empfängerbank im Ausland Extragebühren berechnen, die dann der Kontoinhaber zu zahlen hat. Für die Höhe der Rente sind die gezahlten Beiträge und rentenrechtlichen Zeiten in Deutschland maßgeblich (→ Seite 37–53). Für alle, die vor dem 19. Mai 1990 ausgewandert und vor dem 19. Mai 1950 geboren sind, können zusätzlich noch Entgeltpunkte für Beitragszeiten außerhalb Deutschlands geltend gemacht werden.

Bei vorübergehendem Aufenthalt im Ausland gibt es mit der Rentenzahlung keine Probleme: Die Rente wird in der gleichen Höhe wie in Deutschland überwiesen. Wer dagegen seinen Wohnsitz ins Ausland verlegen will, sollte sich frühzeitig mit dem Rentenversicherungsträger in Verbindung setzen. Rentenanspruch und Rentenhöhe könnten eingeschränkt werden. Dies hängt vor allem von Ihrer Staatsangehörigkeit, den rentenrechtlichen Zeiten, Ihrem Geburtsdatum, dem Zeitpunkt der Auswanderung und dem Land ab, wo Sie hinziehen. Vor allem Empfänger von Erwerbsminderungsrente haben erhebliche Einbu-

> **Mit diesen Ländern verbinden uns SV-Abkommen**
>
> | | |
> |---|---|
> | Bosnien-Herzegowina | Marokko |
> | Bulgarien | Mazedonien |
> | Chile | Polen |
> | China | Serbien und Montenegro |
> | Israel | Slowenien |
> | Japan | Türkei |
> | Kanada (und gesondert für die Provinz Quebec) | Tunesien |
> | | USA |
> | Korea | |
> | Kroatien | Quelle: www.dvka.de |

ßen zu befürchten, weil der Arbeitsmarkt im Ausland für die Prüfung des Rentenanspruchs nicht berücksichtigt wird. Ausnahme: In allen EU-Staaten sowie in Ländern mit Sozialversicherungsabkommen gilt diese Einschränkung nicht.

Im Allgemeinen gibt es bei der Überweisung der Altersrente ins Ausland bei dauerndem Wohnsitz im Ausland keine Einschränkungen, wenn Sie die deutsche Staatsangehörigkeit behalten bzw. die Staatsangehörigkeit des Landes annehmen, das Mitglied der EU ist oder mit Deutschland durch ein Sozialversicherungsabkommen verbunden ist.

Über nähere Details informiert Sie ausführlich der Rentenversicherungsträger.

Welche Steuern Altersrentner zahlen müssen

Rentner werden vom Finanzamt bei fast allen Steuerarten genauso wie Berufstätige behandelt. Grundsätz-

> **Tipp:** Zahlreiche Tipps liefert die Broschüre »Versicherung im Ausland – Rente ins Ausland«, die es kostenlos bei den Rentenversicherungsträgern gibt.

lich muss auch die Rente versteuert werden, Tendenz steigend. Grund: Seit 2005 gilt das Prinzip der nachgelagerten Besteuerung auch für gesetzliche Renten. Das heißt: Tendenziell werden die Renten voll besteuert und im Gegenzug die Beiträge steuerfrei gestellt. So will es das Alterseinkünftegesetz. Dabei gelten jedoch langjährige Übergangsbestimmungen (→ Seite 228–246).

Anders sieht die Rechnung mit dem Finanzamt aus, wenn Sie neben der Rente noch andere Einkünfte haben, etwa aus Betriebsrente, Vermietung, Verpachtung, Berufstätigkeit (Hinzuverdienst zur Rente) oder Ersparnissen. Dann werden alle Einkünfte zusammengerechnet und versteuert. Zum Glück gibt es auch wieder Freibeträge, die die Steuerlast erträglicher machen (→ Seite 228–246).

Zusätzliches Geld vom Staat

Das Durchschnittsnettoeinkommen der Rentnerhaushalte beträgt 1953 Euro, hat eine Allensbach-Umfrage im Auftrag der Postbank Anfang 2007 ergeben (→ Details Seite 25–27). Dieses Alterseinkommen speist sich überwiegend aus Zahlungen der gesetzlichen Rentenversicherung, ergänzt durch Leistungen aus Lebensversicherungen, Betriebsrenten, Miet- und Zinseinnahmen. Vielen Rentnern geht es damit so gut, dass zusätzliches Geld vom Staat gar nicht in Betracht kommt, da keine Bedürftigkeit vorliegt. Insbesondere Singlefrauen im Westen der Republik sowie künftige Rentnergenerationen driften jedoch in Richtung Grundsicherung ab.
Bund, Länder und Gemeinden leisten vielfältige finanzielle Hilfe für alle, die es nötig haben. Zumeist besteht darauf sogar ein Rechtsanspruch, in anderen Fällen sichert nur schnelles Reagieren gutes Geld. Aus der unübersehbaren Zahl der Finanzspritzen sind hier diejenigen ausgewählt, die gerade in höherem Lebensalter jedem von uns ein gutes Trostpflaster abgeben würden (→ Checkliste 4 auf Seite 273).

Grundsicherung

Wer so wenig Alterseinkommen erhält, dass es nicht zum Leben reicht, musste früher zum Sozialamt. Seit 2003 gibt es eine finanzielle Grundsicherung. Sie wird wie eine normale Altersrente gewährt und für ein Jahr im Voraus festgelegt, aber grundsätzlich lebenslang gezahlt. Damit soll verschämter Altersarmut vorgebeugt werden. Dabei erfolgt – anders als bei der Sozialhilfe – kein Rückgriff auf die nächsten Angehö-

Was zum Einkommen und Vermögen zählt

Einkommen
- Erwerbseinkommen
- Renten
- Einkünfte aus Vermietung und Verpachtung
- Kapitaleinkünfte
- Wohngeld

Vermögen
- Bargeld und Bankguthaben
- Wertpapiere
- Lebensversicherung
- Immobilienbesitz
- eigenes Auto

rigen. Voraussetzung: Das Jahreseinkommen der Kinder bzw. Eltern bleibt jeweils unter 100 000 Euro. Das Geld stellt der Bund aus Steuermitteln zur Verfügung. Wer die Grundsicherung beantragt, muss über 65 Jahre alt sein. Bei dauerhafter, voller Erwerbsminderung genügt ein Mindestalter von 18 Jahren. Weitere Voraussetzungen sind ein sehr bescheidenes Einkommen (einschließlich Rente), das zum Unterhalt nicht reicht, und ein sehr geringes Vermögen.

Geldbeträge können in geringem Umfang vorhanden sein, ohne die Grundsicherung zu gefährden. Die Höchstgrenze beträgt 2301 Euro bei Alleinstehenden bzw. bis zu 2915 Euro bei Ehepaaren (die zusammenleben) und eheähnlichen Partnerschaften. Eigenes Einkommen wird angerechnet. Liegt das eigene Einkommen unter der Grundsicherung, wird entsprechend aufgestockt. Ehegatten oder Partner einer eheähnlichen Gemeinschaft (seit 2005 auch eingetragene Partnerschaften) sind sich gegenseitig zum Unterhalt verpflichtet. Das bedeutet, dass sowohl Einkommen als auch Vermögen des Partners einbezogen werden. Wunder sollte also niemand erwarten: Die Grundsicherung entspricht in etwa der früheren Sozialhilfe. Es kommen allerdings noch Zuschläge hinzu:

➤ 15 Prozent Ausgleich für besondere Leistungen der Sozialhilfe (Wintermantel, Waschmaschine)
➤ Zuschlag für angemessene tatsächliche Kosten für Miete und Heizung
➤ Beiträge zur gesetzlichen Kranken- und Pflegeversicherung
➤ 17 Prozent Mehrbedarf des Regelsatzes für Schwerbehinderte (Zeichen »G« im Ausweis)

Ohne Antrag gibt es kein Geld. Zuständig ist das Grundsicherungs- bzw. Sozialamt. Die Rentenversicherungsträger helfen beim Ausfüllen und leiten die Anträge weiter, entscheiden aber nichts. Wer weniger als 844 Euro Monatsrente erhält, bekommt automatisch einen Antrag auf Grundsicherung zugeschickt.

Wohngeld

Mieter, die im Verhältnis zu ihrem Einkommen überdurchschnittlich viel Geld fürs Wohnen ausgeben müssen, haben Anspruch auf Wohngeld. Zuständig ist die Wohngeldstelle des Wohnungsamtes. Die Höhe hängt von der Familiengröße, dem Nettoeinkommen und den zuschussfähigen Wohnkosten ab.

Familiengröße: Zur Familie zählen alle, die im gemeinsamen Haushalt leben. Wenn sich Ihre Familie verkleinert, kann der Anspruch auf Wohngeld erlöschen. Stirbt allerdings ein Familienmitglied, wirkt sich dies erst mit einer Verzögerung von zwei Jahren auf das Wohngeld aus. Damit sollen Härten im Zusammenhang mit einem Todesfall vermieden werden.

Gesamteinkommen: Hier zählen alle steuerpflichtigen positiven Jahreseinkünfte im Sinne des Einkommensteuergesetzes abzüglich bestimmter Freibeträge und Abzugsbeträge. Die Einkommen aller Familienmitglieder, die in der Wohnung leben, werden zusammengerechnet. Dazu zählen beispielsweise Gehälter, Arbeitslosengeld/-hilfe und Sonderprämien des Arbeitgebers. Nicht eingerechnet werden Leistungen der gesetzlichen Unfall- und Krankenversicherung, zum Beispiel Krankengeld. Übrigens: Freibeträge für Werbungskosten und bestimmte Unterhaltsverpflichtungen dürfen vom Einkommen abgezogen werden. Zusätzliche Freibeträge haben Schwerbehinderte, Alleinerziehende und Familienmitglieder über 62 Jahren, die mit ihren Kindern oder Enkeln zusammenwohnen. Als allgemeine Freibeträge können Rentner 12,5 Prozent, Beamte 20 Prozent und Arbeitnehmer 30 Prozent abziehen.

Zuschussfähige Wohnkosten: Der dritte Faktor, der das Wohngeld bestimmt, ist die Miethöhe. Grob betrachtet gilt der Grundsatz: Je teurer Ihre Wohnung, desto höher Ihr Anspruch auf Wohngeld. Allerdings gelten bestimmte Höchstgrenzen, die verhindern sollen, dass mit staatlicher Hilfe luxuriöse Wohnungen gefördert werden. Diese Höchstgrenzen richten sich nach Ihrer Familiengröße, dem Mietniveau am Ort und dem Alter und der Ausstattung Ihrer Wohnung. Alles in allem eine komplizierte Rechnung, die von

Bis zu dieser Miethöhe können Sie mit Wohngeld rechnen

Zahl der Familienmitglieder	Obergrenzen für das monatliche Gesamteinkommen nach Mietstufen für ab 1992 bezugsfertige Wohnungen (Euro)					
Mietstufe	1	2	3	4	5	6
1	750	760	770	800	810	830
2	1010	1040	1060	1090	1110	1140

Bundesland zu Bundesland unterschiedlich ist (wegen unterschiedlicher Mietstufen in den Gemeinden). Daraus ergibt sich, wie hoch die zuschussfähigen Wohnkosten überhaupt sind. Für wen lohnt sich ein Antrag auf Wohngeld überhaupt? Als Faustregel gelten bestimmte Einkommensgrenzen (→ Seite 73).
Allerdings werden nur Mieten bis zu einer bestimmten Höhe berücksichtigt, die sich wie gesagt am Zustand der Wohnung sowie dem örtlichen Mietpreisniveau orientiert. Wer in Wirklichkeit viel höhere Miete zahlen muss, wird so behandelt, als würde er nur den zuschussfähigen Höchstbetrag bezahlen. Daher wirkt Wohngeld (im Schnitt 70 Euro) häufig nur wie der sprichwörtliche Tropfen auf den heißen Stein.
Übrigens: Wohngeld gibt es maximal für ein Jahr, dann muss ein neuer Antrag gestellt werden (am besten schon zwei Monate vor Ablauf des Jahres). Gezahlt wird ein oder zwei Monate im Voraus. Empfänger sind vor allem Rentner, Arbeitslose, Arbeiter und Studenten. Generell können neben Mietern weitere Gruppen den Zuschuss erhalten:

➤ Inhaber einer Genossenschafts- oder Stiftswohnung
➤ Bewohner eines Heimes (hier gilt immer der höchste Wert an zuschussfähigen Wohnkosten)
➤ Inhaber eines mietähnlichen Dauerwohnrechts
➤ Eigentümer eines Mehrfamilien- oder Geschäftshauses, in dem sie wohnen

Seit dem 1. Juli 2004 wird Wohngeld im Rahmen der Arbeitsmarkt- und Verwaltungsreformen (»Hartz-IV-Gesetz«) für Empfänger von Sozialhilfe oder Arbeitslosenhilfe nicht mehr getrennt beantragt, sondern nur noch über eine einzige Behörde. Wohngeld ist nun im sogenannten Arbeitslosengeld II (frühere Arbeitslosenhilfe) enthalten. An der Höhe ändert sich jedoch

> **Tipp:** Wer mehr zum Thema Wohngeld wissen möchte, sollte sich beim Bundesministerium für Verkehr, Bau und Stadtentwicklung die kostenlose Broschüre »Wohngeld 2007 – Ratschläge und Hinweise« bestellen (Adresse: Broschürenstelle, Invalidenstraße 44, 10115 Berlin, Telefon: 030/18 300 3060).

nichts. Fällt der Wohngeldbescheid nicht zu Ihrer Zufriedenheit aus, so können Sie dagegen innerhalb eines Monats Widerspruch einlegen (→ Musterbrief 7 auf Seite 306).

Sozialhilfe

Sozialhilfe gibt es seit der Einführung von Hartz IV im Jahre 2005 nur noch für nicht erwerbsfähige Hilfebedürftige. Die von den Kommunen ausgezahlte Leistung entspricht in der Höhe den Hartz-IV-Leistungen (ALG II/Sozialgeld). Für den »Haushaltsvorstand« gibt es 345 Euro plus Regelsätze für Partner und Kinder (nach Alter gestaffelt). Hinzu kommen die angemessenen Unterkunftskosten. Einkommen und Vermögen werden grundsätzlich vom Bedarf abgezogen. Die Grundsicherung im Alter (ab 65 Jahre), die man erhält, wenn die Rente zum Leben nicht reicht, ist in die Sozialhilfe integriert. Hier gelten geringere Rückgriffsmöglichkeiten auf die Kinder.
Gesonderte Sozialhilfe kommt für Altersrentner im Allgemeinen nicht in Betracht. Ausnahmen gelten zum Beispiel für Behinderte. Behinderten, die mindestens 15 Jahre alt sind und denen Eingliederungshilfe gewährt wird, stehen 40 Prozent Mehrbedarf zu. Der eigentliche Regelsatz von 345 Euro wird für Erwach-

sene mit Behinderung also um 138 Euro im Monat aufgestockt.

Allerdings unterstützt und hilft das Sozialamt, wenn Rentner plötzlich in eine besondere Lebenssituation oder Notsituation geraten. Das Sozialamt gewährt unter anderem Hilfe bei Krankheit, Eingliederungshilfe für Behinderte, Hilfe zur Pflege, Hilfe zur Weiterführung des Haushalts, Hilfe zur Überwindung besonderer sozialer Schwierigkeiten und Altenhilfe. Anspruch hat jeder Bedürftige, vom Neugeborenen bis zum Greis. Hilfe zur Pflege beispielsweise umfasst Hilfe für alle Pflegebedürftigen, bei denen Leistungen aus der gesetzlichen Pflegeversicherung nicht ausreichen und die zugleich finanziell bedürftig sind. Vorrangig geht es darum, die häusliche Pflege fachgerecht sicherzustellen.

Anspruch hat jeder, der durch Krankheit oder Behinderung so hilflos ist, dass er nicht ohne Pflege auskommt, also Folgendes nicht mehr allein bewältigen kann: Gehen, Körperpflege, Essen, An- und Ausziehen, Aufstehen und Hinlegen, Notdurftverrichten. Die Höhe der Hilfe zur Pflege ist vom Einzelfall abhängig. Sie wird nur dann gewährt, wenn alle anderen Möglichkeiten wie vorrangige Hilfeleistungen des Staates, gesetzliche Pflegeversicherung, Ersparnisse oder Unterhaltszahlungen zwischen Kindern und Eltern ausgeschöpft sind. Dann gilt: Heimkosten werden voll bezahlt. Außerdem gibt es während einer solchen Unterbringung ein zusätzliches Taschengeld. Wer als Pflegefall zu Hause wohnt, bekommt quasi als Entschädigung für seine Aufwendungen um eine häusliche Pflegekraft den Differenzbetrag erstattet, falls die Leistungen der Pflegeversicherung nicht ausreichen.

Ein weiteres Angebot des Sozialamtes, die Altenhilfe, umfasst in erster Linie persönliche Hilfe – weniger finanzielle Zuwendung. So könnte Sie die Behörde dabei unterstützen, eine altersgerechte Wohnung zu finden. Weitere Hilfen des Sozialamtes können darin bestehen, einen geeigneten Heimplatz zu besorgen, über altersgerechte Dienste zu informieren, die Teilnahme an geselligen, kulturellen Veranstaltungen zu ermöglichen, Kontakt zu nahestehenden Personen zu halten und Hobbys zu organisieren. Begünstigt sind Grundsicherungsempfänger ab 65 Jahre (Frührentner auch eher).

Ermäßigte Gebühren mit Schwerbehindertenausweis

Wer mindestens zu 50 Prozent behindert und damit schwerbehindert ist, hat Anspruch auf besondere Hilfe (Nachteilsausgleich). Ansprechpartner ist primär das Versorgungsamt. Zu diesen Ausgleichsleistungen gehören beispielsweise:
➤ Steuererleichterungen (insbesondere Behindertenpauschbetrag)
➤ Unentgeltliche Beförderung im öffentlichen Personenverkehr
➤ Vergünstigungen bei der Kraftfahrzeugsteuer
➤ Parkerleichterungen
➤ Befreiung von der Rundfunkgebührenpflicht

Dazu brauchen Sie in aller Regel einen Schwerbehindertenausweis (§ 69 SGB IX). Jeder Schwerbehinderte sollte sich ans zuständige Versorgungsamt wenden. Der Ausweis selbst ist kostenlos. Er gilt zumeist 5 bis 15 Jahre. Der Ausweis verpflichtet öffentliche Träger zu Preisermäßigungen für Behinderte in Einrichtungen (wie z.B. Museen, Tierparks, Bädern) und bei Veranstaltungen (wie z.B. Kursen, Theatervorführungen, Konzerten). Viele private Veranstalter gewähren freiwillig Ermäßigung. Im Einzelnen sind dies vor allem: Nahverkehrsermäßigung, Steuererleichterungen, Rundfunkgebührenbefreiung und Parkerleichterungen, auf die im Folgenden detailliert eingegangen wird.

Der Schwerbehindertenausweis bescheinigt Ihnen den Grad Ihrer Behinderung und enthält Vermerke (Stempel), die darüber informieren, auf welche Vergünstigungen und Sonderkonditionen Sie Anspruch haben. Hier die möglichen Vermerke:

Vorderseite des Ausweises

VB = Der Ausweisinhaber hat Anspruch auf Versorgung nach den Vorschriften des Bundesversorgungsgesetzes.

EB = Die Erwerbsfähigkeit ist um wenigstens 50 Prozent gemindert. Der Inhaber hat Anrecht auf eine Entschädigung nach § 28 Bundesentschädigungsgesetz.

B = Die Notwendigkeit ständiger Begleitung ist nachgewiesen.

Rückseite des Ausweises

aG = Außergewöhnlich gehbehindert. Berechtigt zu Parkerleichterungen.

H = Hilflos

Bl = Blind

RF = Befreit von der Rundfunkgebührenpflicht.

1.KL. = Der Inhaber darf mit einem Fahrausweis der zweiten Klasse die erste Klasse in Eisenbahnen benutzen.

G = Gehbehindert. Berechtigt zu Nahverkehrs- oder Kfz-Steuer-Rabatt.

Gl = Gehörlos

Im Folgenden werden die Vergünstigungen im Alltag beschrieben, die mit dem Schwerbehindertenausweis verbunden sind:

Rabatt für Nahverkehrsmittel: Wer sehr wenig Rente erhält oder behindert ist, kann den öffentlichen Nahverkehr gegen eine einmalige Gebühr kostenlos benutzen. Als öffentliche Nahverkehrsmittel gelten: Bus, Straßenbahn, U- und S-Bahn, Eisenbahn zweiter Klasse im Umkreis von 50 Kilometern sowie Schiffe im Linienverkehr. Als Alternative zur Nahverkehrsermäßigung kommt auch eine Ermäßigung der Kfz-Steuer in Betracht. Jeder Inhaber eines Schwerbehindertenausweises profitiert davon.
Zuständig ist das Versorgungsamt. Dort sind die kostenlosen Fahrten gegen eine einmalige Jahresgebühr (Wertmarke) zu haben, die 60 Euro kostet. Auch die Wertmarke ist kostenlos, wenn der Schwerbehinderte hilflos (Stempel H im Ausweis) oder blind (Stempel Bl im Ausweis) ist. Sind Sie außerdem noch auf eine ständige Begleitperson angewiesen (zusätzlicher Stempel B im Ausweis), kann diese kostenlos mitfahren. Darüber hinaus dürfen Sie Handgepäck, einen Rollstuhl, orthopädische Hilfsmittel und Ihren Blindenführhund umsonst in öffentlichen Nahverkehrsmitteln mitnehmen.
Viele Kommunen bieten gemeinsam mit karitativen Einrichtungen einen Fahrdienst mit Fahrzeugen und Personal an, das für den Transport Behinderter speziell eingerichtet ist. Diese Fahrdienste sind in der Regel kostenlos. Ansprechpartner sind die Behindertenstelle des Sozialamtes oder Wohlfahrtsverbände.
Im Fernverkehr gilt: Bei Notwendigkeit ständiger Begleitung (Zeichen B im Ausweis) kann die Begleitperson kostenlos mitreisen, und zudem können Sitzplätze

kostenlos reserviert werden (Letzteres gilt auch für das Zeichen Bl im Ausweis). Viele Fluggesellschaften bieten auf innerdeutschen Flügen Rabatt für Begleitpersonen (Zeichen B).

Ermäßigung oder Befreiung von der Kfz-Steuer: Alternativ zum Rabatt für Nahverkehrsmittel können Sie 50 Prozent Rabatt auf die Kfz-Steuer bekommen. Darauf haben Inhaber des Schwerbehindertenausweises mit Stempel G oder Gl Anspruch. Voraussetzung: Das Fahrzeug muss auf Ihren eigenen Namen angemeldet sein und ausschließlich (mit wenigen Ausnahmen) Ihrer Beförderung dienen.

Gar keine Kfz-Steuer brauchen Schwerbehinderte zu entrichten, die hilflos (Stempel H im Ausweis) oder blind (Stempel Bl im Ausweis) oder außergewöhnlich gehbehindert (Stempel aG im Ausweis) sind. Zuständig ist auch hier wieder das Versorgungsamt; die Steuererleichterung organisiert dann das Finanzamt.

Steuerbefreiung für Hundehalter: Hilflose oder gehörlose Hundebesitzer (Zeichen H bzw. Gl im Ausweis) brauchen keine Hundesteuer zu zahlen. Die kostet normalerweise etwa 100 Euro im Jahr. Zuständig ist zunächst wieder das Versorgungsamt; die Steuererleichterung organisiert dann das Finanzamt. Die Befreiung gilt für ein Jahr. Dann ist ein erneuter Antrag nötig.

> **Tipp:** Das Sozialamt leistet für Bedürftige auf Antrag auch Zuschüsse zur Tiernahrung, wenn der oder die Bedürftige auf den Hund angewiesen ist. Außerdem zahlt sie eine Blindenführzulage.

> Tipp: Auch außergewöhnliche Belastungen können von der Einkommensteuer abgesetzt werden. Das sind zum Beispiel Krankheits- und Kurkosten, Kosten für Haushaltshilfen, für häusliche Pflege, für Umbauten an Mietwohnungen.

Behindertenpauschbetrag bei der Einkommensteuer: Jeder Schwerbehinderte kann einen jährlichen Pauschbetrag von seinem zu versteuernden Einkommen abziehen. Dieser Freibetrag kann auch auf der Steuerkarte eingetragen werden. Die Höhe hängt vom Grad der Behinderung ab (§ 33b EStG). Ab 55 Prozent Behinderung sind es 720 Euro pro Jahr, maximal 1420 Euro. Bei Blinden und bei Hilflosen sind es 3700 Euro pro Jahr.

Mit einem niedrigen Behinderungsgrad zwischen 25 und 50 Prozent ist ebenfalls ein Pauschbetrag drin (zwischen 310 und 570 Euro), aber nur unter diesen Voraussetzungen:

➤ Die körperliche Beweglichkeit ist dauernd beeinträchtigt oder
➤ die Behinderung ist durch eine Berufskrankheit hervorgerufen oder
➤ die Behinderung berechtigt zum Bezug einer Rente.

Finanzierungshilfe fürs Auto: Berufstätige Schwerbehinderte können außerdem Zuschüsse für den Erwerb des Führerscheins, eines Fahrzeugs und dessen behindertengerechte Ausstattung beim Versorgungsamt beantragen. Voraussetzung ist, dass Ihnen der Weg zur Arbeitsstelle mit öffentlichen Verkehrsmitteln aufgrund Ihrer Behinderung nicht möglich oder nicht zumutbar ist.

Die Höhe des Zuschusses orientiert sich am Kaufpreis des Autos, beträgt jedoch maximal 9500 Euro (abhängig vom Einkommen).

Rundfunkgebührenbefreiung: Wer stark behindert ist (Stempel RF im Schwerbehindertenausweis) oder sehr wenig verdient bzw. nur eine geringe Rente erhält, braucht keine Rundfunkgebühren zu zahlen (eine Regelung, die im Übrigen auch für Studenten gilt). Das betrifft vor allem Blinde, Sehbehinderte mit wenigstens 60 Prozent geminderter Erwerbsfähigkeit, andere Behinderte mit wenigstens 80 Prozent geminderter Erwerbsfähigkeit, Gehörlose, Sozialhilfeempfänger mit Anspruch auf Hilfe zur Pflege oder auf laufende Hilfe zum Lebensunterhalt.

Zuständig ist das Sozialamt. Sie sparen komplett die Rundfunkgebühren, die sonst ungefähr 22,50 Euro im Monat für je einen Fernseher und ein Radio betragen. Die Befreiung gilt, solange die Behinderung anhält bzw. das Einkommen sehr niedrig bleibt. Im Zweifelsfall sollten Sie persönlich beim Sozialamt vorsprechen und sich beraten lassen (→ Musterbrief 8 auf Seite 307).

Parkerleichterungen: Schwerbehinderte mit außergewöhnlicher Gehbehinderung (Zeichen aG) können bei der Straßenverkehrsbehörde eine Ausnahmegenehmigung und einen Parkausweis beantragen. Der Parkausweis wird seit dem 1. Januar als standardisierte europäische Parkkarte ausgegeben.

Tipp: Viele weitere Ratschläge für Schwerbehinderte bietet das Buch »Hilfsmittel« (7,80 Euro), das bei den Verbraucherzentralen zu bekommen ist.

Finanzspritzen für die Freizeit

Es gibt vor allem auf kommunaler Ebene vielfältige Mittel in den Finanzhaushalten, um auch der älteren Generation Abwechslung und Lebensfreude zu verschaffen. Fragen Sie im Rathaus, bei Vereinen oder Wohlfahrtsverbänden nach. Fündig wird man auch bei den Grauen Panthern oder der Bundesarbeitsgemeinschaft der Senioren-Organisationen (Adressen → Seite 266). Nachfolgend eine kurze überregionale Auswahl:

Altentagesstätten: Solche Einrichtungen gibt es praktisch in jedem größeren Ort. Geboten werden gesellige Veranstaltungen, Programme, Kurse sowie gemeinnützige Arbeiten. Träger für den meist einmaligen wöchentlichen Treff ist häufig das Deutsche Rote Kreuz (Adresse im Telefonbuch). Durch unterschiedliche Zuschüsse ist die Teilnahme meist kostenlos, anderenorts sehr preisgünstig.

In vielen Städten und Gemeinden existieren unterschiedliche Einrichtungen zur Freizeitgestaltung, zum Beispiel Nachbarschaftsheime, Mal- und Museumszirkel, Tanzklubs und Gymnastikgruppen, kostenlose oder preisgünstige Gemeinschaftsreisen. Auskünfte über Angebote in Ihrer Region bekommen Sie beim Sozialamt sowie den örtlichen Wohlfahrtsverbänden und Kirchengemeinden.

Projekte zwischen Berufstätigkeit und Ruhestand: Mehrere Freizeitinitiativen helfen, die Zeit des Umbruchs von Arbeit und Ruhestand vernünftig zu bewältigen. Fragen Sie in Ihrem Wohnort, wo und welche Projekte existieren und ob der Einsatz öffentlicher Mittel die Sache für Sie als Nutzer erschwinglich macht.

Mobile Hilfsdienste: Wer auf fremde Hilfe angewiesen ist, dem steht vielerorts ein mobiler Dienst offen, den Gemeinden, Wohlfahrtsverbände oder auch Kirchengemeinden organisieren. Beispiele sind der »Mahlzeitendienst« oder »Essen auf Rädern«. Über diese Hilfsdienste werden ältere Bürger, denen Einkaufen oder Kochen nicht mehr möglich ist, auf Wunsch regelmäßig mit warmen Mahlzeiten oder Tiefkühlmenüs versorgt. Daneben gibt es häufig auch einen stationären Mittagstisch in Altentagesstätten, Altenheimen oder Kantinen öffentlicher Verwaltungen. Der Preis ist günstig und wird gelegentlich nach der Rentenhöhe gestaffelt.

Andere mobile Dienste helfen vor allem dann, wenn die Kräfte zur Führung des Haushalts nicht ausreichen und andere Unterstützung nicht zu bekommen oder zu bezahlen ist. »Haushaltshilfsdienste« etwa erledigen vielfach Fensterputzen, Wohnungsreinigung, Wäschebesorgung und Einkäufe. Es gibt auch fahrbare Wäsche- und Haushaltsreinigungsdienste, Fußpflegedienste und »Büchereien auf Rädern«.

Volkshochschulen: Mehrere Kurse richten sich speziell an Senioren, um bei der Neuorientierung in der

---

Tipp: Wichtige Informationen bietet die Broschüre »Studienführer für Senioren«, die es kostenlos beim Bundesministerium für Bildung, Wissenschaft, Forschung und Technologie gibt (Referat Öffentlichkeitsarbeit, PF 30 02 35, 53182 Bonn, Telefon: 01805/262302; E-Mail: books@bmbf.bund.de), leider nur in einer leicht angestaubten Ausgabe von 2001. Weitere Informationen: Bundesarbeitgemeinschaft Wissenschaftliche Weiterbildung für Ältere (→ Adresse auf Seite 266).

dritten Lebensphase zu helfen, neue soziale Kontakte zu vermitteln und die Diskussion um eine zeitgemäße Altenpolitik anzuregen. Selbst an Universitäten werden immer mehr weiterbildende Veranstaltungen für Senioren angeboten.

Seniorenstudium an Universitäten: An den Hochschulen in Deutschland studieren rund 15 000 Menschen, die zur Altersgruppe der 60- bis 69-Jährigen gehören. Ob das etwas für Sie sein könnte, sollten Sie anhand der Checkliste 5 auf Seite 274 für sich selbst entscheiden. Falls Sie zumeist mit »Ja« antworten würden, lohnt ein spätes Studium. Wer sich für ein spätes Studium entscheidet, hat zumeist die Wahl zwischen drei Studienformen, die auf den zwei nächsten Seiten ausführlich vorgestellt werden.

Drei Studienformen für Senioren

➤ **Ordentliches Studium**
Reguläres Hochschulstudium; an formale Zugangsberechtigungen gebunden (Voraussetzung: Abitur). Damit können Senioren an allen deutschen Universitäten studieren. Es kann aber je nach Fachrichtung Zugangsbeschränkungen geben. Eine Studienordnung regelt Inhalt und Aufbau des Studiums. In aller Regel müssen zwischenzeitlich Leistungsnachweise erbracht werden, etwa Seminarscheine oder Zwischenprüfungen. Das Studium schließt mit der Hochschulprüfung ab.

➤ **Gasthörerstudium**
Dient der Weiterbildung auf einzelnen Studiengebieten, ohne Prüfungen ablegen zu müssen oder einen Abschluss zu machen. Abitur ist zumeist keine Bedingung (außer

Drei Studienformen für Senioren (Fortsetzung)

vielfach in Bayern). Man muss das Studium selbst planen; Betreuung und Studienbegleitung durch die Hochschule sind nicht vorgesehen. Für die Organisation gibt es zumeist eine spezielle Einrichtung oder Kontaktstelle an der jeweiligen Hochschule. Dort erhalten Interessenten Informationen über Zulassung, Immatrikulation, Studiengebühren und Zertifikate.

➤ Seniorenstudium

Spezielles Gasthörerstudium. Man schreibt sich als »besonderer Gasthörer« ein. Inhalt und Dauer des Studiums werden in der Regel nicht vorgegeben. Die Hochschule unterstützt diesen Studiengang zumeist durch spezielle Beratungs-, Orientierungs- und Begleitveranstaltungen für Senioren. Häufig gibt es ein spezielles Vorlesungsverzeichnis. Wie beim »normalen« Studium auch müssen Sie sich einschreiben bzw. anmelden (Immatrikulation). Zumindest ist eine Zulassung als Gasthörer erforderlich, meist bei der Studienabteilung der Hochschule (Anmeldung ist jedes Semester neu vorzunehmen). Oft müssen Sie Ihre Absichten, bestimmte Lehrveranstaltungen zu besuchen, auch schriftlich erklären (Belegung). Fast alle Hochschulen verlangen Studiengebühren (zwischen 20 und 60 Euro pro Semester).

Ansprüche aus Kranken-, Pflege- und Unfallversicherung

Solange Sie berufstätig sind, gibt es beim Thema Krankheit keine Besonderheiten. Zum Rentenstart ändern sich einige Rahmenbedingungen. Jetzt gilt: Halten Sie die Beiträge gering, und holen Sie sich – wenn möglich – sogar Geld von der Krankenkasse zurück.

Leistungsansprüche aus der Krankenversicherung der Rentner

Zusammen mit dem Antrag auf Altersrente (→ Seite 54–69) müssen Sie sich äußern, wie die Krankenversicherung ab Rentenbeginn aussehen soll. Faustregel: Wer vorher gesetzlich krankenversichert war, kommt automatisch in die Krankenversicherung der Rentner (KVdR) und bleibt in seiner bisherigen Kasse. Genauer: Wer mindestens 90 Prozent der zweiten Hälfte seines Berufslebens (das vom erstmaligen Arbeitstag im Leben bis zum Rentenbeginn zählt) Pflichtmitglied in einer Krankenkasse war, wird auch in der KVdR Pflichtmitglied.

Das gilt übrigens auch für Frauen, die nicht berufstätig und familienversichert sind, wo aber der Ehemann die Voraussetzungen erfüllt. Dann wird die Familienversicherung von der KVdR abgelöst; Beitrag muss die mitversicherte Frau auch weiterhin nicht zahlen.

Die gesetzliche Krankenversicherung gewährleistet die medizinische Grundversorgung. Dazu gehören auch für Altersrentner Gesundheitsförderung und Krankheitsverhütung, Früherkennung von Krankheiten (Vorsorge), Krankenbehandlung, Medikamente,

Das ist an Zuzahlungen fällig

- Krankenhaus: 10 Euro pro Tag, maximal 280 Euro pro Jahr
- Kur: 10 Euro pro Tag, maximal 280 Euro pro Jahr
- Praxisgebühr: 10 Euro »Eintrittsgebühr« im Quartal pro Arzt und Zahnarzt (Ausnahmen: Überweisung durch Hausarzt; reine Vorsorgeuntersuchungen beim Frauen- und Zahnarzt)
- Medikamente: 10 Prozent (mindestens 5, höchstens 10 Euro) pro verschriebene Arznei
- Fahrt zur stationären Behandlung: 10 Prozent des Fahrpreises (mindestens 5, höchstens 10 Euro); Fahrt zu ambulanter Behandlung: 100 Prozent
- Heilmittel: 10 Prozent sowie 10 Euro pro Verordnung
- Hilfsmittel: 10 Prozent des Abgabepreises (mindestens 5, höchstens 10 Euro)
- Häusliche Krankenpflege: 10 Prozent des Mittels + 10 Euro je Verordnung
- Haushaltshilfe: 10 Prozent der Kosten (mindestens 5, höchstens 10 Euro) pro Tag
- Soziotherapie (bei schweren psychischen Erkrankungen): 10 Prozent der Kosten (mindestens 5, höchstens 10 Euro) pro Tag
- Zahnersatz: bis 50 Prozent (bei nachgewiesener regelmäßiger Vorsorge – über Bonusheft: 40 oder 35 Prozent)

Heil- und Hilfsmittel, Krankenhausbehandlung, Teile der häuslichen Krankenpflege, Bezahlung einer Haushaltshilfe, Kuren und Rehabilitationsmaßnahmen, Reise- und Transportkosten. Die gesetzliche Versicherung kennt fast nur Einheitsleistungen; es gibt im Prinzip nur einen Tarif und einen Beitrag. Sie arbeitet meist nach dem sogenannten Sachleistungsprinzip – die Kasse zahlt direkt an den Arzt, das Krankenhaus oder den Apotheker. Als Maßstab gilt das medizinisch Notwendige, das durch die Gesundheitsreformen der letzten Jahre immer mehr zusammengestrichen wurde. So werden Arzneimittel, die nicht verschreibungspflichtig sind, seit 2004 von den Kassen nicht mehr bezahlt. Zugleich stiegen die Eigenbeteiligungen der Patienten (→ Seite 88).

Übrigens: Deutsche Rentner, die sich im sonnigen Südeuropa niederlassen, haben auch weiterhin Anspruch auf eine Krankenbehandlung in der Heimat. Die deutsche Krankenkasse hat kein Recht, einem in Frankreich oder Spanien lebenden Rentner die Ausstellung einer Versichertenkarte und die Behandlung daheim auf seine Kosten zu verweigern. So urteilte das Bundessozialgericht im Oktober 2005 (Az.: B 1 KR 2/04).

Hier zahlt die gesetzliche Krankenversicherung (GKV) seit 2004 nicht mehr

➤ Brillen und Sehhilfen (außer Brillengläser für Kinder und sehr Sehschwache)
➤ Kontaktlinsen (außer in medizinisch zwingend erforderlichen Ausnahmefällen – § 33 Absatz 3 SGB V)
➤ Arzneimittel zur Erhöhung der Lebensqualität, darunter Mittel:
- gegen Erektionsstörungen
- zur Steigerung der Potenz
- zur Raucherentwöhnung
- zur Abmagerung oder Zügelung des Appetits
- zur Regulierung des Körpergewichts
- zur Verbesserung des Haarwuchses
➤ Sterbegeld

Leider sind von den Leistungskürzungen auch Rentner betroffen. So gibt es für Mitglieder sowie Angehörige von GKV-Mitgliedern seit 2004 kein Sterbegeld mehr (weitere Streichungen → Seite 89). Nach tödlichem Arbeitsunfall oder einer zum Tode führenden Berufskrankheit zahlt immerhin die gesetzliche Unfallversicherung ein Sterbegeld (→ Seite 112).
Vorbeugen ist besser als heilen. Daher bezahlen die Krankenkassen auch für die Früherkennung von Krankheiten. Allerdings wird nicht jede Untersuchung in jedem Alter bezahlt, sondern nur noch Vorsorge- und Früherkennungsuntersuchungen, darunter bei:
➤ Krebs
➤ zahnmedizinischer Prophylaxe
➤ Schutzimpfungen
➤ Gesundheits-Check-up ab 35 (alle zwei Jahre)

Seit 2004 dürfen Krankenkassen ihren Versicherten einen Bonus anbieten, wenn sie sich für ihre Gesundheit engagieren und die Leistungen des Gesundheitssystems nutzen. Darüber hinaus bieten einige Kassen Zusatzleistungen an, die in der jeweiligen Satzung festgeschrieben sind. Beispiel: Wird ein Krankenhausaufenthalt vermieden, zahlen einige Kassen häusliche Krankenpflege und hauswirtschaftliche Versorgung. Hinzu kommen Leistungsextras außerhalb der Schulmedizin. Alternative Behandlungsmethoden müssen zwar grundsätzlich nicht erstattet werden. Jedoch zahlen einige Kassen freiwillig unter Beachtung des Gebotes der Wirtschaftlichkeit spezielle Therapien.
Diese Leistungen gelten auch für Altersrentner. Grundsätzlich entscheidet die Krankenkasse, in der Sie zuletzt versichert waren, über die Mitgliedschaft in der KVdR. Ratsuchende sollten sich also dorthin wenden, nicht an den Rentenversicherungsträger.

Zusatzleistungen ausgewählter Krankenkassen

Kasse	Osteo-therapie	Phyto-therapie	Homöo-pathie	Krebs-therapie[1]
AOK Baden-Württemberg	+	+	+	+
AOK Bayern	–	+	+	+
AOK Niedersachsen	*	+	*	*
Barmer	*	+	+	+
BKK Verkehrsbau	–	*	*	*
DAK	+	+	+	+
Gmünder	*	+	+	+
Kaufmännische	+	+	+	+
Techniker	+	+	+	+
Vereinigte IKK	–	+	+	*

[1] alternative Krebstherapie (z. B. Misteltherapie)
+ generelle Übernahme; – keine Übernahme;
* Übernahme im Einzelfall
Osteotherapie: spezielle Behandlung des Knochenapparates
Phytotherapie: Anwendung von Arzneipflanzen und -inhaltsstoffen
Homöopathie: Behandlung mit schwach dosierten Naturstoffen.

Quelle: www.gesetzlichekrankenkassen.de; Stand: Mai 2007

Krankenversicherungspflichtige Rentner zahlen übrigens in gleicher Weise wie Arbeitnehmer Beitrag. An die Stelle des Arbeitgebers tritt jedoch der Rentenversicherungsträger. Die Hälfte vom Beitrag zahlen Rentner selbst, die andere Hälfte steuert der Rentenversicherungsträger bei. Letzterer führt dann den gesamten Beitrag inklusive Ihrer Eigenbeteiligung automatisch an Ihre Krankenkasse ab. Bald legen die Kassen den Beitrag nicht mehr autonom fest, sondern die Bundesregierung (→ Seite 92).

Wer die Voraussetzungen für die KVdR nicht erfüllt, kann trotzdem mit Beitragszuschuss rechnen. In der

Gesundheitsreform in mehreren Stufen

➤ Seit **2. Februar 2007** ist der Wechsel von der GKV zur PKV erschwert: Verdienst muss in drei aufeinanderfolgenden Jahren über der Versicherungspflichtgrenze von knapp 4000 Euro brutto pro Monat gelegen haben, ehe gewechselt werden darf.

➤ Seit **1. April 2007** besteht eine Pflicht zum gesetzlichen Krankenschutz: Menschen ohne Krankenversicherung müssen sich ab sofort gesetzlich versichern, wenn sie früher auch gesetzlich versichert waren. Zudem dürfen gesetzliche Kassen neue Wahltarife, Bonusprogramme und Versorgungsmodelle anbieten. Sie müssen außerdem Impfungen, alle Reha-Leistungen und Mutter-Kind-Kuren bezahlen.

➤ Seit **1. Juli 2007** gibt es ein Recht auf privaten Krankenschutz: Menschen ohne Krankenversicherung müssen sich ab sofort im Standardtarif privat versichern (ohne Gesundheitsprüfung; ohne Risikozuschlag) dürfen, wenn sie zuletzt auch privat versichert waren.

➤ Seit **1. Juli 2008** wird es einen einheitlichen Spitzenverband der gesetzlichen Kassen geben (Bund der Krankenkassen). Zudem wird ein Medizinischer Dienst auf Bundesebene (MDK) gegründet.

➤ Seit **1. November 2008** gilt ein einheitlicher Beitragssatz in der GKV. Den legen dann nicht mehr die Kassen autonom fest, sondern die Bundesregierung.

➤ Seit **1. Januar 2009** wird ein Gesundheitsfonds für die GKV eingerichtet, in den die Beiträge fließen und aus dem die Leistungen bezahlt werden.

Begrenzt sind dabei Auf- und Abschläge für Kassen möglich. Zudem startet der sogenannte Basistarif in der privaten Krankenversicherung. Nun besteht Versicherungspflicht für alle.

Regel bleibt man bei seinem bisherigen Krankenversicherer, also freiwillig in der Krankenkasse oder privat versichert. Wer Anspruch auf eine gesetzliche Rente hat, kann dann – und nur dann – beantragen, dass der Rentenversicherungsträger den Beitragszuschuss für die Krankenversicherung (halber durchschnittlicher allgemeiner Beitragssatz aller Kassen) bezahlt. Der Antrag auf den Zuschuss muss spätestens drei Monate nach Rentenbeginn gestellt werden, sonst gibt es ihn erst entsprechend später. Bei Hinterbliebenenrenten wird der Zuschuss rückwirkend maximal für 12 Monate nach Antragstellung gezahlt. Der Höchstzuschuss seit dem 1. Juli 2002 liegt bei 7,0 Prozent der Rente. Wer den Beitragszuschuss zugestanden bekommt, erhält ihn zusammen mit der Rente ausgezahlt und muss den vollen Krankenversicherungsbeitrag selbst an die Krankenkasse überweisen. Allerdings wird beim Einkommen freiwillig und privat Versicherter nicht nur die Rente für den Beitrag herangezogen, sondern auch alle anderen Einkünfte nach dem Einkommensteuergesetz, wie Sparzinsen und Mieteinnahmen. Viele Selbstständige unter freiwillig gesetzlich Krankenversicherten gehen beim Beitragszuschuss leer aus.

Falls Sie noch zur Rente dazuverdienen oder andere Einkünfte haben, so müssen Sie die Ihrer Krankenkasse melden. Dafür wird ebenfalls Krankenversicherungsbeitrag erhoben – maximal bis zur Beitragsbe-

> **Tipp:** Details zur KVdR vermittelt die Broschüre »Kranken- und Pflegeversicherung der Rentner«, die es kostenlos bei Ihrem Rentenversicherungsträger gibt. Dort ist auch ein Muster des KVdR-Antrages mit Ausfüllhinweisen enthalten.

messungsgrenze (2007: 3562,50 Euro Bruttomonatseinkommen).
Die Krankenkassen machen bei Rentnern keine Leistungsabstriche. Lediglich der Anspruch auf Krankengeld, den Arbeitnehmer ab der siebten Krankheitswoche haben, entfällt. Ausnahme: Sie arbeiten auch als Rentner noch, verdienen dabei mehr als geringfügig Beschäftigte (also über 400 Euro pro Monat) und sind nach sechs Wochen immer noch krankgeschrieben.

So können Kassenpatienten sparen

Gesetzlich Krankenversicherte erhalten normalerweise von ihrem eingezahlten Beitrag nichts zurück. Wer jedoch häufig Leistungen in Anspruch nimmt und wenig verdient, ist teilweise von der Zuzahlung befreit und kann am Jahresende ähnlich wie bei der Steuer einen Kassenausgleich beantragen. Dann gibt es einen Teil der Kosten zurück, zum Beispiel für Fahrtkosten zur Behandlung, Zahnersatz, Kuren, Zuzahlung bei Medikamenten und Heilmitteln. Lassen Sie sich vorher am besten von Ihrer Kasse ein Quittungsheft für alle Ausgaben, die Sie aus eigener Tasche bezahlen, geben und jede Zahlung vom Arzt, Apotheker, Taxifahrer usw. bestätigen.
Hier die Regeln: Kassenpatienten, die chronisch krank sind, müssen nur bis zu 1 Prozent der Bruttoeinnahmen selber zahlen. Alle anderen tragen die Kosten bis zu 2 Prozent ihres Bruttohaushalts-Einkommens. Als chronisch krank gelten Sie, wenn Sie
➤ sich ständig in Behandlung befinden (ein Jahr lang mindestens einmal pro Quartal wegen derselben Krankheit zum Arzt müssen)
➤ und zudem schwer pflegebedürftig sind (Pflegestufe II oder III)

▶ oder zu mehr als 60 Prozent behindert oder erwerbsgemindert sind
▶ oder eine dauerhafte Behandlung benötigen, ohne die eine lebensbedrohliche Verschlechterung bzw. Verminderung der Lebenserwartung eintreten kann.

Wer unter die 1-Prozent-Regel fällt, sollte bei seiner Kasse schon zu Jahresbeginn einen Antrag auf Befreiung von weiteren Zuzahlungen stellen. Spätestens bis zum Jahresende muss der Antrag dann aber gestellt sein, um die zusätzlichen Kosten (außer für Krankenhaus und kieferorthopädische Behandlung) zurückzubekommen.
Als Faustregel gilt: Bis zu 1 Prozent des Einkommens sind Gesundheitskosten selbst zu bezahlen. Von dieser Belastungsgrenze ist ein jährlicher Freibetrag in Höhe von 15 Prozent der jährlichen Bezugsgröße der Sozialversicherung abzuziehen. Für 2007 können bei den Bruttoeinnahmen demnach 4410 Euro für den ersten Angehörigen im Haushalt sowie jeweils 2940 Euro für jeden weiteren Angehörigen abgezogen werden. Damit sinkt die Zuzahlung entsprechend.
Kassenpatienten können zwar zum Arzt ihrer Wahl gehen, doch seit 2004 kostet das 10 Euro pro Quartal bei jedem Arzt, Zahnarzt und Psychotherapeuten (außer Schwangerenvorsorge und regelmäßige Zahnkontrolle). Sparen lässt sich die Gebühr für jeden weiteren Arzt, wenn der Hausarzt eine Überweisung ausstellt; die gilt für das gesamte Quartal. Wer dann zu einem weiteren Facharzt gehen will, kann sich vom Hausarzt eine nochmalige Überweisung holen und erspart sich damit die erneute Praxisgebühr. Hüten Sie sich jedoch vor einer Behandlung als Privatpatient, die auch für Kassenpatienten erlaubt ist. Denn die Kosten liegen in aller Regel deutlich höher als die, die dann letztendlich von den Kassen erstattet wer-

den. Die Differenz muss der Patient dann aus eigener Tasche bezahlen.
Weiterer Spartipp: Zwischen den Krankenkassen gibt es minimale Leistungsunterschiede. Manchmal kann es für Rentner lohnenswert sein, von einer gesetzlichen Kasse in eine andere zu wechseln. Kündigungsregel: Jeder kann mit einer Frist von zwei Monaten wechseln und ist an diese Wahl mindestens 18 Monate gebunden.
Beitrag lässt sich durch den Wechsel für Rentner leider nicht sparen. Bei Renten gilt ein allgemeiner Beitragssatz von 13,5 Prozent, sodass jeder 6,75 Prozent seiner Rente für die Krankenkasse bezahlen muss (Stand: 1. April 2007). Zudem sind in voller Höhe vom Rentner an die Krankenkasse zu zahlen:

➤ der gesetzlich vorgeschriebene Zusatzbeitrag (0,9 Prozent)
➤ Versorgungsbezüge wie Betriebsrente (13,5 Prozent)
➤ Gewinn aus selbstständiger Tätigkeit im Rentenalter (13,5 Prozent)

Bei freiwillig gesetzlich versicherten Rentnern kommen noch weitere Einnahmen wie Erträge aus Kapitalvermögen oder Vermietung hinzu (derzeit 12,5 Prozent Beitragssatz).
Geld zurück kann es von der Krankenkasse übrigens auch für Rentner geben, die sich zur Rente etwas dazuverdienen. Denn liegen die gesamten Einkünfte am Jahresende über der Beitragsbemessungsgrenze für die gesetzliche Krankenversicherung (2007: 3562,50 Euro pro Monat), so gibt es auf Antrag bei der Krankenkasse den zu viel gezahlten Eigenanteil an den Krankenkassenbeiträgen zurück. Die Deutsche Angestellten-Krankenkasse empfiehlt Rentnern, in diesem Fall mit dem aktuellen Bescheid der Renten-

anpassung und einer Verdienstbescheinigung bei ihrer Krankenkasse vorzusprechen. Bei Fragen hilft die Aufsichtsbehörde der Krankenkasse: bei den bundesweit agierenden Kassen das Bundesversicherungsamt (Adresse → Seite 267), bei regional arbeitenden Kassen das jeweilige Landessozialministerium (Adresse im Telefonbuch).

Wie sich hohe PKV-Beiträge im Alter vermeiden lassen

Die private Krankenversicherung (PKV) gibt es als Vollversicherung mit derzeit rund acht Millionen Kunden. Bei der PKV gilt: Bezahlt wird nur, was im Einzelfall vertraglich vereinbart ist. Der Beitrag errechnet sich nicht nach dem Einkommen, sondern individuell nach Eintrittsalter, Geschlecht, Gesundheitszustand und dem vereinbarten Leistungsumfang. Anders als bei den Kassen rechnen Arzt und Patient direkt miteinander ab, und die PKV erstattet hinterher das Geld gegen Vorlage der Arztrechnung.

Für die Privatversicherten gilt im Rentenalter: Sie bleiben beim privaten Krankenversicherungsunternehmen versichert. Ein Wechsel innerhalb der Privatversicherungen verbietet sich, da das unbezahlbar wäre. Denn die bislang gebildete Alterungsrückstellung gegen Beitragssprünge im Alter kann beim Wechsel nicht mitgenommen werden, entschied der Bundesgerichtshof (Az.: IV ZR 192/98).

Wem die Beitragssprünge im Alter bei seinem Versicherer nicht behagen, kann innerhalb des Versicherers in den sogenannten Standardtarif für Senioren wechseln. Den muss jedes Unternehmen seit 1994 anbieten. Voraussetzung: Sie sind bereits 65 Jahre oder älter und seit mindestens zehn Jahren privat vollversichert. Die Seniorenpolice bietet »Preisbindung«: Der Monatsbeitrag darf den durchschnittlichen Höchstbetrag der gesetzlichen Kassen von 480,94 Euro – Beitragsbemessungsgrenze × Beitragssatz – (Osten: 460,69 Euro; Stand: April 2007) nicht überschreiten. Allerdings bietet der Seniorentarif geringere Leistungen, die etwa denen der gesetzlichen Kassen entsprechen.

Neu seit der Gesundheitsreform 2007: Frühere PKV-Versicherte, die inzwischen ohne Krankenversicherung leben, müssen ohne Risikozuschlag und ohne Gesundheitsprüfung wieder in der PKV aufgenommen werden. Dieser erweiterte Standardtarif (heißt künftig: Basistarif) kostet den durchschnittlichen GKV-Beitrag (→ Seite 99).

Der neue Basistarif wird Begünstigte jedoch nicht massenhaft hinter dem Ofen hervorlocken. Entgegen ursprünglichen Plänen wird er für Ehepaare teurer: Der Beitrag für den mitversicherten Partner liegt nicht nur bei 50 Prozent des Höchstbeitrages der GKV, sondern bei 100 Prozent. Zudem kann bei einem späteren Wechsel innerhalb der PKV nur Altersrückstellung in der Höhe mitgenommen werden, die auf den Basistarif entfällt.

Was die Pflegeversicherung bringt und kostet

Rund zwei Millionen Deutsche sind Pflegefälle. 1995 wurde das Sammelsurium von Leistungen verschiedener Träger für Pflegebedürftige in der gesetzlichen Pflegeversicherung zusammengeführt. Als Grundsatz gilt: Jeder, der eigenes Einkommen hat (auch Rentner), muss einzahlen. Jeder Pflegebedürftige ist Nutznießer dieser Grundabsicherung. Wer gesetzlich krankenversichert ist, ist in der Regel auch automa-

Änderungen in der privaten Krankenversicherung ab 2007

➤ Der Basistarif – er entspricht dem GKV-Niveau – wird 2009 eingeführt und löst den bisherigen Standardtarif im Neugeschäft ab. Eine Risiko- oder Gesundheitsprüfung findet nicht statt; es besteht Annahmezwang (keine Ablehnungen von Kunden möglich). Bis dahin müssen die PKV-Unternehmen den bereits existierenden Standardtarif öffnen, um Unversicherte, die früher schon mal in der PKV waren, wieder aufzunehmen.

➤ Wer von der GKV in den PKV-Basistarif wechseln will, muss mindestens sechs Monate lang ein Einkommen oberhalb der Versicherungspflichtgrenze von 3975 Euro nachweisen.

➤ Alle 2008 schon PKV-Versicherten haben ab 1. Januar 2009 sechs Monate lang die Möglichkeit, in den Basistarif zu wechseln. Nach Ablauf dieser Frist ist ein Wechsel nur noch für solche Versicherte möglich, die über 55 Jahre alt sind oder ihre Prämie nachweislich nicht mehr bezahlen können.

➤ Wer von der PKV in die GKV wechselt, verliert die Rückstellung, die dann beim alten PKV-Versicherer verbleibt und zur Reduzierung des Prämienanstiegs aller anderen Kunden eingesetzt wird.

tisch pflegeversichert. Jede Krankenkasse hat dazu eine eigene Pflegekasse gegründet (privat Krankenversicherte werden bei gleichen Leistungen privat pflegeversichert). Um Leistungen zu erhalten, müssen Sie einen Antrag stellen (→ Musterbrief 9 auf Seite 308, den man auch online herunterladen kann, so etwa bei www.vitanet.de/html/download/antrag_pflegeversicherung.pdf).

Die gesetzliche Pflegeversicherung kostet 1,7 Prozent Beitragssatz. Anders als Arbeitnehmer zahlen Rentner seit 1. April 2004 den vollen Beitragssatz, Versicherte ohne Einkommen oder mit maximal 400 Euro pro Monat sowie Betroffene in stationärer Pflege gar nichts. Der Höchstbeitrag pro Monat liegt bei 60,56 Euro (Stand: April 2007). Hinzu kommt für alle ab dem 23. Lebensjahr und für Geburtsjahrgänge ab 1940, die keine Kinder haben oder hatten, ein Beitragszuschlag von 0,25 Prozentpunkten. Kinderlose zahlen also 1,95 Prozent Beitragssatz.
Hier die wichtigsten finanziellen Leistungen und andere Hilfen, unterteilt nach häuslicher und stationärer Pflege:

Häusliche Pflege: Von den rund zwei Millionen Pflegebedürftigen werden 1,37 Millionen zu Hause versorgt. Sie erhalten Hilfe durch eine ambulante Pflegeeinrichtung, mit der ihre Kasse einen Versorgungsvertrag abgeschlossen hat (Sachleistung). Je nach Bedürftigkeit zahlt die Pflegekasse dafür bis zu 384, 921 oder 1432 Euro im Monat (→ Tabelle Seite 101). Gesetzt den Fall, dass Angehörige oder Nachbarn selbst die Pflege ausüben, gibt es alternativ je nach Bedürftigkeit nur 205, 410 oder 665 Euro im Monat (Pflegegeld).
Pflegegeld muss im Voraus ausgezahlt werden, also zu Monatsbeginn. So entschied das Bundessozialgericht (Az.: 3/1 RK 56/93). Falls damit der Bedarf nicht gedeckt ist, springt zusätzlich das Sozialamt ein (abhängig von Einkommen und Vermögen).
Wichtig: Die Richtlinien der Krankenkassen zur Beurteilung von Pflegebedürftigkeit sind zu pauschal und ungenau, sagt das Bundessozialgericht und gibt den Sozialgerichten auf, im Streitfall jeden Einzelfall selbst zu prüfen (Az.: 3 RK 7/94).

Leistungen der gesetzlichen Pflegeversicherung

Leistungen	Pflegestufe (alle Angaben in Euro)		
	I (1,5 h/Tag)	II (3 h/Tag)	III (5 h/Tag)
Häusliche Pflege			
Sachleistung[1] pro Monat	384	921	1432[3]
Pflegegeld[2]	205	410	665
Pflegevertretung Aufwendungen			
➤ durch Angehörige bis zu 4 Wochen	2054	4104	6654
➤ durch Sonstige pro Jahr	1432	1432	1432
Kurzzeitpflege			
Aufwendung pro Jahr	1432	1432	1432
Teilstationäre Tages- und Nachtpflege			
Aufwendung pro Monat	384	921	1432
Zusatz für Altersverwirrte			
pro Jahr	bis 460	bis 460	bis 460
Vollstationäre Pflege			
pauschal monatlich	1023	1279	1432
Vollstationäre Einrichtung der Behindertenhilfe			
Aufwendung pro Monat	10 % des Heimentgelts, maximal 256		

[1] für Pflegefachkraft, [2] für Angehörige, [3] im Härtefall bis 1918 Euro,
[4] auf Nachweis bis zu 1432 Euro für notwendige Aufwendungen

Auch eine Kombination aus Sach- und Geldleistung ist bei der häuslichen Pflege möglich. Dann wird nicht nur ein erheblicher Teil der Pflegearbeit von Fachpersonal geleistet. Darüber hinaus gibt es noch Bargeld für die Angehörigen und weitere Vergünstigungen für die Pflegebedürftigen (→ Seite 102). An die Entscheidung, in welchem Verhältnis er Sach- und Geldleistungen in Anspruch nehmen will, ist der Pflegebedürftige für sechs Monate gebunden.

Wer als Laie die Pflege eines Angehörigen übernimmt, hat gewisse Vorteile. So darf er an kostenlosen

Vergünstigungen für Pflegebedürftige

➤ Zuschuss zum Umbau der Wohnung bis 2557 Euro je Maßnahme (etwa Rampe für Rollstuhl, Türverbreiterung oder Umbau der Badewanne)
➤ Technische Hilfsmittel wie Pflegebett, Rollstuhl (vorrangig zur Ausleihe; ansonsten 10 Prozent Eigenleistung bei Erwachsenen, höchstens jedoch 31 Euro pro Monat)
➤ Zusätzliche Bezahlung von bis zu vier Wochen Aufenthalt in einer Kurzzeitpflegeeinrichtung (nur, wenn zwischenzeitlich weder häusliche noch teilstationäre Pflege möglich ist, etwa nach einer Operation oder während des Umbaus der Wohnung)
➤ Bezahlung von höchstens 1432 Euro im Jahr für 4-Wochen-Urlaubsvertretung des ehrenamtlichen Pflegers (erstmals nach 12 Monaten Betreuung möglich)

Pflegekursen teilnehmen, und er ist kostenlos gesetzlich unfallversichert (ab 14 Wochenstunden Pflege). Ehrenamtliche Pfleger bauen zudem während der Pflegetätigkeit kostenlos geringe Ansprüche für die eigene Rente auf.

Stationäre Pflege: Im Heim übernimmt die Pflegeversicherung die pflegebedingten Aufwendungen bis zu 1432 Euro im Monat. Lebenshaltungskosten für Unterbringung und Verpflegung, die ja auch zu Hause anfallen würden, sind selbst zu tragen. Um Härtefälle zu vermeiden, stehen ausnahmsweise bis zu 1918 Euro monatlich zur Verfügung.

Sämtliche Leistungen der stationären Pflege kommen nur in Betracht, wenn häusliche oder teilstationäre Pflege nicht möglich ist. Wäre sie möglich und der Betroffene entscheidet sich dennoch für ein Pflegeheim,

erhält er nur die finanziellen Leistungen, die er zu Hause bekäme. Bei vielen reicht das schon heute nur für eine Grundabsicherung. Die Betroffenen sind weiter auf Sozialhilfe bzw. eigenes Vermögen angewiesen. Das Sozialamt trägt die volle Übernahme der Heimkosten, falls Angehörige nicht beteiligt werden können und eigenes Vermögen des Heimbewohners rund 1300 Euro nicht übersteigt. Außerdem zahlt das Amt ein monatliches Taschengeld. Die Höhe beträgt 30 Prozent des aktuellen Satzes für den Haushaltsvorstand bei der Sozialhilfe (rund 103 Euro).
Nicht jeder muss in die gesetzliche Pflegeversicherung – auch soziale Pflegepflichtversicherung genannt – einzahlen. Wer freiwillig Mitglied in der gesetzlichen Krankenkasse oder privat krankenversichert ist, kann auf die private Pflegepflichtversicherung ausweichen. Männer und Frauen zahlen – anders als sonst in der privaten Krankenversicherung – den gleichen Beitrag.

Wie man an Leistungen der Pflegeversicherung kommt

Die eingezahlten Beiträge kommen den aktuellen Pflegefällen zugute. Und Leistungen gibt es von der Pflichtversicherung immer dann, wenn jemand längerfristig so hilflos ist, dass er im täglichen Leben erheblich auf Hilfe von Mitmenschen angewiesen ist, vor allem bei Körperpflege, Ernährung, Mobilität und Hauswirtschaft. Wie gesagt: Nur auf Antrag gibt es Leistungen (→ Checkliste 6 auf Seite 275–276). Letztlich entscheidet immer der Medizinische Dienst der Krankenversicherung (MDK) darüber, wie sehr jemand pflegebedürftig ist. Erste Hinweise kommen in aller Regel vom Hausarzt. Bei Ablehnung können Sie schriftlich innerhalb eines Monats widersprechen. Den begründeten Widerspruch schicken Sie an die Pflegekasse (→ Musterbrief 10 auf Seite 309).

Wer sich nicht sicher ist, ob sein Antrag überhaupt Aussicht auf Erfolg hat, sollte einmal eine Woche lang Tagebuch führen, wie lange Angehörige oder eine Pflegekraft ihm zur Seite stehen, um die alltäglichen Verrichtungen wie Waschen, Rasieren, Nahrungszubereitung, Aufstehen und Anziehen, Saubermachen, Einkaufen usw. zu bewältigen. Die Techniker Krankenkasse etwa hat ein solches Pflegetagebuch entwickelt, das Mitglieder gleich mit dem Antragsformular für Pflegeleistungen ausgehändigt bekommen.

Wenn Umbauten in der Wohnung des Pflegebedürftigen notwendig sind, gewährt die Pflegekasse auf Antrag einen Zuschuss für Änderungen, wie zum Beispiel die Verbreiterung der Tür, den Umbau der Badewanne, den Einbau einer Dusche oder einer Rampe für Rollstuhlfahrer. Anspruch auf finanzielle Unterstützung für Umbauten besteht, »wenn dadurch im Einzelfall die häusliche Pflege ermöglicht oder erheblich erleichtert oder eine möglichst selbstständige Lebensführung des Pflegebedürftigen wiederhergestellt wird« (§ 40, Abs. 4 SGB 11). Die Pflegekasse gewährt pro Maßnahme einen Zuschuss von maximal 2557 Euro. Dabei wird ein Eigenanteil in Höhe von 10 Prozent der Kosten verlangt, höchstens jedoch 50 Prozent der monatlichen Bruttoeinnahmen.

Die schlimmsten Fallen der Pflegeversicherung

Die Begutachtung jedes einzelnen Falles durch den Medizinischen Dienst der Krankenversicherung brachte in der Vergangenheit bis zu ein Drittel Ablehnungen. Dadurch müssen Betroffene wie bisher als Bittsteller zum Sozialamt, um sich dort ihre Bedürftigkeit attestieren zu lassen. Zumindest vorübergehend gibt es noch Chancen, von der Krankenkasse gute Pflege zu bekommen. Wenn die Pflegeversicherung nicht zahlt, springt die häusliche Kranken- und Behandlungspflege ein – eine Versicherungsleistung der Krankenkassen.

Um diesen Service zu erhalten, reicht es, wenn der Hausarzt ihn verschreibt. Voraussetzung, um das Rezept zu erhalten: Eine therapiegerechte Einnahme von ärztlich verordneten Medikamenten wäre anderweitig nicht gewährleistet. Oder die Krankenbeobachtung ist unabdingbar. In beiden Fällen zahlt die Krankenkasse, ohne dass der Medizinische Dienst dies alles nachprüft. Jenseits der Pflegeversicherung dürfen Krankenkassen also weiterhin Pflegedienste bezahlen, soweit der Arzt mitspielt (§ 37 Abs. 2 SGB 5). Etliche Kassen bieten ihren Versicherten zusätzlich sogar noch Leistungen an, die direkt mit der Pflegeversicherung konkurrieren. Dazu zählen im Bereich Grundpflege etwa Waschen und Hilfe beim Essen, im Bereich hauswirtschaftliche Versorgung etwa Kochen, Putzen und Abwaschen.

Ein Beispiel wäre die Betreuung wegen eingeschränkter Gehfähigkeit, aber noch fehlender Pflegestufe: In einem solchen Fall könnte die Krankenkasse etwa Betreuung durch eine Haushaltshilfe anbieten. Das klappt eigentlich nur, wenn ein Kind bis 12 Jahre mit im Haushalt lebt und ein Elternteil in der Klinik, zur Kur oder aus anderen medizinischen Gründen außer Haus ist. Einige Kassen haben laut Satzung auf die Voraussetzung verzichtet, dass ein Kind im Haushalt leben muss. Immerhin kann also zum Beispiel eine erwachsene Tochter, die im Haushalt einspringt, während ihre alte Mutter im Krankenhaus liegt, bei einigen Kassen Fahrgeld und Verdienstausfall (maximal zwei Monate) geltend machen.

Besser stehen die Chancen allerdings auf häusliche Krankenpflege der Krankenkasse, falls der Pflegeantrag noch nicht bewilligt ist. Voraussetzung: Ein Krankenhausaufenthalt wird auf diese Weise vermieden bzw. verkürzt (Krankenhausersatzpflege), oder ein bestimmtes Behandlungsziel wird damit abgesichert (Behandlungssicherungspflege). Die Kasse übernimmt dann alles, was in der Klinik geleistet würde, sowie die hauswirtschaftliche Versorgung (maximal vier Wochen, je nach Gutachten des Medizinischen Dienstes der Krankenkassen – MDK – auch länger). Weitere Voraussetzung ist, dass keine im gemeinsamen Haushalt lebende Person diese Versorgung leisten kann. Folge: Der Patient muss Zuzahlung leisten (10 Euro pro Tag für maximal 28 Tage im Jahr).

Einige Kassen sind noch kundenfreundlicher. Beispiel Siemens-BKK: Laut Satzung gibt es »erweiterte häusliche Krankenpflege«. Gezahlt wird also Grundpflege und hauswirtschaftliche Versorgung auch dann, wenn kein Zusammenhang mit einer Krankenhausbehandlung besteht. Allerdings mit der Einschränkung: »bis zu zwei Stunden täglich und bis zu 26 Wochen je Krankheitsfall«. Sinnvoll ist es, wenn Sie für den MDK eine Liste aller Ihrer behandelnden Ärzte anfertigen (→ Checkliste 7 auf Seite 277).

Doch auch dann, wenn die Pflegeversicherung einspringt, ist nicht alles Gold, was glänzt. Vor allem ehrenamtliche Pfleger laufen Gefahr, unentgeltlich zu pflegen. So schön es ist, dass ehrenamtliche Pfleger vom Pflegefall Pflegegeld für ihren Einsatz bekommen können, eine Urlaubsvertretung bezahlt kriegen, kostenlos Pflege lernen dürfen und eigene Ansprüche für die Altersrente aufbauen, so müssen sie doch höllisch aufpassen, dass sie das sauer verdiente Pflegegeld nicht gleich wieder verlieren. Denn das Finanzamt droht mit Einkommensteuer. Und wer selbst Lohnersatzleistungen bezieht, bei dem wird das Pflegegeld zumeist angerechnet. Unterm Strich haben Sie dann meist keinen einzigen Euro mehr.

Zur Einkommensteuer: Steuerfrei ist Pflegegeld nur, wenn der Pflegefall das Geld an ehrenamtliche Pfleger weitergibt, die entweder Familienangehörige sind oder ihm gegenüber eine sittliche Verpflichtung erfüllen. Damit droht wilden Ehen und auch Nachbarn, die Pflege leisten, die Besteuerung des Pflegegeldes. Also in diesem Fall: Hände weg vom Pflegegeld.

Für alle ehrenamtlichen Pfleger, die selbst Lohnersatzleistungen bekommen (Arbeitslosengeld I oder II), droht die volle Anrechnung des Pflegegeldes, im Extremfall sogar der Verlust des Arbeitslosengeldes. Wichtig: Neben der Pflege muss man noch mindestens 18 Wochenstunden arbeiten können. Bei Pflegestufe III steht der Pfleger der Arbeitsvermittlung aber nicht mehr zur Verfügung, da dieser Pflegeaufwand keinen Job mehr zulässt. Dann wird das Arbeitslosengeld gestrichen. Ratsam auch aus Sicht der Familie: Verzichten Sie lieber auf das Pflegegeld! Wählen Sie lieber die Sachleistung aus der Pflegeversicherung. Dies gilt auch beim Arbeitslosengeld II oder wenn der Laienpfleger selbst Sozialhilfe bekommt.

Übrigens: Die gesetzliche Pflegeversicherung stößt bereits zehn Jahre nach ihrer Einführung an ihre finanziellen Grenzen. Die Einnahmen reichen nicht mehr aus. Daher sollen einige Regeln geändert werden. Ein Gesetzentwurf existierte bei Redaktionsschluss noch nicht. Verfolgen Sie die Tagespresse. Die Stoßrichtung ist klar. So soll die häusliche Pflege zulasten der Heimbetreuung gestärkt werden. Rentner sollten sich auf steigende Beiträge einstellen.

Private Zusatzpflegeversicherung zahlt sich aus

Die Pflegeversicherung ist nur eine Grundabsicherung. Das Geld reicht keineswegs für Rundumpflege. Selbst in Pflegestufe III entspricht das Geld nur einem Stundensatz von knapp 10 Euro. Tatsächlich betrug der Stundensatz für eine Fachkraft schon zum Start der Pflegeversicherung 1995 rund 25 Euro. Die gesetzlich bereitgestellte Summe reichte damit nur einen halben Monat, Tendenz fallend.

Die finanziellen Folgen kann sich jeder leicht ausmalen, denn im Pflegefall muss ein Betrag von ungefähr 3000 Euro monatlich zur Verfügung stehen. Übersteigen diese Kosten die Leistungen der Pflichtversicherung, geht es ans Ersparte. Die vorhandenen Vermögenswerte wie Bankkonto, Haus und Auto werden herangezogen. Sind sie bei langer Pflegezeit aufgebraucht, wird der fehlende Unterhalt zunächst vom Sozialamt übernommen.

Das Amt darf allerdings auf Verwandte ersten Grades (Kinder und Eltern) zurückgreifen (§ 91 BSHG). Das kann ganze Familien in die Armut treiben.

Gut dran ist, wer als Vorsorge für den eventuellen Pflegefall eine private Pflegezusatzversicherung abgeschlossen hatte, um die Restkosten ungefähr abzudecken. Die Statistik spricht für private Zusatzvorsorge schon in mittleren Jahren: Mit 75 Jahren beträgt das Pflegefallrisiko im Durchschnitt 33 Prozent, mit 100 Jahren 100 Prozent.

Früher überlebten die schweren Fälle ihren Schicksalsschlag nur etwa sieben bis acht Monate, heute bringen sie es durchschnittlich auf weitere sechs Jahre Lebenserwartung. Da kommen auf viele Familien Kosten von rund 140 000 Euro zu, schätzen Pflegeexperten. Fast 40 Prozent aller stationär Pflegebe-

dürftigen würden durch die finanzielle Belastung sogar zu Sozialhilfeempfängern.
Eine Pflegerente bietet ein akzeptables finanzielles Trostpflaster. 900 Euro Tagegeld kosten einen 30-Jährigen knapp sechs Euro im Monat, rechnen private Krankenversicherer vor und werben damit zugleich für zeitigen Vorsorgestart. In diesem Alter denkt jedoch kaum jemand an diese Versorgungslücke, weil sich Familien um andere existenzielle Dinge wie Job, Kinder und Wohnung kümmern müssen. Ins Bewusstsein rückt vielen das Problem spätestens mit Mitte 40, wenn die Eltern ins Rentenalter kommen. Wer seinen Kindern den Rückgriff auf die Ersparnisse ersparen will, sollte sich ab 50 um eine geeignete Zusatzversicherung kümmern. Geboten werden entweder Pflegetagegeld- oder Pflegekostentarife (siehe unten).
Manche Versicherer nehmen Neukunden aber nur bis zum Alter von 55 Jahren an – ein schweres Handicap.

Formen von Pflegeversicherungen

➤ Tagegeld
Die Höhe hängt von der Pflegestufe ab; die tatsächlichen Pflegekosten spielen keine Rolle. Die Police empfiehlt sich für Versicherte, die wahrscheinlich von Angehörigen zu Hause versorgt werden und die im Pflegefall frei über das Geld verfügen wollen. Solche Extras erhält der Versicherte mit dem Kostentarif nicht.

➤ Pflegekosten
Der Versicherer beteiligt sich bis zu einer festgelegten Obergrenze nur an den reinen Pflegekosten. Und zwar an den Restkosten, die nach den Leistungen der gesetzlichen Pflegeversicherung übrig bleiben (häufig 80 Prozent). Der Kunde muss dies durch Belege nachweisen.

Zudem ist manches nicht auf den Bedarf zugeschnitten. Innovativ zeigt sich insbesondere die Berliner Ideal-Versicherung, eine auf Senioren spezialisierte Versicherungsgesellschaft.

Mit ihrer privaten Pflegerente, die nach den Regeln der Lebensversicherung kalkuliert ist, verbinden sich handfeste Vorteile: stabile garantierte Beiträge, Überschussbeteiligung im Leistungsfall, einfache Gesundheitsfragen. Zudem wurden die Bedingungen eins zu eins dem Sozialgesetzbuch angeglichen; das war in der privaten Pflegeversicherung vorher nicht üblich. Bei der Ideal gilt: Wenn über den Medizinischen Dienst nachgewiesen wird, dass der Versicherte eine Pflegestufe hat, beginnt der Versicherer ohne weitere Prüfung innerhalb von 48 Stunden und auch rückwirkend mit der Rentenzahlung. Andere Versicherer holen zumeist erst eigene Gutachten ein. Einzigartig – neben der Beitragsstabilität – ist, dass im Pflegefall keine Beiträge mehr zu zahlen sind. Zum Vergleich: Pflegerenten in Form von Krankenversicherungen sind mit solchen Nachteilen wie Wartezeiten und regelmäßiger Beitragssteigerung verbunden. Bei der Ideal-Versicherung erfolgt zu Beginn zusätzlich eine Sofortleistung von 6 Monatsrenten, um die dringendsten Anschaffungen zu finanzieren. Doch ist der Schutz nicht ganz billig. Ein 50-jähriger Mann bezahlt für 1000 Euro Monatsrente in Pflegestufe III 22,87 Euro Monatsbeitrag; eine gleichaltrige Frau wegen ihrer höheren Lebenserwartung 36,28 Euro monatlich.

Wie die gesetzliche Unfallversicherung Rentnern noch helfen kann

Die gesetzliche Unfallversicherung als Zweig der Sozialversicherung federt das Risiko von Unfällen während der Arbeit und auf den Wegen zur und von der Arbeitsstelle sowie die Folgen von Berufskrankheiten finanziell ab. Da können Arbeitnehmer, die gesund ins Rentenalter gekommen sind, eigentlich keine Leistungen mehr erwarten. Versichert sind jedoch nicht nur Arbeitnehmer (siehe unten).

Zudem sind Rentner versichert, wenn sie nebenbei noch arbeiten und mehr als 400 Euro pro Monat verdienen. Die Leistungen im Einzelnen:

Behandlungskosten: Die gesetzliche Unfallversicherung trägt alle Kosten für die Heilbehandlung. Der Patient muss keinen einzigen Cent Zuzahlung leisten.

Geldleistungen: Arbeitnehmer, die wegen eines Arbeits- oder Wegeunfalles nach den sechs Wochen Lohnfortzahlung immer noch nicht wieder arbeiten können, erhalten ab der siebten Woche kein Krankengeld von der Krankenkasse, sondern in gleicher Höhe ein sogenanntes Verletztengeld von ihrer Berufsgenossenschaft. Je nachdem, wie sich der Zustand danach verändert, verändern sich auch die Summen.

Wer gesetzlich unfallversichert ist (Auswahl)

- Arbeitnehmer und Auszubildende
- Landwirte
- Helfer bei Unglücksfällen
- Zivil- und Katastrophenschutzhelfer
- Blut- und Organspender (außer Eigenblutspende)
- Menschen beim Ausüben eines Ehrenamtes
- Menschen bei regelmäßiger Nachbarschaftshilfe
- Haushaltshilfen
- Nicht gewerbsmäßige Pflege (ab 14 Wochenstunden)
- Bauhelfer bei öffentlich gefördertem Wohnungsbau

Verletztenrente (Unfallrente) wird dann gezahlt, wenn nach Abschluss aller Rehabilitationsversuche trotzdem ein Schaden bleibt, der die Erwerbsfähigkeit um mindestens 20 Prozent vermindert. Frühestens gezahlt wird ab der 27. Krankheitswoche. Gerechnet wird so: Ist der Betreffende zu 100 Prozent erwerbsunfähig, erhält er zwei Drittel seines letzten Jahresbruttoverdienstes als Verletztenrente (§ 56 SGB VII). Schwerbehinderte kommen jeweils auf 10 Prozent höhere Verletztenrente (§ 57 SGB VII).
Sterbegeld: Bei Todesfällen durch Arbeitsunfälle oder Berufskrankheiten erhalten Hinterbliebene Sterbegeld. Es beträgt ein Siebtel der zum Todeszeitpunkt geltenden Bezugsgröße (Durchschnittsentgelt aller Berufstätigen) der Sozialversicherung. Das bedeutet für 2007 ein Sterbegeld in Höhe von 4200 Euro im Westen der Republik (Osten: 3600 Euro).

Die Berufsgenossenschaften zahlen die Rente auch ins Ausland. Außerdem wird sie jährlich zum 1. Juli entsprechend der gesetzlichen Rentenversicherung angepasst. Übrigens: Hinterbliebene können mit weiterer finanzieller Unterstützung nach tödlichen Unfällen rechnen, insbesondere Witwenrente. In den ersten drei Monaten nach dem Unfalltod gibt es 66,6 Prozent des letzten Bruttoverdienstes des Verstorbenen (§ 65 SGB VII). Danach zahlt die zuständige Berufsgenossenschaft monatliche Witwenrente in Höhe von 30 Prozent des letzten Bruttoverdienstes. Die Witwenrente steigt auf 40 Prozent, wenn Sie als Hinterbliebener

➤ mindestens 45 Jahre alt sind oder
➤ selbst berufs- bzw. erwerbsunfähig sind oder
➤ mindestens ein Kind unter 18 Jahren erziehen (bei behinderten Kindern ist das auch über dieses Alter hinaus möglich).

Falls Sie jünger als 45 sind und zum Zeitpunkt des Todes kein Kind hatten, wird die Witwenrente auf zwei Jahre begrenzt. Die Rente gibt es zusätzlich zu etwaiger Witwenrente aus der gesetzlichen Rentenversicherung. Erst wenn beide Renten zusammen 80 Prozent des Jahresarbeitsverdienstes des Verstorbenen übersteigen, werden sie gekürzt. Auch ein Ex-Ehepartner kann Anspruch auf Witwenrente anmelden, falls er bis zum Tod vom Verstorbenen Unterhalt bezogen hat (§ 66 SGB VII). Gibt es dann also mehrere Anspruchsberechtigte, wird geteilt. Jeder erhält entsprechend der Dauer seiner Ehe mit dem Verstorbenen Witwenrente.

Altersrentner können vor allem in Sonderfällen Leistungen der gesetzlichen Unfallversicherung beanspruchen. Einige Beispiele:

➤ Wenn Sie in Ihrem Privathaushalt eine **Putzhilfe** oder eine **Au-pair-Hilfe** beschäftigen, müssen Sie diese wie jeder andere Arbeitgeber bei der gesetzlichen Unfallversicherung anmelden. Die Kosten liegen etwa bei 40 bis 75 Euro im Jahr. Dieser Betrag macht sich bei einem Unfall im Haushalt schnell bezahlt, vor allem dann, wenn Sie selbst den Unfall begünstigt haben – etwa durch eine defekte Leiter. Dann nämlich bringt die gesetzliche Unfallversicherung alle notwendigen, oben beschriebenen Geld- und Sachleistungen.

➤ Nicht für jeden Helfer beim **Eigenheimbau** darf die Bauberufsgenossenschaft Beitrag verlangen. Lebensgefährten, die zudem die Finanzierung mittragen, sind nicht beitragspflichtig. So entschied das Bundessozialgericht (Az.: B 2 U 8/01). Für andere Bauhelfer gilt: Es muss Beitrag zur gesetzlichen Unfallversicherung bezahlt werden – auch für unentgeltlich arbeitende Bauhelfer, zum Beispiel der Vater, der schon Altersrente erhält. Beschäftigt der Bauherr Helfer gegen

Entgelt – sei es auch noch so gering – ist die Anmeldung bei der Berufsgenossenschaft ohnehin gesetzlich vorgeschrieben.

➤ Unfälle auf **Klassenfahrten** gelten als Schulunfälle und sind somit über die gesetzliche Unfallversicherung abgesichert. Wer als Eltern- oder Großelternteil zur Unterstützung des Klassenlehrers mitfährt, ist also bei Unfällen gesetzlich versichert.

Kunstfehler beim Arzt

Die Stiftung Warentest schätzt, dass Ärzten pro Jahr ca. 400 000 Behandlungsfehler unterlaufen. Patienten nehmen Fehlleistungen des Arztes allerdings nicht mehr so klaglos hin wie früher. Pro Jahr gibt es inzwischen 30 000 Streitfälle. Die Hälfte der Schadensersatzklagen wird jedoch abgewiesen, 40 Prozent enden mit einem Kompromiss (Vergleich) und nur in zehn Prozent der Fälle bekommen die Patienten recht. Ein ärztlicher Eingriff ist, juristisch gesehen, Körperverletzung. Gesteht ein Mediziner also einen Fehler ein, muss er mit dem Staatsanwalt rechnen. Kunstfehler lassen sich aber oft kaum oder nur schwer nachweisen. Wer Klarheit haben möchte, benötigt zunächst einen langen Atem: Bis der Prozess am Ende alle Instanzen durchlaufen hat, können zehn bis zwölf Jahre vergehen. Außerdem wissen die meisten Betroffenen gar nicht, wo sie Rat finden können. Die Stiftung Warentest empfiehlt einen Stufenplan (→ Checkliste 8 auf Seite 278).

Verbraucherschützer raten von Strafverfahren ab. Der Arzt könnte hier seine Zulassung verlieren und wird diese mit Zähnen und Klauen verteidigen, der Patient aber würde sowieso keinerlei Schadensersatz erhalten. Nur im Zivilprozess können Sie auf Schadensersatz und Schmerzensgeld klagen. Allerdings verjähren die Ansprüche auf Schmerzensgeld schon drei Jahre nach Bekanntwerden des Kunstfehlers, Ansprüche auf Schadensersatz nach 30 Jahren. Versuchen Sie sich so preiswert wie möglich zu informieren, am besten bei einer Schieds- und Schlichtungsstelle (Adressen → Seite 264). Verlangen Sie zunächst Einblick in die Behandlungsunterlagen. Weigert sich der Arzt, sollten Sie noch einmal schriftlich nachfragen (→ Musterbrief 11 auf Seite 310). Danach können Sie mithilfe von Medizinern und Juristen überlegen, wie Sie weiter verfahren wollen.

Bei Verdacht auf Behandlungsfehler muss auch Ihre Krankenkasse ein offenes Ohr haben. Allerdings ist die gesetzliche Vorgabe sehr weich formuliert. Da heißt es: »Die Krankenkassen können die Versicherten bei der Verfolgung von Schadensersatzansprüchen, die bei der Inanspruchnahme von Versicherungsleistungen aus Behandlungsfehlern entstanden sind ..., unterstützen« (§ 66 SGB 5). Auch bei den Schlichtungsstellen der Ärztekammern gehen nur etwa 20 Prozent der Verfahren zugunsten geschädigter Patienten aus. Daher sind einige der wenigen Gerichtsurteile, die zugunsten der Patienten entschieden wurden, interessant:

▶ Der Patient muss immer seine Einwilligung zu einer Operation geben. Und die ist nur wirksam, wenn er über die bedeutsamen Umstände informiert wurde. Der Inhalt der Aufklärung ist zwar gesetzlich nicht geregelt, doch sollten Aussagen zum medizinischen Befund, die Art des Eingriffs und seine voraussichtliche gesundheitliche Tragweite, Heilungs- und Besserungschancen mit und ohne Operation sowie Risiken des Eingriffs besprochen werden, entschied der Bundesgerichtshof (Az.: VI ZR 178/93) – und zwar so früh wie möglich, also nicht erst auf dem Operationstisch.

▶ Ein Krankenhaus muss 20 000 Euro an einen Mann zahlen, der vor einer Operation nicht rechtzeitig über die Risiken aufgeklärt worden ist. Er sei unter anderem impotent geworden, teilte das Oberlandesgericht Koblenz in einem Urteil vom Dezember 2005 mit. Die Krankenhausbetreiber konnten nicht beweisen, dass die Ärzte den Mann mindestens am Vortag der Leistenbruchoperation informiert hatten. Eine Aufklärung am Tag des Eingriffs sei nicht ausreichend (Az.: 5 U 676/05).

▶ Für einen Behandlungsfehler haften alle Ärzte einer Gemeinschaftspraxis (hier: Urologen), unabhängig davon, ob sie an der Behandlung des Patienten beteiligt waren. Das entschied das Oberlandesgericht Koblenz im August 2005. Nach dem Richterspruch gilt dies für die zivilrechtlichen Ansprüche des Patienten wie Schmerzensgeld und Schadensersatz (Az.: 5 U 349/04).

▶ Im Streit um die Zwangsernährung eines gestorbenen Komapatienten hat der Bundesgerichtshof am 8. Juni 2005 den Angehörigen grundsätzlich recht gegeben: Eine künstliche Ernährung gegen den erklärten Willen eines Patienten sei rechtswidrig, die mithilfe einer Magensonde durchgeführte künstliche Ernährung ein Eingriff in die körperliche Integrität, der deshalb der Einwilligung des Patienten bedarf (Az.: XII ZR 177/03).

Die Patientenberatung der Verbraucherzentralen stellt am häufigsten Streit mit Chirurgen, Orthopäden und Gynäkologen fest. Die außergerichtliche Beratung, nach Auskunft der Warentester gut und sehr kostengünstig (häufig um 20 Euro), ist bundesweit möglich (telefonisch und schriftlich). Die Gutachterstellen der Ärztekammern sind kostenlos. Gibt der Sachverständige dem Patienten recht, wird das Gut-

> **Tipp:** Im Zweifel lohnt es bei einer strittigen Arztrechnung immer, den Versicherer vorzuschicken. Der hat das nötige Fachwissen und steht Ihnen auch juristisch und finanziell zur Seite, wenn der Arzt auf Bezahlung einer vermeintlich überhöhten Rechnung besteht. Das reicht bis zum Rechtsschutz und der Chance, die Vollmacht zum Prozess an seinen Versicherer abzutreten (→ Musterbrief 12 auf Seite 311).

achten an die Arzthaftpflichtversicherung geschickt, die den Schaden unverzüglich zu bezahlen hat. Nachteile: Ergebnisse gibt es laut Stiftung Warentest erst nach neun bis 13 Monaten – eine Zumutung gerade für ältere Menschen. Zudem tun sich die Gutachter oft schwer, Fehler ihrer Kollegen objektiv zu beurteilen.

Privat Krankenversicherte haben nicht nur einen Behandlungsvertrag mit ihrem Arzt – wie Kassenpatienten auch –, sondern auch noch einen Vergütungsvertrag. Während Kassenpatienten mit der Rechnung überhaupt nicht in Berührung kommen, weil die Kassenärztliche Vereinigung im Auftrag des Arztes mit der Krankenkasse abrechnet, erhält der Privatpatient die Rechnung seines Arztes, die er selbst bezahlen muss, ehe sein Privatversicherer das Geld erstattet. Hat der Arzt nun zu viel Geld verlangt und der Versicherer moniert dies, so bleibt der Patient womöglich auf einem Teil der Krankheitskosten sitzen. Daher sollte der Patient die Rechnung unbedingt prüfen, was Laien jedoch überfordert.

Versicherungen für Rentner

Von Zeit zu Zeit zwingt das Leben dazu, den Versicherungs-Check anzustellen. So eine Zäsur erleben viele Bundesbürger um den 60. Geburtstag herum, insbesondere, wenn die Vorbereitungen auf den Ruhestand beginnen. Auch weniger schöne Stufen auf der Lebenstreppe wie Scheidung und Tod sollten Anlass sein, den Versicherungsordner kräftig zu entrümpeln.

Welche Policen überflüssig werden

Zu den Risiken, denen gestandene Leute ab 60 ausgesetzt sind, zählen neben den Risiken, die durch die Sozialversicherung halbwegs abgedeckt sind, vor allem:
➤ Schadensersatzforderungen, die sie selbst im privaten Bereich verursacht haben (etwa wenn durch ihre Schuld andere schlimm verletzt werden)
➤ Invalidität nach Unfall in der Freizeit (etwa nach einem Autounfall) oder durch Krankheit
➤ Pflegebedürftigkeit
➤ Einbruchdiebstahl, Raub und Schäden durch Feuer, Sturm und Leitungswasser am Hausrat

Bei vielen Bürgern kommt das Eigenheim hinzu, für das eine Wohngebäudeversicherung unverzichtbar ist. Ansonsten könnte der Versicherungsschutz ab dem 60. Geburtstag Stück für Stück verringert werden. Auch müssen nun keine weiteren Altersvorsorgeverträge mehr abgeschlossen werden.
Unverzichtbar sind insbesondere Privathaftpflicht-, Kfz-Haftpflicht- und Berufsunfähigkeits-Versicherung (bis etwa ein Jahr vor Beginn der Altersrente), bei Ehepaaren zur Sicherheit auch noch die hoffentlich

vorhandene Risikolebensversicherung bis zum Rentenstart bzw. bis zur Tilgung der letzten Kreditrate fürs Eigenheim. Im Einzelfall mag die Lage anders sein. So sollte man durchaus eine Sterbegeldversicherung in Betracht ziehen, wenn abzusehen ist, dass die Altersvorsorge nicht so üppig ausfallen wird. Schließlich haben die gesetzlichen Krankenkassen das Sterbegeld seit 2004 komplett gestrichen. Damit muss die Beerdigung zumeist aus eigenen Ersparnissen oder von den Hinterbliebenen bezahlt werden.

Im Prinzip gibt es jedoch ab 60 keine dramatischen Veränderungen beim Versicherungsbedarf. Die besten Versicherungen springen nach wie vor bei den größten Risiken ein, die überhaupt passieren können: dem lebenslangen Ausfall des Einkommens durch Invalidität (Berufsunfähigkeitspolice) oder Tod (Risikolebensversicherung) sowie bei Schadensersatzforderungen, die den finanziellen Ruin bedeuten könnten (Privathaftpflichtpolice). Diese elementaren Lebensrisiken, die das Haushaltsbudget sprengen, haben weiterhin deutlichen Vorrang vor der Absicherung von Sachwerten (Ausnahme: Versicherung des Eigenheims und die Pflichtversicherung für Kfz). Die eigenen vier Wände brauchen immer eine Gebäudeversicherung, weil insbesondere ein Feuer das Haus in Schutt und Asche legen und damit für Eigentümer das preiswerte Wohnen im Alter gefährden könnte.

Wer bei Versicherungen die Prioritäten falsch setzt, hat womöglich nicht genug Liquidität für das Leben im Alter. Fragen Sie sich zu jeder einzelnen Versiche-

Tipp: Lösen Sie behutsam solche Policen auf, deren Risiken nicht mehr unbezahlbar sind. Eine Hilfe zur Beurteilung bietet die Checkliste 9 auf Seite 279.

rung: Komme ich weiterhin gut über die Runden, wenn ich auf den Vertrag verzichte? Nur wenn mit dem Vertrag der finanzielle Ruin verhindert würde, ist die Police wirklich wichtig. Daher ist die mit Abstand wichtigste Versicherung für jeden Haushalt die Privathaftpflichtversicherung. Doch die fehlt in drei von zehn deutschen Haushalten. Dabei schreibt das Bürgerliche Gesetzbuch vor, dass jeder, der einem anderen einen Schaden zufügt, dafür bezahlen muss. Unabhängig davon, ob Absicht, Fahrlässigkeit oder gar Vorsatz im Spiel war. Und unabhängig von Art und Höhe des eingetretenen Schadens. Sie müssen für Sachschäden ebenso geradestehen wie für Schäden, die Sie Personen zufügen. In unbegrenzter Höhe, mit Ihrem gesamten Vermögen und unter Umständen ein Leben lang. Die Liste möglicher Ansprüche reicht von Reparaturkosten, Schmerzensgeld, Heilkosten, Verdienstausfall bis hin zur Rente für den Geschädigten oder die Hinterbliebenen.

Im Detail kommt es dann noch auf die richtige Versicherungssumme an. Beispiel Risikolebensversicherung: Die unten stehende Tabelle zeigt an, wie hoch die Versicherungssumme sein muss. Wenn die

So rechnen Sie den Barwert aus

Effektivzins pro Jahr (%)	Jahre		
	5	10	15
0	64	138	223
2	61	124	191
4	58	**113**	165
6	55	103	144
8	53	94	127
10	51	87	113

Quelle: Volker Looman, Finanzanalytiker (Reutlingen)

Hinterbliebenen von heute an zehn Jahre lang jeden Monat 1500 Euro pro Monat erhalten sollen und die Rente jedes Jahr um 3 Prozent steigen soll, ergibt sich bei einem Anlagezins von 4 Prozent pro Jahr (für den Restbetrag) eine Versicherungssumme von 169 500 Euro (1500 × 113). Die Tabelle ermittelt die Beträge so, als müssten sie sofort zur Verfügung stehen (Barwerte).

Neben der Sozialversicherung gibt es weitere Bereiche, in denen der Staat eine Versicherung zur Pflicht macht. Da wäre insbesondere die Kfz-Haftpflicht-Versicherung zu nennen, ohne die kein Fahrzeug zugelassen wird.

Was wird ab 65 anders? Was Versicherungen betrifft, scheidet das größte Risiko des Berufslebens (Einkommensausfall durch Invalidität) aus. Sie brauchen also keine Berufsunfähigkeitsversicherung mehr. Auch die angesparte Lebensversicherung endet zumeist mit 65 und bessert die gesetzliche Rente auf. Auch hier brauchen Sie keinen Beitrag mehr zu zahlen. Dies gilt natürlich bei Ruheständlern auch für die gesetzliche Arbeitslosen- und Rentenversicherung. Lediglich für die gesetzliche (oder private) Kranken- und Pflegeversicherung muss weiter Beitrag gezahlt werden.

So klappt der Ausstieg aus Versicherungen

Wer die Altersrente schon vor Augen hat, kann seinen privaten Versicherungsschutz zurückfahren. Einige Policen werden nun regelrecht überflüssig: Policen für Reisegepäck, Reparaturen technischer Geräte, Autoinsassenunfälle, Glasbruch sowie alle restlichen Kindverträge aus früheren Jahren (insbesondere Unfallpolicen). Hier geht es um baldige Kündigung. Wer dies tun will, muss ins Kleingedruckte schauen.

Faustregel: Kündigen können Sie nur schriftlich, innerhalb bestimmter Fristen und mit eigenhändiger Unterschrift. Die klappt im Regelfall, wenn Sie zum Ablauf des Versicherungsjahres drei Monate als Kündigungsfrist einhalten (→ Musterbrief 13 auf Seite 312). Lediglich in der Kfz-Versicherung gilt eine knappere Frist von nur einem Monat.

Unter Umständen kann man auch vor Ablauf des Versicherungsjahres – häufig identisch mit dem Kalenderjahr – kündigen (außerordentliche Kündigung). Das klappt:
- nach einem Schadensfall
- bei jeder noch so geringen Beitragserhöhung
- im Todesfall (durch die Angehörigen)
- nach Umzug in einen anderen Ort (Hausrat)
- nach Verkauf (Auto; Gebäudepolice)

Doch nicht nur der Kunde, sondern auch der Versicherer hat in den genannten außerordentlichen Fällen das Recht, den Vertrag zu kündigen. Die Fristen für eine ordentliche Kündigung können jedoch sehr unterschiedlich sein. Daher ist es besonders wichtig, den Überblick zu behalten. Dabei hilft Ihnen die Checkliste 10 auf Seite 280.

Ab 63 kann der Blick auf die eigenen Versicherungen noch kritischer als mit Mitte 50 ausfallen. So dürfte der richtige Zeitpunkt für die Kündigung der Risikolebensversicherung gekommen sein.

Ist der Beginn der Altersrente absehbar, sollte auch die Berufsunfähigkeitsversicherung beendet werden und das frei gewordene Kapital in eine gute Pflegeversicherung investiert werden. Falls der Versicherer Ihnen bei der Aufnahme Schwierigkeiten wegen angegriffener Gesundheit macht, könnte über eine Unfallversicherung mit Seniorenextras (Oberschenkelhalsbruch; Service nach Unfall) nachgedacht wer-

den. Falls Sie im letzten Jahrzehnt ohne Rechtsschutzversicherung ausgekommen sind, lohnt die Police auch für die Zukunft kaum und könnte gekündigt werden.
Achtung: Eine bestehende Kapitallebensversicherung sollte in diesem Alter nicht leichtfertig gekündigt, sondern bis zum Ende der Laufzeit durchgehalten werden (Vertrag läuft meist bis 65). Gerade in den letzten Jahren schreiben die Versicherer die höchsten Überschüsse gut. Damit lässt sich das Alterseinkommen dann von Fall zu Fall deutlich aufstocken.

Weitere wichtige Verträge

An privaten Versicherungen sind im Prinzip alle die Policen weiter wichtig, die ruinöse Schadensersatzansprüche abwehren (Haftpflichtpolicen), zudem eine Hausratpolice und bei Bedarf auch eine Gebäude- und eine Kaskoversicherung. Eine zusätzliche Pflegeversicherung wäre nützlich, sofern noch nicht vorhanden. Womöglich auch eine Seniorenunfallpolice (→ Seite 126). Alles andere ist entbehrlich, vom Krankenversicherungsschutz auf Auslandsreisen abgesehen. Wer es sich leisten kann, etwas für die Enkel zu tun, könnte auch über eine Ausbildungsversicherung nachdenken.
Hier ist Vorsicht geboten: Speziell für Senioren wird mit preiswerten Angeboten geworben, die keinen vollen Schutz bieten. Beispiel Privathaftpflicht: Sie wird mitunter ohne Deckung für Schäden durch Kinder geboten, die ja bei Senioren tatsächlich schon meist aus dem Haus sind. Doch wer Enkel betreut, die einen Schaden verursachen, stünde dann ohne Schutz da. Solche Ausschnittsdeckungen sind meist nicht zu empfehlen.

Sind spezielle Seniorentarife sinnvoll?

Antwort: Im Prinzip ja, aber die Versicherer sind nicht unbedingt an bedarfsgerechtem Schutz interessiert oder schnüren häufig umständliche Pakete, die zahlreiche und unnötig teure Extras enthalten, obwohl der Kunde sie kaum braucht. Hintergrund: Häufig verlangen dies die Rückversicherer – also die Versicherer der Versicherer –, um mehr Geld in die Kasse zu bekommen und so in jedem Falle auch die Erfüllbarkeit der Verträge zu sichern.
Beispiel Pflege: Die »jungen Alten« laufen Gefahr, statistisch gesehen ab spätestens 75 häufig zum Pflegefall zu werden. Die Leistungen der gesetzlichen Pflegeversicherung decken dieses finanzielle Risiko bereits jetzt nicht mal mehr zur Hälfte ab. Da niemand weiß, ob und wann er pflegebedürftig wird, verdrängen viele die Vorsorge für dieses elementare Lebensrisiko. Spätestens ab 50 sind also private Pflegezusatzversicherungen angeraten. Doch die Versicherer tun sich schwer. Häufig wird eine Pflegerente nur als Zusatz zur Lebensversicherung angeboten. Dies hilft der Generation ab 50, die auf der Suche nach einer Pflegeabsicherung ist, nicht wirklich. Besser sind selbstständige Pflegerententarife oder Pflegekostentarife der privaten Krankenversicherer, die den vereinbarten Prozentsatz der anfallenden Pflegekosten übernehmen (→ Seite 108–110).
Wer mit 55 noch keine Kapitallebensversicherung hat, sollte es nun tunlichst dabei belassen. Zwar werden gewiefte Verkäufer nicht müde, auch im Alter Kapitalversicherungen anzupreisen, doch dabei ist der Kunde immer der Dumme.
Durch die Fernsehwerbung ist insbesondere die KarstadtQuelle-Versicherung mit dem Slogan berühmt geworden: Altersvorsorge schon ab einer Mark pro

Tag. Tatsache ist aber: Wer in höherem Alter einen solchen kapitalbildenden Seniorentarif abschließt (läuft häufig bis 85!), muss sich mit sehr niedriger Rendite begnügen, weil die Anbieter keine Gesund-

---

Fragwürdige Kapitalpolicen fürs Alter

Abkürzungsversicherung
- ✚ Wird auf extrem hohes Alter, zum Beispiel 85, abgeschlossen. Wegen sehr langer Laufzeit ist der Beitrag relativ gering. Überschüsse werden zur Abkürzung der Laufzeit verwendet, die dann häufig mit 75 endet.
- ↘ Dient nur dem Verkäufer (höhere Provision)

Seniorentarife
- ✚ Kapitalversicherung extra für Ältere (ab 50)
- ↘ Hoher Anteil des Beitrages muss für das Todesfall-Risiko bezahlt werden und geht der eigentlichen Vorsorge verloren

Sterbegeldversicherung
- ✚ Police mit geringer Versicherungssumme, die nur dazu dient, das eigene Begräbnis abzusichern
- ↘ Enorm hohe Kosten; schlechte Rendite; besser: Risikolebensversicherung

Schwerkrankenversicherung (»dread disease«)
- ✚ Police, bei der das Geld nicht nur bei vorzeitigem Tod oder am Ende der Laufzeit ausgezahlt wird, sondern ein Großteil davon schon vorher bei schwersten Krankheiten (Herzinfarkt, Schlaganfall, den meisten Arten von Krebs, Multiple Sklerose, Nierenversagen, Lähmungen), bei unfallbedingter Querschnittslähmung und nach einer Bypassoperation am Herzen
- ↘ Dafür wird die Todesfallleistung drastisch gekürzt; wenn überhaupt, nur für Singles günstig

heitsprüfung verlangen und durch das fortgeschrittene Alter der Kunden außerdem ein höheres Zahlungsrisiko für den Todesfall eingehen. Bei Vorerkrankungen zu Vertragsabschluss fällt die Rendite unter das Maß der Inflationsrate. Das hat nichts mit Altersvorsorge zu tun, sondern ist grober Unfug, weil man spätestens mit 65 ja eine Zusatzrente erwartet und nicht von der schmalen gesetzlichen Rente noch Lebensversicherungsbeitrag bezahlen will – und das auch noch bis zu einem Zeitpunkt, den der Versicherte statistisch gesehen gar nicht mehr erlebt.
Seniorentarife sind inzwischen auch außerhalb der Lebensversicherung salonfähig geworden. Das kann durchaus sinnvoll sein. Beispiel Unfall: Spezielle Seniorenunfallversicherungen reichen jedoch nicht an den Deckungsumfang privater Pflegepolicen heran. Einige Anbieter versichern den Oberschenkelhalsbruch mit, auch wenn der nicht auf einen Unfall zurückgeht. Dies ist günstig, weil der Bruch in höherem Alter oft zu einer bleibenden Behinderung führt. Viele Ältere haben zudem niemanden, der sich um sie kümmern kann. Da ist eine Police mit Hilfeleistungen (Assistance) sehr sinnvoll.
Bei älteren Kunden hat die Unfallversicherung also generell einen Sinn, doch werden gerade die Senioren häufig aus regulären Unfallpolicen herausgedrängt. Nur knapp die Hälfte der Gesellschaften führt die Verträge im Alter zu Normalkonditionen fort, ergab eine Umfrage der Stiftung Warentest. Bei anderen ende der Vertrag häufig im Alter von 75 Jahren oder werde zu verschlechterten Bedingungen – meist deutlich teurer – fortgeführt. Neukunden über 75 bekommen oft gar keine Police mehr. Nur wenige Versicherer nehmen Kunden ohne Altersbegrenzung und zu gleichen Konditionen wie Jüngere an, insbesondere die DEVK und die Medien Versicherung. Einige Anbieter werfen

Kunden ab bestimmtem Alter automatisch aus dem Vertrag: KarstadtQuelle (ab 80), Neckermann (ab 80), Ostangler (ab 81) und Schweizer National (ab 85). Dies ist sinnlos bei einer Police, die ja speziell für Senioren gedacht ist. Doch die meisten anderen Versicherer behalten sich auch eine Hintertür offen: Sie räumen sich ein ordentliches Kündigungsrecht ein, um Policen ohne Begründung jährlich beenden zu können.

Ein positiver Ansatz ist die zunehmende praktische Hilfe (Assistance), die viele Versicherungen neben der reinen Geldleistung anbieten. Auch hier ist die Seniorenunfallversicherung Vorreiter. Die Allianz Versicherung bietet nach einem Unfall neben den Geldleistungen bei dauerhaften Unfallfolgen z. B. auch ein umfangreiches Assistance-Paket mit Hilfs- und Pflegeleistungen durch qualifiziertes Personal in der eigenen Wohnung an (→ Seite 128).

Das Motto lautet: Die Unfallversicherung, die pflegt, wäscht, putzt und einkauft. Beruflich mobile Singles, berufstätige Eltern oder alleinstehende Senioren leben heute meist außerhalb großer Familienverbände, hat die Allianz beobachtet. Dadurch könnten haushaltsnahe Dienstleistungen oft nicht mehr privat organisiert werden, und zugleich steige der Bedarf an »gekauften« Hilfeleistungen. Ob die Allianz nun der große Erneuerer wird, das bleibt abzuwarten. Immerhin signalisiert der Marktführer aber der Konkurrenz, dass er dabei ist, die Grenzen herkömmlichen Versicherungsdenkens zu überschreiten.

Beliebt sind auch Wohnungs- und Immobilienschutzbriefe. Sie versprechen schnelle Hilfe bei den großen und kleinen »Katastrophen«, die einem zu Hause passieren können – vom Rohrreinigungsdienst bei Verstopfungen über eine Notheizung im Winter bis zur Schädlingsbekämpfung (häufig im Wert von bis zu

Zusätze bei der Unfallpolice mit Assistance

1. **Hilfe und Pflege (bis zu 6 Monaten, in Deutschland)**
➤ Täglich warmes Mittagessen, Wäsche- und Einkaufsservice, Wohnungsreinigung
➤ Begleitung zu Arzt und Behörden
➤ Hausnotruf
➤ Unterstützung beim Zubereiten der Mahlzeiten, dem Essen, dem Toilettengang, der Körperpflege, beim Zubettgehen

2. **Information und Beratung**
➤ Übergreifende Information zu Ihren Ansprüchen an gesetzliche Sozialversicherungsträger nach einem Unfall
➤ Information und Beratung zum Thema Pflege: Pflegearten, Beantragung von Pflegestufen, Kostenträger

3. **Sonstige Leistungen**
➤ Hilfe und Pflege für im Haushalt lebende pflegebedürftige Verwandte 1. Grades, Schwiegereltern oder Partner
➤ Familienhilfe: bis zu 14 Tage lang Betreuung der Kinder unter 14 Jahren, direkt nach dem Unfall bei Bedarf sogar 48 Stunden rund um die Uhr
➤ UnfallCard: Hilfe bei Unfällen im Ausland

300 Euro). Dabei wird den Kunden eine Notfallhotline an die Hand gegeben. Der Rest erledigt sich für den Versicherten »wie von selbst«. Und das alles für eine Monatsprämie von teilweise unter 5 Euro. Der Schutzbrief kann mitunter unabhängig von anderen Policen abgeschlossen werden, anderswo nur in Kombination mit einer Hausrat- oder Gebäudeversicherung. Es lässt sich trefflich streiten, ob dieser Schutzbrief sinn-

voll ist oder nicht. Wer allerdings schon mal am Wochenende für einen Schlüsselnotdienst 200 Euro bezahlen musste, gibt die knapp 50 Euro, die so ein Schutzbrief pro Jahr kostet, unter Umständen gern aus. Auch für Hauseigentümer und Vermieter ist der Schutzbrief eine Überlegung wert, weil sie so ihre unvorhergesehenen Reparaturkosten eingrenzen können. Um reguläre Wartung und Instandhaltung kommen sie jedoch nicht herum; die sind nicht versichert. Mieter könnten damit gar nichts anfangen: Kosten für unverschuldete Schäden an der Mietsache muss ohnehin der Vermieter tragen. Schäden an Waschmaschine, Geschirrspüler oder Fernseher sind gar nicht mitversichert.

Wenn die Lebens- oder Privatrentenversicherung fällig wird

Solche kapitalbildenden Versicherungen werden bei vorzeitigem Tod des Versicherten fällig, spätestens aber dann, wenn das Enddatum im Vertrag erreicht wird. Letzteres ist natürlich für die Betroffenen angenehmer, weil die Entbehrungen vergangener Jahre nun Früchte tragen, während im Todesfall nur die Erben etwas davon haben. Kommt der Zahltag, so gilt:
➤ Die Risikolebensversicherung über die seinerzeit abgeschlossene Summe wird jetzt steuerfrei ausgezahlt (nur bei Tod).
➤ Die Kapitallebensversicherung über die seinerzeit abgeschlossene Summe wird jetzt samt Überschüssen steuerfrei ausgezahlt, falls der Vertrag mindestens über 12 Jahre gelaufen ist (bei Abschluss ab 2005 bis zu 100 Prozent steuerpflichtig; → Seite 232–233).
➤ Die private Rentenversicherung wird ausgezahlt. Bei Tod des versicherten Ehepartners vor Beginn des

Rentenalters sind alle bis zu diesem Zeitpunkt eingezahlten Beiträge und Gewinnanteile steuerfrei, bei Tod nach Beginn des Rentenalters jedoch die volle Rente (wird mit dem Ertragsanteil versteuert; → Seite 234–236).
➤ Die private Unfallversicherung zahlt die volle Summe laut Vertrag, falls Ihr Ehepartner durch einen Unfall zu Tode kam und eine Zahlung bei Unfalltod vorgesehen war.

Nichts geht jedoch automatisch und von allein. Im Versicherungsfall muss die Gesellschaft rechtzeitig informiert werden. Erleben Sie den Ablauf der Kapitallebens- oder Privatrentenversicherung, so werden Sie meist einige Wochen vorher angeschrieben und nach den Zahlungsmodalitäten gefragt. Falls sich niemand meldet, schreiben Sie der Gesellschaft einen kurzen Brief (→ Musterbrief 14 auf Seite 313). Anders liegt der Fall, wenn der Versicherte stirbt. Dann sollten die Hinterbliebenen sich binnen zwei Tagen mit der Gesellschaft in Verbindung setzen. Fürs Erste reicht auch ein Brief oder ein Fax, in dem sinngemäß die wichtigsten Eckpunkte stehen (→ Musterbrief 15 auf Seite 314).
Bevor es an die Auszahlung geht, will der Versicherer den Versicherungsschein im Original (Machen Sie sich vorher unbedingt eine Kopie!) und die Sterbeurkunde haben, mitunter auch die letzte Beitragsquittung (Kontoauszug).
Bei Versicherungen, die ohne Gesundheitsprüfung abgeschlossen wurden, wird zudem der Nachweis der Todesursache verlangt. Dazu genügt meist eine Kopie des Totenscheins, in seltenen Fällen ein ausführliches ärztliches Zeugnis über Todesursache sowie Beginn und Verlauf einer Krankheit, falls die zum Tode geführt hat.

Meist werden Sie kurze Zeit später vom Versicherer angeschrieben und nach den Zahlungsmodalitäten gefragt. Das Geld erhält der Bezugsberechtigte, der nicht unbedingt zu den Erben gehören muss (z. B. ein guter Freund) und in diesem Falle auch nicht zur Bezahlung der Bestattung verpflichtet werden kann. Ist kein Bezugsberechtigter im Vertrag genannt, fällt die Summe in das Erbe.

War im Vertrag bei Unfalltod doppelte Leistung vereinbart, so wird die doppelte Versicherungssumme nach einem tödlichen Unfall auch ausbezahlt, egal ob er im Beruf oder in der Freizeit passiert ist.

Doch Vorsicht: Die Steuerfreiheit der Auszahlung bei der Einkommensteuer ist trügerisch, denn es wird Erbschaftsteuer fällig, falls die Freibeträge überschritten werden (→ Seite 217).

Hatte der Verstorbene eine Sterbegeldversicherung abgeschlossen, besteht im Todesfall Anspruch auf sofortige Auszahlung des Sterbegeldes. Hinterbliebene können dem Bestatter eine Vollmacht ausstellen; dann zieht der Bestatter das Geld ein und verrechnet den Betrag mit seinen Bestattungsleistungen. Besonders ältere Menschen schließen häufig solche Policen ab. Sie sind nach Ansicht der Verbraucherzentralen nicht empfehlenswert. Grund: Viele Versicherte zahlen im Laufe der Jahre deutlich mehr Geld in die Police ein, als letztlich ausgezahlt wird. Der scheinbar niedrige Beitrag kommt nur zustande, weil ein sehr hohes Endalter gewählt wird (85 oder 90). Die Rendite solcher Policen ist bescheiden, und am Ende sind die Verträge oft überzahlt. Dann ist mehr angespart als für die Beerdigung veranschlagt, doch die Rückzahlung an die Erben ist oft nicht geregelt.

Noch schlimmer kann es nach Beobachtung der Verbraucherzentralen kommen, wenn Vereine oder sogenannte Sterbekassen Sterbegeldverträge vermitteln.

Der Verein schließt mit dem Versicherer dann einen Gruppenvertrag, der den Einzelnen billiger kommt als eine individuell abgeschlossene Sterbegeldversicherung. Einige Vereine lassen sich aber eine Erklärung unterschreiben, dass der Kunde einen Teil der Überschüsse aus seiner Versicherung an den Verein abzutreten hat – ein lohnendes Unterfangen für den Verein, nicht aber für den Kunden und dessen Hinterbliebene.

Wie auch immer: Erleben Sie als Versicherter den glücklichen Moment der Auszahlung ihrer Lebens- oder privaten Rentenversicherung selbst, so können Sie wählen zwischen der einmaligen Auszahlung der Gesamtsumme (Kapitalabfindung) oder der monatlichen Auszahlung von kleinen Teilbeträgen (Verrentung). Es gibt aber keinen vernünftigen Grund, warum Sie nach so vielen Jahren der Einzahlung nicht über den ganzen Betrag verfügen sollten, um sich finanzielle Flexibilität zu schaffen.

Auf Reisen richtig versichert

Ständiger Versicherungsbedarf entsteht insbesondere bei Reisen ins Ausland. Die private Auslandsreisekrankenversicherung ist auch für Kassenpatienten unentbehrlich. Grund: Die Krankenkassen sind im Ausland nicht zuständig, in keinem Fall übernehmen sie die Kosten für einen notwendigen Rücktransport nach Deutschland bei Krankheit oder Unfall. Zwar gibt es Sozialabkommen mit den meisten europäischen Ländern, die eine Behandlung auf Auslandskrankenkarte der Kasse ermöglichen sollen, doch immer mehr Ärzte im Ausland behandeln nur noch gegen Bargeld und rechnen teurer (privat) ab als Vertragsärzte in ausgewählten Gesundheitszentren. Die

Kosten erstattet die deutsche Krankenkasse dann nicht voll zurück.

Neu ist, dass Kassenpatienten dem Vertragsarzt in den meisten Fällen die neue Europäische Krankenversicherungskarte (EHIC) oder eine provisorische Ersatzbescheinigung zeigen müssen. Diese Karte hat in allen EU-Ländern sowie auch in Island, Liechtenstein, Norwegen und der Schweiz den früheren Auslandskrankenschein abgelöst. Für einige Länder benötigt man jedoch weiterhin den Schein (Türkei, Tunesien, Ex-Jugoslawien außer Slowenien). Übrigens: Die separate EU-Karte gilt nicht innerhalb Deutschlands, sondern nur bei vorübergehendem Auslandsaufenthalt und nur für notwendige medizinische Leistungen. Wer gezielt ins Ausland fährt, um sich behandeln zu lassen, kann sie nicht einsetzen. Eine solche Behandlung sollte nur nach Zustimmung der jeweiligen Krankenkasse erfolgen.

Um Ärger aus dem Weg zu gehen, braucht man in jedem Fall eine private Zusatzpolice. Damit sind die Kosten der ärztlichen Behandlung und des Krankenhausaufenthalts sowie Arzneikosten bis zur vereinbarten Höhe abgedeckt. Der Vertrag ist inhaltlich gut und zudem erstaunlicherweise äußerst preiswert. Bei den Leistungen unterscheiden sich die Gesellschaften kaum voneinander. Lediglich bei schmerzstillender Zahnbehandlung gibt es unterschiedliche Höchstgrenzen, bis zu denen Kosten erstattet werden. Achten Sie beim Abschluss des Vertrages unbedingt darauf, dass der eventuell nötige Rücktransport nach Hause mit vereinbart wird.

Nicht versichert sind Zahnersatz, Massagen und Bäder, Brillen, Hörgeräte, Behandlung bei Schwangerschaft (außer bei Notfällen), seelischer Erkrankung oder Krankheit in Verbindung mit Pflegebedürftigkeit sowie Behandlungen in Sanatorien und Kurhäusern.

Urteile zu europäischer Sozialversicherung

§ Deutsche Krankenkassen müssen vorerst nicht für die Kosten aufkommen, wenn sich Patienten im Ausland selbst Leistungen beschaffen, die nicht mit akuten Erkrankungen zu tun haben. So das Urteil des Bundessozialgerichts (BSG) vom 13. Juli 2004 (Az.: B 1 KR 33/02). Eine ausländische Kasse hätte Sachleistungen bieten müssen.

§ Die ambulante medizinische Versorgung in einem anderen EU-Land muss die gesetzliche Krankenversicherung erstatten, auch wenn der Patient dies vorher nicht bei seiner Kasse beantragt hat. Das entschied der Europäische Gerichtshof (EuGH) am 13. Mai 2003 (Az.: C-385/99). Geklagt hatten zwei niederländische Patienten, die sich ambulanten Behandlungen in Belgien und Deutschland unterzogen hatten, ohne bei ihrer Krankenversicherung zuvor eine Genehmigung einzuholen.

§ Wer als »Ausgewanderter« eine Rente wegen Erwerbsunfähigkeit (EU-Rente) aus der deutschen Rentenversicherung bezieht und ansonsten der Krankenversicherung der Rentner (KVdR) zugeordnet ist, hat bei zwischenzeitlichen Aufenthalten in Deutschland auch Anspruch auf Sachleistungen unmittelbar von seiner deutschen Krankenkasse. So urteilte das BSG am 5. Juli 2005 (Az.: B 1 KR 2/04).

§ Wenn eine bisher umstrittene Behandlungsmethode inzwischen von der großen Mehrheit der einschlägigen Fachleute befürwortet wird und auch den Anforderungen des Gesetzes entspricht (§ 18 SGB 5) sowie darüber hinaus in Deutschland nicht zur Verfügung steht, muss die gesetzliche Kasse eine Auslandsbehandlung bezahlen. Dies hat das BSG am 13. Dezember 2005 entschieden (Az.: B 1 KR 21/04).

Die Zusatzpolice kostet zwischen 5 und 14 Euro pro Person für Reisen, die insgesamt zumeist 42 Tage pro Jahr dauern dürfen. Familien können bei einigen Gesellschaften mit einer Familienpolice deutlich sparen (Kosten vielfach knapp 20 Euro). Günstige Angebote: rund 5 Euro (HUK24; DBV-Winterthur; Debeka) bzw. ab 14 Euro pro Familie (Allianz; HUK24).

Achtung: Reisende mit Vorerkrankungen bekommen mit der privaten Auslandsreisekrankenpolice im Ernstfall Probleme. Grund: Diese Umstände sind zumeist schon vor Reiseantritt bekannt und Behandlungskosten vom Versicherungsschutz meist ausgeschlossen. Auch wer vor dem Auslandsurlaub bereits an Krampfadern, Herzerkrankungen oder anderen langwierigen Krankheiten leidet, sollte vor Vertragsabschluss genau das Kleingedruckte lesen. Denn selbst wenn eine Verschlechterung des Krankheitsbildes nicht absehbar war, wollen sich einige Gesellschaften vor der Hilfeleistung drücken. Allerdings könne man kein generelles »Urlaubsverbot« im Ausland verlangen, entschied das Oberlandesgericht Hamm, als der Versicherer einem chronisch Kranken die Kosten seines Rücktransports nach Deutschland nicht erstatten wollte (Az.: 20 U 44/00).

Bei privaten Auslandsreisekrankenversicherungen sind die Kosten vor Ort zunächst vom Reisenden selbst zu bezahlen. Ausnahmen: häufiger Aufenthalt im Krankenhaus; mitunter auch nach Unfällen. Erst zu Hause erstattet der Versicherer die Rechnungen: Gegen Übersendung der Quittung bekommen Sie das Geld zurück.

Der Standardvertrag reicht jedoch nicht für längere Auslandsaufenthalte, greift meist nur bei unvorhergesehenen Erkrankungen und endet häufig im Alter von 70. Wichtig für Rentner: Die meisten Ruheständler sind in der gesetzlichen Krankenversicherung der

Diese Gesellschaften versichern auch Ältere nahezu unbegrenzt

Anbieter	Höchstalter für Neuvertrag	Jahresbeitrag für höchste Altersklasse (€)	Besonderheit
Barmenia	Nein	32	Preis gilt ab 70
DBV-Winterthur	81	20	Preis gilt ab 71
Düsseldorfer	Nein	15	Preis gilt ab 65; 50 Euro SB
HUK Coburg	Nein	17 (19)	Preis gilt ab 70
Inter	Nein	15	Preis gilt ab 66
KarstadtQuelle	Nein	30	Preis gilt ab 70; 50 Euro SB[1]
Landeskrankenhilfe	Nein	36	Preis gilt ab 71; 50 Euro SB[1]
Mannheimer	Nein	29	Preis gilt ab 76; 50 Euro SB[1]
Pax-Familienfürsorge	Nein	13	Preis gilt ab 65
UKV	Nein	27	Preis gilt ab 65
Universa	Nein	18	Preis gilt ab 60

[1] SB = Selbstbeteiligung im Krankheitsfall

Quelle: Journalistenbüro Pohl; Stand: Ende 2

Rentner (KVdR) versichert, solange sie eine Altersrente erhalten. Rentner, die länger im Ausland bleiben wollen, sollten sich von ihrer Krankenkasse die neue Europäische Krankenversicherungskarte (EHIC) geben lassen und diese im EU-Gastland der Kasse vorlegen. Es lohnt sich, eine Wohnadresse in Deutschland zu behalten (auch wegen späterer Rückkehr nach Deutschland). Mit der Auslandskrankenkarte (gilt nur bei ausgewählten Ärzten) sind die gleichen Leistungen wie für Urlauber drin (ohne Krankenrücktransport). Ambulante Behandlung müssen die Kassen dem Rentner sogar bei chronischen

Krankheiten voll bezahlen, hat der Europäische Gerichtshof entschieden (Az.: Rs C-326/00). Häufig verlangen Ärzte jedoch Barzahlung.

Die private Auslandsreisekrankenversicherung ist leider ab dem Alter von 69 Jahren schwieriger zu bekommen. Wer die Altersgrenze überschreitet, erhält keinen neuen Vertrag mehr oder wird gar gekündigt. Manche Gesellschaften versichern aber auch Ältere nahezu unbegrenzt – wenn auch zu höheren Preisen. Bei anderen Versicherern kann der Vertrag über das Höchsteintrittsalter hinaus weitergeführt werden; der Versicherer kündigt also nicht von sich aus. Für längere Auslandsaufenthalte müssen ältere Menschen jedoch deutlich tiefer in die Tasche greifen. Laut Stiftung Warentest werden Reisen bis zu maximal 92 Tagen von 24 Gesellschaften versichert (16 bieten eine Police ohne Altersbegrenzung). Die Preise reichen bei den Versicherern ohne Altersbegrenzung von rund 100 Euro pro Jahr bis zu 400 Euro und mehr.

Auch im Ausland könnte eine zusätzliche Privathaftpflichtversicherung nützlich sein. Mindestens genauso groß wie im Alltag zu Hause ist die Gefahr, auf einer Auslandsreise andere zu verletzen oder Schäden an fremdem Eigentum zu verursachen. Die meisten privaten Haftpflichtversicherungen haben inzwischen

---

Tipp: Es lohnt sich auch, im Fall von Auslandsreisekrankenversicherungen bei Spezialmaklern nachzufragen. Ein Beispiel: Wer seinen Lebensmittelpunkt in Spanien hat, dem bietet die Union Krankenversicherung (UKV) in Kooperation mit dem Versicherungsmakler Lux Wirtschaftsassekuranz eine Police, die weder Vorerkrankungen ausschließt noch bei Rückkehr nach Deutschland automatisch endet (www.wiass-spanien.com).

weltweite Deckung rund um die Uhr. In einem solchen Fall braucht also kein Zusatz fürs Ausland hinzugekauft werden. Doch aufgepasst: Die Privathaftpflichtversicherung schützt nicht bei besonders gefährlichen Hobbys wie Auto- und Pferderennen, Jagd oder Segeln. Unter Umständen sind deshalb spezielle Haftpflichtversicherungen angeraten, die auch im Inland wichtig sind. Beispiel Wassersport-Haftpflicht: Für Motorboote gilt die Privathaftpflichtversicherung nicht.

Müssen Sie von der Buchung für eine Pauschalreise zurücktreten, so bleibt nur die schnellstmögliche Kündigung. Die bleibt finanziell ohne Folgen, wenn ein offensichtlicher Mangel vorliegt, höhere Gewalt im Spiel ist (Bürgerkrieg, Naturkatastrophe) oder der Veranstalter wenige Tage vor dem Start den Reisepreis erhöht. Kündigen Sie aus anderen Gründen, sind Stornogebühren bis höchstens 75 Prozent des Reisepreises fällig. Das geht vor allem bei teuren Reisen wie Kreuzfahrten ins Geld.

Ausweg: Sie schließen eine entsprechende Reiserücktrittskostenversicherung ab. Die zahlt dann für Sie die Stornierung, aber nur bei:
➤ schwerer Krankheit
➤ Unfall
➤ Impfunverträglichkeit
➤ Schwangerschaft
➤ Tod naher Angehöriger
➤ Wohnungseinbruch
➤ anderen schweren Schicksalsschlägen

Bei guten Anbietern kommt die Police auch für Stornierung wegen Jobverlust durch betriebsbedingte Kündigung oder Antritt einer neuen Stelle nach Reisebuchung auf. Im Schadensfall muss der Kunde mindestens 25 Euro Selbstbeteiligung zahlen, bei Krank-

> **Tipp:** Zahlreiche Informationen zum Thema bietet das Buch »Gut versichert« von Detlef Pohl (9,80 Euro); es ist bei den Verbraucherzentralen erhältlich.

heit 20 Prozent der Kosten. Der Vertrag kostet für eine 1500-Euro-Reise zwischen 20 und 40 Euro. Für plötzliche berufliche Unabkömmlichkeit zu Hause, eine relativ häufige Stornierungsursache, kommt die Versicherung aber nicht auf. Warnt das Auswärtige Amt vor Reisen in ein bestimmtes Land, so können Pauschalurlauber ihren Vertrag stornofrei auflösen. Denn für die Beurteilung der Sicherheitslage ist die Einschätzung des Auswärtigen Amtes »von maßgeblicher Bedeutung«, sagt das Landgericht Stuttgart (Az.: 16 S 297/94). Bloße Drohungen der ETA, PKK oder anderer Terrorgruppen reichen jedoch nicht aus, um eine Reise kostenfrei zu stornieren, entschied das Landgericht Frankfurt/Main (Az.: 24 S 354/94).

Geldanlage für Rentner

Ausgangspunkt ist die gesetzliche Altersrente – für einen Durchschnittsverdiener mit 45 Arbeitsjahren sind das also rund 1000 Euro pro Monat. Im Schnitt verfügt ein Rentnerhaushalt über 1939 Euro pro Monat, hat das Deutsche Institut für Altersvorsorge herausgefunden. Doch bereits 2010 werden davon nur noch 88 Prozent zur Verfügung stehen – wegen Rentenkürzungen, höherer Gesundheitskosten und steigender Preise für den elementaren Alltagsbedarf. Das macht rund 286 Euro minus pro Monat in der Haushaltskasse, im Jahr 2020 wahrscheinlich sogar 518 Euro.
Diese Lücke lässt sich nur auf drei Wegen schließen:

➤ Ausgaben kürzen: Um monatlich 286 Euro im Jahr 2010 einzusparen, müssten Rentnerhaushalte ihren privaten Verbrauch um 14 Prozent verringern. Folge: Der Lebensstandard sinkt.

➤ Einnahmen erhöhen: Um die Lücke zu schließen, müssten die verfügbaren Einkommen im Jahre 2010 um 13 Prozent steigen. Von der gesetzlichen Rente ist ein solcher Anstieg nicht zu erwarten, sondern im Gegenteil eher eine Kürzung. Neben der Rente müsste also gejobbt werden (→ Seite 169–173).

➤ Verstärkt privat vorsorgen: Die verstärkte Vermögensbildung in der Erwerbsphase ist die einzige reelle Chance, um die Lücken zu schließen. Dies ist für Altersrentner aber ausgeschlossen, da sie ja nun die Altersversorgung bereits erhalten.

Vermögensstatus zu Rentenbeginn

Um zu wissen, wo man finanziell beim Rentenstart steht, lohnt schon fünf bis zehn Jahre zuvor ein Ver-

Einkommensquellen zu Beginn des Ruhestands

Quelle	realistische Höhe (in Euro)
Ersparnisse	....
Lastenfreies Eigenheim	....
Einnahmen aus vermieteter Wohnung	....
Gesetzliche Altersrente	....
Witwen-/ Witwerrente	....
Ablaufleistung Kapitalversicherung	....
Private Altersrente oder Basisrente	....
Riester-Rente	....
Betriebsrente	....
Teilzeitarbeit	....
Aufsichtsratsposten	....

mögensstatus (→ Checkliste 11 auf Seite 281). Daran lässt sich ablesen, was kurzfristig noch an Vorsorge getan werden muss. Auch wird die Notwendigkeit deutlich, womöglich den Rentenstart auf 67 oder noch später zu verschieben, falls der Arbeitsmarkt das hergibt. Zumindest sind die Einkommensquellen nach dem kompletten Berufsausstieg überschaubar (in der obigen Tabelle selbst einzutragen).

Wer sich im Rentenalter mit 70 Prozent des letzten Bruttoeinkommens vor der Rente zufriedengibt, muss nach aktuellem Rechtsstand je nach Einkommen mit wenigstens 250 Euro monatlicher Versorgungslücke rechnen, Tendenz steigend (→ Tabelle Seite 142).

Zeit ist bares Geld – und damit Feind Nr. 1 aller Anleger, die sich bereits der Altersrente nähern. Denn je später mit der privaten Vorsorge begonnen wird, desto unruhiger und mit desto höheren Beträgen ist die eigene Vorsorge zu bewerkstelligen. Wer mit 50 zusätz-

Versorgungslücke steigt mit wachsendem Einkommen

Bruttoeinkommen	Altersrente (€)[1]	Versorgungslücke (€)[2]
767	279	258
1534	559	515
2301	837	773
3067	1118	1030
4192	1527	1407
4601	1550	1625
5368	1550	2253

[1] bei 35 Jahren Beitragszahlung in die gesetzliche Rentenkasse
[2] Fehlbetrag, um auf 70 % des letzten Bruttoeinkommens zu kommen

lich 300 Euro im Monat spart, kann es mit 65 Jahren noch auf knapp 80 000 Euro bringen (bei 5 Prozent Zins). Soll danach das Kapital bis 85 aufgebraucht werden, ergibt sich eine Monatsrente von rund 480 Euro (bei 4 Prozent Zins des unverbrauchten Teils). Um mit 65 auf 1000 Euro Zusatzrente zu kommen, muss ein Vorsorgewilliger mit 55 Jahren bereits knapp 100 000 Euro zu 4 Prozent Zins anlegen. Umgerechnet sind das schmerzhafte 1699 Euro pro Monat.

Tipps für Anleger ab 60

Massive Sicherheitsbetonung bringt in aller Regel zu wenig Vermögen; daher sollte auch in höherem Alter ein Teil des Vermögens mit höherem Risiko eingesetzt werden. Reine Spekulationsbetonung wäre jedoch Gift, weil sie womöglich das Altersvorsorgeergebnis gefährdet. Hier kann nur individuelle Anlageberatung den richtigen Mix bringen. Dabei sollten Puffer eingebaut werden, die auch unerwartet frühe Verfügbarkeit größerer Beträge ermöglichen (z. B. im Pflegefall).

Beispiel: Während der Aktienanteil in der berufsaktiven Phase möglichst hoch sein sollte und damit den Grundstock für ein hohes Vermögen liefern kann, sinkt er mit Beginn des Vorruhestandes um etwa ein Drittel ab. Dennoch lässt sich an der Börse mit einem hohen Aktienanteil auch ab 65 langfristig Geld verdienen, denn die Lebenserwartung gibt im Allgemeinen noch durchschnittlich 20 Jahre her. Dieses höhere Anlagerisiko kann elegant abgesichert werden, indem parallel in eine sofort beginnende private Rentenversicherung eingezahlt wird. Sie leistet die vereinbarte Rente lebenslang. Somit trägt die Assekuranz – neben der gesetzlichen Rentenkasse – das finanzielle Risiko eines langen Lebens. Dennoch sollte auch ausreichend Geld in der »Kasse« sein (etwa Termingeldkonto), um unerwartete Ausgaben jederzeit abdecken zu können.

Nach dem 60. Geburtstag sind die Weichen beruflich vielfach bereits in Richtung Vorruhestand oder Altersrente ab 65 gestellt. Ein solides Haushaltseinkommen ist vorhanden (häufig bis zu 3000 Euro netto). Die Erfahrungen bei der Vermögensbildung werden nun noch einmal in die Waagschale geworfen, um die letzten fünf Jahre die Altersvorsorge zu optimieren. Dies

Was in welchem Alter gespart wird[1]

Alter	Sparbuch	Bausparen	Versicherung	Wertpapiere	Sonstiges
60–64	19,7	5,0	33,9	25,4	15,9
65–69	23,9	4,0	12,7	32,6	26,9
70–74	32,3	3,0	8,2	31,1	25,4
75–79	32,3	2,4	6,3	33,1	25,9
ab 80	38,3	1,3	4,1	33,4	22,8

[1] Angaben in % des gesamten Anlagebetrages

Quelle: DIA »Die Deutschen und ihr Geld« (2001)

ist häufig angebracht, denn viele setzen auch in diesem Alter immer noch massiv auf das Sparbuch, das allenfalls die Inflationsrate erwirtschaftet.

Die Entschuldung von Wohneigentum (besitzt nahezu jeder zweite Haushalt) ist nun weitgehend beendet oder sollte bis spätestens 65 beendet sein. Da der Versicherungsschutz gegen Invalidität nun zurückgehen kann (→ Seite 118–121), sind häufig 400 Euro und mehr monatlich zum zusätzlichen Sparen verfügbar. Der Anlagehorizont ist nun allenfalls noch mittelfristig, da der Ruhestand schon in Sicht kommt. Häufig werden Anlageformen gestreut, die:

➤ hohe Sicherheit zum Berufsausstieg gewährleisten
➤ Zinserträge in die Zeit nach der Berufstätigkeit verlagern
➤ ein gesundes Risiko mit guten Ertragschancen versprechen (Garantieprodukte)

Kurzfristig bieten sich vor allem Geldmarktfonds oder Termingeld für die Barreserve an. Mittelfristig lohnen größere Beträge in Aktienfonds. Auch der Kauf von Bundesanleihen und abgezinsten Wertpapieren (Bundesschatzbriefe, Typ B) oder zinslosen Wertpapieren (Zero-Bonds) lohnt. Auch der Kauf einer altersgerechten kleineren Wohnung kann sinnvoll sein (→ Seite 190–193). Je nach individueller Ausgangssituation und persönlicher Risikoneigung bieten sich für Leute um die 60 nur noch zwei Strategien an:

➤ für Vorsichtige die festverzinsliche Variante
➤ für Gewinnorientierte die Mischvariante aus Festverzinslichen und Aktien

Im Alltag sollte weiterhin an die passende Risikoabsicherung, etwa eine Pflegezusatzversicherung (→ Seite 108–110), gedacht werden. Die kostet auch Geld, sodass weniger für die reine Geldanlage zur Verfügung stünde. Es wäre jedoch falsch zu glauben, dass Altersrentner ihr Geld ab 65 nur verprassen. Im Gegenteil: Viele sparen auch im Alter noch Geld an. Das hat den Vorteil, dass das bisher aufgebaute Vermögen zwar Stück für Stück für den Alltag genutzt wird, sich jedoch mit dem anfangs überwiegenden Rest weiter verzinsen kann (→ Tabelle Seite 143).

Da die finanziellen Ausgangsbedingungen beim Rentenstart extrem unterschiedlich sein können, verbieten sich an dieser Stelle Beispielrechnungen. In vielen Fällen kommt mit 65 die Auszahlung einer Kapitallebensversicherung hinzu und verbessert die finanzielle Basis – im Schnitt werden 20 000 Euro pro Vertrag ausgezahlt bzw. in eine lebenslange Rente von rund 100 Euro pro Monat umgewandelt (→ Seite 129–132). Nun kommt es auf das richtige Verhältnis zwischen Verbrauch und Erhalt des Kapitals an. Das ist schnell gefunden: Sie entnehmen den gewünschten Monatsbetrag, der sich nach Vorliegen erster Erfahrungswerte – etwa nach einem halben Jahr – korrigieren lässt. Das vorhandene Geldvermögen wird parallel mit möglichst hoher Verzinsung angelegt, um das Kapital so lange wie möglich zu erhalten. Je nach Nervenkostüm sind dabei mehr oder weniger sicherheitsbetonte Ablaufpläne sinnvoll.

Sinn und Unsinn von Verrentungsplänen

Wer mit 60 oder 65 endlich uneingeschränkt über das Ersparte verfügen und damit flexibel fürs Alter planen kann, sollte sich nicht mit falschen, unflexiblen Geldanlagen knebeln lassen. Um lange gut davon leben zu können, sollte das Geld selbst sich möglichst gut vermehren. Es stellt sich die Frage: Wohin damit? Typische Antwort der Banken: in einen Rentenplan. Typische Antwort der Versicherer: in eine Privatrente. Beide Optionen sind für den Ruheständler jedoch nicht optimal.

Verrentung von Sparguthaben (Rentenplan): Angenommen, Sie haben zum Rentenstart 100 000 Euro verfügbar und wollen daraus jeden Monat eine Zusatzrente abziehen, den Rest aber günstig weiterarbeiten lassen. Dann sieht der Rentenplan Ihrer Bank meist so aus: Die Gesamtsumme wird auf ein Sparbuch eingezahlt, und es beginnt meist auch sofort die monatliche Rentenzahlung. Zur Auswahl steht ein Auszahlplan, der das Kapital nach und nach aufzehrt (relativ hohe Rente, aber zeitlich begrenzt), oder ein Auszahlplan, der das Kapital erhält und nur die monatlichen Zinsen auszahlt (sehr geringe Rente, aber lebenslang). Zinssatz und Rentenhöhe werden für eine bestimmte Zeit (wenigstens vier Jahre) festgeschrieben. Höhere Abhebungen als vereinbart sind dann zumeist nicht drin. Am Ende der Zinsfestschreibung können Sie sich das gesamte Geld auszahlen lassen oder für eine weitere Frist neue Konditionen aushandeln. Bei einer Rendite von 6 Prozent ergäben sich 6000 Euro Zinsen pro Jahr und damit entweder eine Rente von 800 Euro monatlich, die 16 Jahre reicht und dann aufgezehrt ist, oder eine lebenslange Rente von 487 Euro monatlich, die das Kapital von 100 000 Euro komplett erhält.

Je höher die Zusatzrente sein soll, desto eher laufen Sie Gefahr, eines Tages ohne dieses Zubrot auskommen zu müssen. Die Stiftung Warentest empfiehlt den Rentenplan der Bank überhaupt nur, wenn eine kleine Summe zur Verfügung steht. Allerdings bleibt auch dann das Manko bestehen, dass Sie sich für einige Jahre auf die vereinbarte monatliche Auszahlung beschränken müssen und außerplanmäßige Ausga-

ben (zum Beispiel eine Weltreise oder plötzliche Pflegebedürftigkeit) erst zum Ende der Laufzeit decken können. Falls Sie vorher sterben, so kommen die Erben erst am Ende der Vertragslaufzeit ans Geld.
Einen Ausweg bieten Auszahlpläne mit Investmentfonds, weil die in der Regel höhere Rendite bringen und Sie an keinerlei Laufzeit gebunden sind. Da jedoch Sicherheit oberstes Gebot ist, empfiehlt sich als Anlage mit Auszahlplan ein Fonds, der möglichst wenig schwankt und kaum Kosten verursacht (→ Seite 148–150).

Verrentung der Lebensversicherung: Wer statt Bankguthaben auf die private Lebensversicherung gesetzt hat, hat bei Fälligkeit der aufgeschobenen Leibrente (meist mit 65) zwei Möglichkeiten, Kasse zu machen: Kapitalabfindung auf einen Schlag oder Verrentung des Kapitals, also die Umwandlung des Gesamtbetrages in eine monatliche Rente (→ Seite 129–132). Es gibt sogar noch eine dritte Möglichkeit für alle, die bislang noch gar keine private Rentenversicherung hatten: Sie schließen nun erst einen Vertrag ab (Sofortleibrente genannt), wo nach einer größeren Einmalzahlung sofort die Auszahlung einer monatlichen Leibrente beginnt.
Bei der Verrentung fließt die Zusatzrente lebenslang, dafür gibt es relativ wenig Geld pro Monat (aber immer noch mehr als mit einem herkömmlichen Bankenauszahlplan). Und die Erben gehen unter Umständen leer aus. Denn bei frühem Tod des Versicherten kassiert der Versicherer einen Teil oder sogar alles vom Restkapital. Ansonsten gelten die gleichen Nachteile wie bei der »Bankrente«: Die Leibrente ist nicht flexibel, und alle Garantien für den Kunden kosten Geld. Eines ist jedoch anders und besonders problematisch. Während sich die Bankrente am Kapital-

marktzins orientiert, wird eine nennenswerte Rendite von 5,0 Prozent erst erreicht, wenn der Versicherte mindestens 80 Jahre alt wird. Je länger er lebt, desto besser die Rendite.

Verrentung von Immobilien: Die Chance zu einer ganz anderen Art der Verrentung haben Hauseigentümer: Schenkung gegen Rente. Wer als Nocheigentümer beispielsweise seinem Kind viele Steuervorteile sichern möchte, verschenkt das selbst genutzte Haus schon zu Lebzeiten und lässt sich als Ausgleich dafür eine monatliche Rente vom Beschenkten zukommen (→ Seite 197–199). Die Rente ist nur mit dem Ertragsanteil zu versteuern. Rechtsgrundlage für diese Leibrente, die der Käufer bzw. Beschenkte zahlen muss: §§ 759 bis 761 BGB. Nahezu noch unbekannt ist in Deutschland die Möglichkeit, das Eigenheim auch gegenüber der Bank zu verrenten: Die Bank zahlt eine Altersrente aus dem selbst genutzten Wohneigentum, die erst mit dem Tod, dem Hausverkauf oder bei Vertragsende zurückgezahlt werden muss (Rückwärtshypothek).

Warum Fondssparpläne auch im Alter interessant sind

Fondssparen hat in der Vergangenheit die Versorgungslücke sehr gut geschlossen. Vor allem Aktienfonds entwickeln sich immer mehr zu einer ernst zu nehmenden Konkurrenz für die Lebensversicherung. Vorsorgegeld für Investmentfondsanteile auszugeben hat in der Tat etwas für sich. Die Gründe: Die eingezahlten Beträge sind kurzfristig verfügbar. Denn die Anteile können täglich verkauft werden – zu einem Preis, der anfangs allerdings unter dem Kaufpreis liegt. Und das Geld wird von Profis verwaltet, die das Fondsvermögen sehr breit gestreut investieren. Für Fondsanleger im Rentenalter gilt im Besonderen: Die besten Fonds sind gerade gut genug, um die Früchte des Arbeitslebens ohne finanzielle Einbußen genießen zu können. In puncto Flexibilität sind Fonds ohnehin nicht zu schlagen. Vorteile sind:

➤ Flexiblere Einzahlung: entweder monatlich, zweimonatlich, vierteljährlich oder halbjährlich
➤ Keine Kündigungsfrist oder Durchhaltezeit: Ausstieg zu jeder Zeit ohne Kündigungsfrist und ohne Verluste möglich, aber auch Variation bei Einzahlungen (Mindestrate 50 Euro)
➤ Kostengünstigere Anlage: Der Abschluss bei einer Fondsgesellschaft, die einer Bank gehört oder eine eigene Bank gegründet hat, erspart meist die Buchungsgebühr. Sparplankonditionen der Fondsgesellschaft selbst sind oft günstiger als bei einer Bank.
➤ Flexible Auszahlung: Jede Variante der Auszahlung ist möglich, vom kompletten Verbrauch des Geldes bis hin zum Erhalt der Ausgangssumme (nur Verbrauch der Gewinne; → Seite 150).

Wichtig: Je länger ein solcher Investmentfonds-Sparplan läuft, desto besser können die Kosten (Ausgabeaufschlag, Depotkosten) wettgemacht und Kursausschläge (Börsentief!) ausgeglichen werden. Der Ertrag ist zu großen Teilen steuerfrei (→ Seite 238). Für Rentner am besten geeignet ist ein renditeoptimierter Ablaufplan. Dabei werden zum Beispiel kurzfristig sichere Geldmarktfonds mit langfristig renditestarken Aktienfonds gemischt. Je nach Börsenlage wird das Geld im »Topf« vom Vermögensverwalter umgeschichtet. So werden zum Beispiel in einer Hochzeit der Börse Aktien verkauft, damit Kursgewinne mitge-

Auszahlplan mit Kapitalerhalt[1]

Gesamt-summe	Monatsrente (€) bei Wertsteigerung von 5 %	6 %	7 %	8 %
10 000	40	48	56	64
30 000	122	145	169	192
50 000	203	243	282	321
75 000	305	364	423	482
100 000	407	486	565	643

[1] So viel kann entnommen werden, ohne die Gesamtsumme anzugreifen.

Auszahlplan mit Kapitalverzehr[1]

Gesamt-summe	Entnahme-zeit (Jahre)	Monatsrente (€) bei Wertsteigerung 5%	6%	7%	8%
10 000	5	187	192	196	200
	10	105	110	115	119
	15	78	83	88	93
	20	65	70	76	81
50 000	5	562	575	587	600
	10	315	329	343	357
	15	235	250	265	280
	20	196	211	227	244
100 000	5	1874	1916	1958	2000
	10	1050	1096	1144	1190
	15	782	832	882	934

[1] So viel kann entnommen werden, wenn das Geld am Ende verbraucht ist.

nommen und mit dem Ertrag die Anlage in Geldmarktfonds aufgestockt. Dies schaffen Laien meist nicht allein, obwohl sie als Rentner Zeit haben, täglich die Kapitalmärkte zu beobachten. Lassen Sie sich von einem Anlageberater Tipps geben, wer dies für Ihr Vermögen übernehmen könnte.

Wo es gute Beratung zu Geldanlagen gibt

Bevor Sie sich für eine bestimmte Anlage entscheiden, sollten Sie sich bei einer Bank Ihres Vertrauens und der örtlichen Verbraucherzentrale beraten lassen und anschließend bei mehreren Banken Angebote einholen – oder Ihre im Alltag erfolgreichen Anlageformen fortsetzen. Nicht jede Bank kann bei jeder Anlageform das günstigste Angebot haben. Zwar erwecken die angestellten Geldanlageberater gern diesen Eindruck, doch das macht eben einen gut geschulten Verkäufer aus: Letzten Endes wird Gehalt und Karriere des Beraters daran gemessen, ob er genügend Anlageprodukte des eigenen Hauses und der mit seiner Bank unternehmerisch verbundenen Bausparkasse, Versicherung oder Immobilienfirma verkauft hat. Dem ordnet sich die Beratung unter, die nicht unabhängig von den Interessen des Hauses sein kann.
Schon häufig hat die Stiftung Warentest Fehler bei der Anlageberatung moniert. Nur selten findet sich ein Berater, der sich auf die persönliche Situation des Kunden einstellt. Oft würden wichtige Daten wie Einkommen und Vermögen nicht erfasst und nach Anlagezielen erst gar nicht gefragt werden, hielten die Verbraucherschützer den Bankprofis den Spiegel vor. Die große Mehrheit der Kunden wird nur noch mit Standardprodukten wie Festgeld, Sparbrief, Bausparen und hauseigenen Anleihen abgespeist.

Tipp: Lassen Sie sich auf keine Anlageberatung ein, bei der Sie hinterher kein schriftliches Protokoll erhalten. Nur mit Beratungsprotokoll ist die Qualität der Beratung ablesbar und sind Fehler zu Ihren Lasten beweisbar (→ Seite 153).

Erst ab 50 000 Euro Vermögen, mitunter auch erst 175 000 Euro, gelten Anleger als vermögende Kunden. Dann gibt es umfassende und intensive Betreuung durch gut ausgebildete Spezialisten.

Gute Finanzberater außerhalb der Banken haben für den Anleger einen großen Vorteil: Sie sind meist nicht nur auf Produkte eines Geldhauses beschränkt, sondern können firmenunabhängig aus der Vielzahl von Angeboten das für den Kunden wirklich günstigste herausfiltern. Typisches Beispiel sind Fondsshops, in denen unabhängige Vermittler Investmentfonds vieler verschiedener Gesellschaften anbieten. Die kostenlose Beratung ist zumeist deutlich besser als bei Banken, da nicht nur die beschränkte Auswahl einer einzigen Bankgruppe verkauft werden muss. Leider gehen Beratung und Verkauf auch außerhalb der Banken bunt durcheinander – sehr zum Schaden der Anleger. Vertriebe leben von der Provision, nicht von der Qualität der Ratschläge. Damit bieten sie unterm Strich im Zweifel immer die Produkte, die ihnen den höchsten Lohn bringen, nicht aber unbedingt dem Kunden den höchsten Nutzen. Aus diesem Teufelskreis kommt der Verbraucher nur schwer heraus – auch weil er es nicht gewohnt ist, für Beratung zu bezahlen. Zwar ist Beratungsaufwand längst in die Produkte einkalkuliert, doch sagt dies dem Kunden niemand. Niemand soll glauben, dass er Beratung wirklich gratis erhält. Tatsächlich unabhängige Beratung gibt es insbesondere bei der Verbraucherzentrale und bei Honorarberatern.

Die Verbraucherzentralen unterhalten bundesweit rund 350 Verbraucherberatungsstellen. Dort wird eine Spar- und Geldanlageberatung geboten. Empfehlungen zur ewigen Frage »Wie lege ich mein Geld an?« werden ebenso angeboten wie Hilfe bei konkreten Problemen. In erster Linie sind die Gespräche als

Hilfe zur Selbsthilfe gedacht. In hartnäckigen Fällen versucht die Verbraucherzentrale eine außergerichtliche Klärung zu erreichen, zum Beispiel mit Abmahnungen und Warnungen vor Betrügern. Anlageberatung kostet je nach Region unterschiedlich viel Geld. In einigen Städten sind es 10 bis 40 Euro für persönliche Beratung; telefonische Beratung kostet häufig 1,86 Euro Gebühren pro Minute, schriftliche Beratung 10 bis 20 Euro (per E-Mail oft 10 Euro). Geboten werden zunehmend auch Seminare, etwa zur Altersvorsorge oder zur Geldanlage (Kosten in NRW: 40 Euro). Grundsätzlich gilt: Seien Sie in Geldangelegenheiten nicht vertrauensselig. Verlangen Sie klare Informationen und Referenzen. Lassen Sie sich immer Bedenkzeit geben, und unterschreiben Sie keinesfalls Verträge beim ersten Gespräch. Es empfiehlt sich, die Papiere immer erst genau zu prüfen und sich gegebenenfalls noch weiter beraten zu lassen (insbesondere bei der Verbraucherzentrale). Prüfen Sie jeden Berater, der Ihr Geld mehren will, möglichst genau (→ Checkliste 13 auf Seite 283).

Ersparnisse sind nicht immer sicher

Bei der Bank ist das Ersparte wesentlich sicherer als auf dem sogenannten grauen Kapitalmarkt, vor allem angesichts der häufigen Firmenpleiten (→ Checkliste 14 auf Seite 284). Banken – ihnen gleichgestellt sind Kapitalanlagegesellschaften für Investmentfonds und Bausparkassen – können bei einem Zusammenbruch für die Einlagen der Sparer immerhin haftbar gemacht werden. Dafür sorgt ein sogenannter Einlagensicherungsfonds. Wer sich die Kreditinstitute nicht ganz genau anschaut, hat jedoch leicht das Nachsehen.

Den Durchblick erschweren unterschiedliche Sicherungssysteme:

▶ **Sparkassen:** Hier sind die Einlagen in voller Höhe abgesichert; es existieren regionale Sicherungssysteme zwischen den einzelnen Sparkassen.

▶ **Genossenschaftsbanken:** Hier sind die Einlagen ebenfalls zu 100 Prozent abgesichert. Dafür sorgt die bundesweite Sicherungseinrichtung beim Bundesverband der Deutschen Volksbanken und Raiffeisenbanken (Garantiefonds).

▶ **Privatbanken:** Der Einlagensicherungsfonds des Bundesverbandes Deutscher Banken garantiert, dass bei privaten Instituten jede Anlagesumme bis zu einer Höhe von 30 Prozent des haftenden Eigenkapitals abgesichert ist. Umgerechnet sind damit im Insolvenzfall mindestens 1,5 Millionen Euro pro Kunde absichert. Einzige Ausnahme: Lediglich Inhaberschuldverschreibungen von Privatbanken, also festverzinsliche Wertpapiere dieser Kreditinstitute, sind im Gegensatz zu Schuldverschreibungen von Sparkassen und Volksbanken nicht abgesichert.

Achtung: Nicht jede Privatbank ist dem freiwilligen Sicherungsfonds angeschlossen. In diesen Fällen gilt die gesetzliche Einlagensicherung: Per Gesetz sind 90 Prozent der Einlagen, höchstens 20 000 Euro pro Kunde, im Insolvenzfall der Bank vor Verlust geschützt. Zehn Prozent des Schadens würden bei einer Pleite aber zulasten des Anlegers gehen. Einige EU-Länder garantieren per Gesetz einen etwas höheren Schutz (→ Tabelle Seite 155). Das hat positive Wirkung auch für die Einlagensicherung von Zweigstellen mehrerer ausländischer Banken in Deutschland. Beispiel Niederlande: Dort sichert der gesetzliche Einlagensicherungsfonds 20 000 Euro ab und fordert – anders als das deutsche Gesetz – keinen Selbstbehalt

Einlagensicherung in der EU

Land	Höchstbetrag[1] (in Euro)
Italien	103 000
Frankreich	70 000
Dänemark	40 000
Portugal	25 000
Finnland	25 000
Schweden	25 000
Großbritannien	22 000[2]
Belgien	20 000
Deutschland	20 000[3]
Griechenland	20 000
Irland	20 000[3]
Luxemburg	20 000
Niederlande	20 000
Österreich	20 000
Spanien	20 000

[1] Mitunter wird besserer Schutz geboten als per EU-Richtlinie gefordert.
[2] 90 Prozent der Einlage, maximal 20 000 britische Pfund (auf den Kanalinseln Guernsey und Jersey gilt keine Einlagensicherung)
[3] 90 Prozent der Einlage, maximal 20 000 Euro

Quelle: Bundesbank

des Kunden im Pleitefall der Bank. Dieser leichte Vorzug kommt auch den Kunden der Geldhäuser zugute, die in Deutschland tätig sind, etwa Finansbank, UGBI Bank oder Demir Halk Bank.

Einige ausländische Banken sind dem Einlagensicherungsfonds des Bundesverbandes Deutscher Banken beigetreten, der Ersparnisse von mindestens 1,5 Millionen Euro pro Kunde absichert – außer Inhaberschuldverschreibungen der Banken selbst. Dazu gehören unter anderem die niederländische ABN Amro

Bank, die spanische Banco Santander Central Hispano oder die dänische Den Danske Bank.

Banken, die aus Nicht-EU-Ländern stammen und sich in Deutschland niederlassen wollen, brauchen dazu eine Genehmigung der Finanzaufsicht und sind dann automatisch der gesetzlichen Einlagensicherung in Deutschland angeschlossen. Die Konsequenz ist: Im Pleitefall der Bank werden bis zu 20 000 Euro ersetzt, abzüglich 10 Prozent Selbstbehalt. Aufpassen sollten alle diejenigen, die Auslandskonten favorisieren: Ersparnisse auf Banken der zu Großbritannien gehörigen Kanalinseln Guernsey und Jersey sind bei Insolvenz nicht abgesichert.

Vorsorge für die Enkel

Vielfach tauchen Kinder in der Vermögensbilanz nur als Haben-Position auf (Kindergeld). In Wirklichkeit ist es natürlich umgekehrt: Sie kosten bis zum Abschluss der Ausbildung ein Vermögen. Das Kindergeld muss üblicherweise völlig für den Alltag mit verbraucht werden. Wer es sich jedoch leisten kann, das Kindergeld von Geburt an beiseitezulegen, kann den Grundstock für solide finanzielle Verhältnisse des Kindes schaffen. Diese Rolle dürfte den Großeltern finanziell leichterfallen als den Eltern.

Nahezu automatisch denken viele da an Ausbildungsversicherungen. Solche Lebensversicherungen, die auf einen fixen Termin abgeschlossen werden, locken traditionell mit steuerfreier Auszahlung. Damit ist es für Neuabschlüsse seit 2005 vorbei, wenn die Auszahlung vor dem 60. Geburtstag des Versicherungsnehmers endet. Nun sind alle Erträge (ab 60 nur die Hälfte) zu versteuern. Damit entfällt die Ausbildungsversicherung für viele Eltern unter 40, die die Ausbildung ihrer Kinder absichern wollen, weil das Geld bei Auszahlung vor dem 60. Geburtstag der Mutter oder des Vaters voll versteuert werden müsste. Doch da sind ja noch die Großeltern, die als Versicherungsnehmer einspringen können. Aber die Älteren werden nicht überall angenommen (bei manchen nur bis 60) oder verteuern den Schutz unnötig: Wegen des höheren Alters und meist schlechterer Gesundheit zahlen Oma und Opa für den gleichen Schutz deutlich mehr als Mutter und Vater. Das schmälert den Ertrag an der Stelle, wo er am meisten gebraucht wird – beim Nachwuchs.

Eltern oder Großeltern ab 50 tun dem Nachwuchs einen größeren Gefallen, wenn ein mittelfristig sicheres und gut verfügbares Kapital gebildet wird. Dazu eignen sich Versicherungen nicht, jedoch Sparpläne bei Banken und Fondsgesellschaften. Selbst mit Bundesschatzbriefen sind inzwischen Sparpläne ab 52 Euro pro Monat möglich (Rendite: 4,05 Prozent; Stand: Mai 2007). Das klappt sogar bei der altehrwürdigen und kostengünstigen Bundesschuldenverwaltung (heißt inzwischen: Finanzagentur) per Onlinekonto. Das Antragsformular zur Kontoeröffnung gibt es auch online (www.deutsche-finanzagentur.de).

Kleines Einmaleins des Verbraucherrechts

Beim Einkauf sollte man in jedem Fall zunächst einmal den Kassenzettel aufheben. Nur so lassen sich Käuferrechte bei der Reklamation wirklich durchsetzen. Ohne die Kaufquittung ist man auf die Kulanz, also den guten Willen, des Händlers angewiesen. Worauf Sie des Weiteren achten müssen und welche Rechte Sie haben, erfahren Sie auf den folgenden Seiten.

Ärger beim Einkauf – vom Internet bis zur Kaffeefahrt

Neukauf: Wer etwas Neues kauft, kann sicher sein, dass der Verkäufer für einwandfreie Qualität haften muss (Gewährleistung). Bei etwaigen Mängeln haben Sie das gesetzlich verbriefte Recht, die fehlerhafte Ware zurückzugeben und den vollen Preis erstattet zu bekommen (sogenannte Wandelung), einen angemessenen Preisnachlass zu verlangen (sogenannte Minderung) oder bei Serienartikeln die Ware umzutauschen. Meist behält sich der Verkäufer in seinen allgemeinen Geschäftsbedingungen vor, den Mangel durch Reparatur zum Nulltarif zu beseitigen (Nachbesserung). Grundsätzlich sollte der Kunde höchstens zwei (kostenlose) Nachbesserungsversuche in angemessener Frist von höchstens 14 Tagen akzeptieren und danach Gewährleistung fordern. Je nach Eigeninteresse kann er also vom Kauf zurücktreten, Rabatt verlangen oder einen neuen Artikel verlangen (→ Musterbrief 16 auf Seite 315). Häufig werden größere Artikel wie Waschmaschinen, Fernseher oder Möbel frei Haus geliefert.

Mitunter kommt die Ware pünktlich, aber beschädigt an. Dann haftet ab dem Zeitpunkt der Übergabe wieder der Verkäufer. Sie können entweder Gewährleistung verlangen oder – bei offensichtlichen Mängeln – sogar die Annahme verweigern. Wer bei augenscheinlichen Fehlern die Lieferung annimmt, sollte dies nur unter Vorbehalt tun, also auf dem Lieferschein den Mangel vermerken und am besten gleich einen Brief mit Gewährleistungsforderungen ankündigen (→ Musterbrief 17 auf Seite 316). Zudem ist es zweckmäßig, mit der Bezahlung zu warten, bis Sie fehlerfreie Ware erhalten haben.

Anspruch auf Mängelhaftung fehlerhafter Produkte hat der Käufer nicht ewig. Der Verkäufer haftet für eine mängelfreie Ware (Mängelhaftung; früher: Gewährleistung) zwei Jahre lang, wobei für gebrauchte Sachen die Verkürzung auf ein Jahr vertraglich vereinbart werden kann. Bis 2002 gab es für neue und gebrauchte Waren nur sechs Monate Mängelhaftung.

Tritt nach der Mängelhaftungsfrist, aber noch in der vom Hersteller freiwillig eingeräumten Garantiezeit – häufig zusätzlich sechs Monate –, ein Fehler auf, so sollten Sie sich unverzüglich mit dem Hersteller in Verbindung setzen. Der muss meist nur das defekte Teil kostenlos reparieren; der Kunde bleibt auf den Kosten für Material und Anfahrt sitzen. Immerhin spart er in der Garantiezeit den teuersten Posten: den Handwerkerlohn. Garantie ist also ein zusätzliches freiwilliges Versprechen des Herstellers, das sich oft auf bestimmte Eigenschaften beschränkt. Etwa bei Autos kommt es immer öfter vor, dass die Hersteller zehn Jahre Garantie gegen Durchrostung bieten.

Taucht der erste Mangel kurz nach Ablauf der Garantiezeit auf, können Sie den Hersteller nur noch um Kulanz bitten. Dann übernimmt er einen Teil der Reparaturkosten, häufig 80 Prozent. Dies schaffen Sie umso eher, je freundlicher Sie das Anliegen vortragen. Denn ein Recht auf kostenlose Reparatur gibt es nach Ablauf der Garantiezeit nicht mehr (→ Musterbrief 18 auf Seite 317).

Gebrauchtkauf: Auch hier gilt eine Frist von zwei Jahren für die Mängelhaftung. Werden gebrauchte Waren gewerblich verkauft (z. B. von Gebrauchtwagenhändlern), kann die Mängelhaftung vom Verkäufer in den AGB auf ein Jahr reduziert werden. Stellen Sie nach dem Kauf aber fest, dass zugesicherte Eigenschaften fehlen, sollten Sie umgehend reklamieren (→ Musterbrief 19 auf Seite 318). Übrigens: Unter Privatleuten kann die Mängelhaftung sogar ganz ausgeschlossen werden. Tut man das nicht, dann gilt die zweijährige Verjährung wie bei neuen Waren auch. Daher ist es wichtig, einen solchen Ausschluss unbedingt vertraglich zu vereinbaren, wenn Sie eine gebrauchte Sache verkaufen oder versteigern (z. B. bei eBay).

Versandhandel: Da haben Käufer sogar zusätzliche Rechte. Neben Mängelhaftung und Garantie gibt es ein Widerrufsrecht, wenn Sie per Telefon, Fax, SMS, Postkarte oder E-Mail bestellen. Sie dürfen das Geschäft binnen 14 Tagen nach Erhalt der Ware platzen lassen. Schicken Sie die Ware einfach zurück. Ein schriftlicher Widerruf ist ratsam, aber nicht zwingend (→ Musterbrief 20 auf Seite 319). Dieses Widerrufsrecht gilt allerdings nur bei Händlern, die regelmäßig im Fernabsatz verkaufen. Wenn der Metzger Ihre Bestellung einmal telefonisch annimmt, sonst aber nur im Geschäft verkauft, entfällt das Widerrufsrecht. Es entfällt auch bei Software, Audio- und Videodatenträgern, die vom Kunden bereits entsiegelt worden sind. Übrigens: Hat der Händler Sie nicht klar über die Fernabsatzregeln informiert, können Sie dennoch wi-

derrufen: Dann beginnt die Zweiwochenfrist für den Widerruf sogar erst, wenn er die Information nachgeholt hat. Informiert er Sie nicht, können Sie bis zu einem halben Jahr lang widerrufen. Gibt es Streit darüber, ob der Händler Sie ordentlich über das Widerrufsrecht belehrt hat, trägt er die Beweislast.
Achtung: Für Ware, die nach Kundenwunsch hergestellt wird, gibt es eigentlich kein Widerrufsrecht. Das betrifft zum Beispiel Computer der Firma DELL, die man sich auf der Homepage selbst zusammenstellt. Doch der Bundesgerichtshof (BGH) hat Verbrauchern auch hier geholfen und ein Widerrufsrecht bei PCs bejaht. Die Begründung: Computerteile können leicht wieder voneinander getrennt werden (Az.: VIII ZR 295/01). Doch was ist mit den Rücksendekosten? Schicken Sie die Ware einfach »unfrei« zurück (Porto zahlt Empfänger). Der Verkäufer muss die Rücksendungskosten zahlen, so steht es im Gesetz. Voraussetzung: Die Ware kostet mehr als 40 Euro, und der Kunde hat bereits einen Teil des Preises bezahlt. Der BGH hat entschieden, dass Kunden nach einem Widerruf so gestellt werden müssen, als ob sie nie bestellt hätten.
Übrigens: Für Schäden oder Verlust auf dem Transport haftet der Onlinehändler – selbst wenn er nachweisen kann, die Ware intakt an das Transportunternehmen übergeben zu haben. Der Verbraucher kann einfach eine neue Lieferung fordern (gilt nicht beim Verkauf durch Privatleute). Von privat an privat gilt: Der Verkäufer ist zumindest dann aus der Haftung, wenn er einen Einlieferungsbeleg vorweisen kann. Er muss es dem Käufer aber ermöglichen, Schadensersatz vom Transportunternehmen zu verlangen.
Beim Einkauf am Fernseher (Teleshopping genannt) sind nicht alle TV-Anbieter bereit, das uneingeschränkte 14-tägige Rückgaberecht einzuräumen. Die praktischen Zahlungsbedingungen lassen häufig zu

wünschen übrig. So wird manchem Teleshopper oder Internetkäufer bei der ersten Bestellung nur die Bezahlung per Nachnahme angeboten. Wollen Sie die Sachen dann zurückgeben, wird zwar meist der Kaufpreis erstattet, auf Versandspesen und Nachnahmegebühr bleiben Sie aber sitzen. Ausweg: Bestellen Sie nur dann, wenn ein uneingeschränktes Rückgaberecht vorgesehen ist, und lassen Sie nur gegen Rechnung (Bezahlung innerhalb von 14 Tagen) liefern. Im Falle von Reklamationen beachten Sie bitte den Musterbrief 21 auf Seite 320.

Großer Beliebtheit erfreut sich inzwischen die Onlineversteigerung bei eBay-Händlern (Werbung: »... drei, ... zwei, ... eins – meins!«). Sie haben ein Widerrufsrecht nur dann, wenn Sie per Onlineauktion bei Profihändlern kaufen (nicht bei Privatverbrauchern). Die Profihändler erkennt man bei eBay am hohen Umsatz. Indiz kann auch die eBay-Einstufung des Verkäufers als »Powerseller« sein. Da die Fernabsatzbestimmungen bei Angeboten von privat nicht gelten (auch nicht bei Händlern, die keinen regelmäßigen Versandhan-

---

Diese Auskünfte können Sie vor der Onlinebestellung verlangen

➤ Name und Anschrift (Wohnort, Straße) des Händlers (Postfach genügt nicht)
➤ Wesentliche Eigenschaften der Ware
➤ Den genauen Ablauf der Bestellung
➤ Zeitpunkt, an dem der Vertrag zustande kommt (z. B. bei Eingang der Bestellung oder bei Lieferung)
➤ Endpreis mit Steuern sowie Zusatzkosten
➤ Zahlungs- und Lieferbedingungen
➤ Hinweis auf das Widerrufs- oder Rückgaberecht

del betreiben), ist gute Information vorab erste Bürgerpflicht. Denn: Ersteigert man von einer Privatperson, gibt es kein Widerrufsrecht, sagt der BGH (Az.: VIII ZR 375/03). Zur Information sind die Anbieter umfassend verpflichtet.

Soll der Vertrag online geschlossen werden, müssen Sie unverzüglich nach der Bestellung eine elektronische Bestätigung erhalten, dass Ihre Bestellung eingegangen ist. Der Vertrag kommt erst zustande, wenn der Händler das Angebot annimmt. Er muss die Bestellangaben dann nochmals detailliert in Textform bestätigen (kann auch erst bei Lieferung passieren).

Die meisten Anbieter in Auktionsplattformen sind sicherlich seriös. In der Regel verläuft die Bezahlung so, dass der Bieter nach Erhalt des Zuschlages zur Bezahlung aufgefordert wird. Gerade bei größeren Beträgen ist jedoch dringend angeraten, die Identität des Anbieters vor Bezahlung zu prüfen. Dazu sollten Sie sich die »Bewertung« des Anbieters im Internet genau ansehen. Denn nach jeder Versteigerung stellen sich Käufer und Verkäufer eine gegenseitige Beurteilung aus. Potenzielle Bieter können also bei jedem Anbieter nachlesen, welche Bewertungen er bislang erhalten hat. Eine Vielzahl günstiger Bewertungen dürfte ein positives Indiz sein. Wer ganz sichergehen will, sollte den kostenpflichtigen Treuhandservice der Auktionsplattform nutzen. Hierbei wird der Kaufpreis auf ein Konto des Onlineauktionators überwiesen und erst an den Anbieter ausgezahlt, wenn der Käufer das Produkt erhalten und geprüft hat.

Haustürgeschäft: Auch an der Haustür wird verkauft. Sollten Sie ein solches Geschäft an der Haustür bereuen, haben Sie ein befristetes Widerrufsrecht von 14 Tagen, gerechnet ab Vertragsabschluss. Der Widerruf muss schriftlich erfolgen, eine Begründung ist nicht erforderlich (→ Musterbrief 22 auf Seite 321). Zu den Pflichten des Verkäufers gehört es, Sie über das Widerrufsrecht gesondert zum Vertrag schriftlich aufzuklären, dies von Ihnen unterschreiben zu lassen, seinen Namen und die Anschrift anzugeben. Tut er dies nicht, so erlischt das Widerrufsrecht erst einen Monat nachdem beide Seiten ihre Leistung erbracht haben, also der Verkäufer geliefert und der Kunde bezahlt hat. Im Zweifelsfall verlängert es sich, bis der Verkäufer die Information zum Widerruf nachliefert. Ohne Widerrufsbelehrung kann der Kunde die Ware zurückgeben und sein Geld zurückfordern.

Doch nicht jeder Kauf außerhalb eines Ladens gilt als Haustürgeschäft. Widerruf ist nur möglich, wenn der Vertrag geschlossen wurde:

➤ im Bereich der Privatwohnung (inklusive Haustür)
➤ am eigenen Arbeitsplatz (bei Selbstständigen kein Widerruf!)
➤ anlässlich einer Kaffeefahrt oder einer ähnlichen Veranstaltung
➤ durch Ansprechen in Verkehrsmitteln, auf öffentlichen Straßen, Plätzen und Wegen sowie in öffentlichen Gebäuden

Aber selbst in diesen Bereichen ist der Widerruf nicht immer möglich. Keine Chance dazu besteht, wenn Sie selbst den Vertreter ausdrücklich zu sich bestellt hatten oder der Wert des Geschäfts unter 40 Euro bleibt und es sofort erledigt wurde (Kauf und Bezahlung).

Tricks von Handwerkern erfolgreich begegnen

Für Mängel bei Handwerk und Dienstleistungen gilt im übertragenen Sinne dasselbe wie beim Kauf. Allerdings handelt es sich hier um Werkverträge mit modifizierten Gewährleistungsansprüchen (siehe unten). Bei Mängeln gilt also: Der Anspruch auf Gewährleistung verjährt zwei Jahre nach der Abnahme des Auftrages (früher: nur 6 Monate), bei Arbeiten an Grundstücken nach einem Jahr, bei Arbeiten an Bauwerken nach fünf Jahren (§ 634a BGB). Wichtig: Manche Bauhandwerker wollen die gesetzliche 5-Jahres-Frist häufig dadurch unterlaufen, indem sie im Kleingedruckten »Gewährleistung nach VOB« einräumen. Darauf muss sich jedoch kein Kunde einlassen. Er sollte gerade bei größeren Arbeiten am oder im Haus grundsätzlich auf längere Verjährungsfrist für Mängel bestehen, die jedoch nur für die Handwerkerarbeiten selbst gilt und nicht für die Aggregate, die der Handwerker einbaut, aber nicht selbst hergestellt hat.

Aufwendige Reparaturen sollten Sie nicht an die erstbeste Firma vergeben. Die Preisunterschiede für gleiche Leistungen sind unglaublich. Machen Sie sich den Preiswettbewerb zunutze, und holen Sie wenigstens drei Angebote ein, die zugleich einen Kostenvoranschlag enthalten. Damit setzen Sie der Firma schon

Gewährleistungsfristen im Werkvertrag

Betreff	Gewährleistungsfrist
Herstellung, Wartung, Änderung einer beweglichen Sache sowie Planungs- oder Überwachungsleistungen, z. B. Anfertigung eines Schrankes, Instandsetzung eines Autos, Reparatur eines Fernsehers	2 Jahre ab Abnahme
Arbeiten, Planungs- und Überwachungsleistungen von Arbeiten an einem Bauwerk	5 Jahre ab Abnahme
Frist bei arglistigem Verschweigen für Arbeiten an Bauwerken	5 Jahre ab Abnahme

einen klar umrissenen Rahmen für die erwartete Leistung. Wenn dann Angebote eingehen, fragen Sie in groben Zügen bei technischen Unterschieden nach. Und lassen Sie sich Sammelpositionen wie »Nebenkostenpauschale« erklären. Bestehen Sie auf einer Kostenobergrenze (Bruttopreis inklusive Mehrwertsteuer). Erst dann vergeben Sie den Auftrag.
Kostenvoranschläge sind grundsätzlich kostenlos. Verschiedene Gerichte haben anderslautende Klauseln im Kleingedruckten der Handwerksfirmen für unwirksam erklärt. Etwas anderes gilt nur dann, wenn vorher ausdrücklich eine Vergütung vereinbart wird. Fragen Sie im Zweifelsfall bei der Handwerkerinnung nach, ob es üblich ist, für den Voranschlag Geld zu verlangen. Mit dem Kostenvoranschlag ist die Firma eng an ihre Kostenvorgabe gebunden. Erlaubt ist allerdings eine unwesentliche Überschreitung – höchstens 10 bis 15 Prozent. Wer als Kunde ganz sichergehen will, vereinbart einen Fest- oder Höchstpreis für die beauftragte Leistung. So hat er neben einem klaren Auftrag auch für die Kosten eine Höchstgrenze gesetzt, die ohne seine Zustimmung nicht überschritten werden darf (→ Musterbrief 23 auf Seite 322).
Wird es dem Kunden dann zu teuer, so kann er den Werkvertrag kündigen; der Handwerker erhält dann nur für bereits erbrachte Leistungen Geld. Wer sich dagegen auf die weitverbreitete Vergütung auf Stundenlohnbasis einlässt, muss damit rechnen, dass jede Verzögerung zu eigenen Lasten geht und die Reparatur verteuert. Verzögerungen mit Handwerkern braucht sich aber niemand gefallen zu lassen – nur bei höherer Gewalt oder Krankheit ist etwas Geduld angebracht. Wurde ein fester Endtermin ausgemacht, so ist die Firma automatisch im Verzug. Haken Sie am besten sofort telefonisch nach.

Zeigen sich bei der Abnahme des fertigen »Werkes« oder erst danach Mängel, fordern Sie umgehende Nachbesserung und bezahlen Sie vorher keinen Cent (→ Musterbrief 24 auf Seite 323). Tritt der Mangel erst danach zutage, liegt die Beweislast beim Kunden: Sie müssen vor Ablauf der Verjährungsfrist Nachbesserung oder Rückvergütung verlangen.

Fallen Sie bei der Rechnung aus allen Wolken, so sollte erst einmal in Ruhe nachgerechnet werden. War ein Festpreis vereinbart, doch ist die Preisobergrenze in der Rechnung überschritten worden, so sollten Sie den Betrag reklamieren und auf einer korrigierten Rechnung bestehen (→ Musterbrief 25 auf Seite 324). War lediglich ein Kostenvoranschlag vereinbart, so müssen Sie eine Kostenüberschreitung von höchstens 10 bis 15 Prozent hinnehmen, falls dies konkret begründet und aufgeschlüsselt wird.

Werden Sie sich mit den Handwerkern nicht einig, bleibt Ihnen der Versuch gütlicher Einigung vor der zuständigen Schlichtungsstelle. Die gibt es bei der Handwerkskammer; dem Schiedsspruch Ihres Einzelfalles folgt die betreffende Handwerksfirma in aller Regel (→ Musterbrief 26 auf Seite 325). Wichtig bei einer Handwerkerrechnung kann jedes Detail sein.

Wichtig: Haben Sie im Branchenfernsprechbuch den Notdienst unter der örtlichen Nummer erreicht, dürfen Sie davon ausgehen, dass sich die Firma auch am Ort befindet. War es dann nur ein örtliches Annahme-

---

Tipp: Bei offensichtlich überhöhten Rechnungen des Schlüsseldienstes sollte man allenfalls eine Anzahlung machen und die Rechnung bei der Verbraucherzentrale, der Handwerkskammer oder einem anderen Schlüsseldienst überprüfen lassen.

Worauf bei Handwerkerrechnungen geachtet werden sollte

➤ Suchen Sie Firmen in der Nähe aus.
➤ Fahrt- und Wegezeiten dürfen in Rechnung gestellt werden, aber nicht wie Arbeitszeit. Üblich sind 10 Prozent unter dem Stundenlohn.
➤ Rüstzeiten (Beladen des Fahrzeugs vor Arbeitsbeginn) sind laut Handwerkerinnung bereits in der Kalkulation des Stundensatzes berücksichtigt und dürfen nicht extra in Rechnung gestellt werden.
➤ Andere Nebenkosten wie Schreibgebühren, Verwaltungskosten oder Kosten für Kleinteile werden häufig zum Zankapfel. Ausweg: Festpreis.
➤ Nicht jede angebrochene halbe Stunde darf wie eine volle Stunde berechnet werden. Für Auszubildende ist nur zwischen 45 und 75 Prozent des Tarifstundenlohns zu zahlen. Fehlt ein Ersatzteil oder Werkzeug, geht diese Zeit voll zulasten des Handwerkers. Der Kunde muss dabei nicht zahlen.
➤ Wird der Schaden nur provisorisch oder gar nicht behoben, darf keine Rechnung gestellt werden. Werklohn muss nur nach erfolgreichem Abschluss bezahlt werden. Ausnahme: Sie haben vereinbart, dass der Monteur ein Gerät »nur mal überprüfen« soll.
➤ Ist eine Nachbesserung nötig, so ist die für den Kunden immer kostenlos, vom Ersatzteil über Arbeitszeit bis zu den Fahrtkosten.
➤ Ein Notdienst (z. B. ein Schlüsseldienst) kann teurer kalkulieren als Handwerkerfirmen mit normaler Arbeitszeit. Der Kunde muss also Zuschlag zahlen. Der darf aber nur auf die Lohnkosten bezogen sein. Achten Sie darauf, und fragen Sie im Zweifel bei der Handwerkerinnung nach dem Tarifstundenlohn.

büro, und die Handwerker kommen von außerhalb, brauchen Sie nur die Kosten für An- und Abfahrt innerhalb der Ortsgrenzen zu zahlen. Besonders häufig werden von älteren Leuten Notdienste gerufen, um Türen zu öffnen. Wer den erstbesten Schlüsseldienst bestellt, läuft Gefahr, eine unangemessen hohe Rechnung zu zahlen. Möglich machen dies ausgeklügelte Tarife und Zusatzleistungen, die eigentlich völlig unnötig sind, aber vom Kunden nicht als solche erkannt werden.

Was bei gelegentlichen Jobs finanziell zu beachten ist

Wer schon vor 65 volle Altersrente bekommt, muss bei dem Wunsch nach einem gelegentlichen Job neben der Rente aufpassen! Ungestraft darf man höchstens 350 Euro hinzuverdienen. Ist die Arbeit einträglicher, so wird die volle Rente gekürzt: Je nach Arbeitseinkommen werden dann nur ein Drittel, die Hälfte oder zwei Drittel der vollen Rente ausgezahlt; der Rest verfällt (→ Seite 44). Ab 65 können Sie dann unbegrenzt hinzuverdienen und bekommen dennoch die volle Altersrente. Es wird jedoch einkommensabhängig Lohnsteuer fällig, für Kassenpatienten darüber hinaus Beiträge zur gesetzlichen Kranken- und Pflegeversicherung.

Auch wer vorher schon erwerbsgemindert (oder berufsunfähig) ist und deswegen gesetzliche Rente erhält, darf nicht ungestraft hinzuverdienen: Erlaubt sind höchstens 350 Euro pro Monat. Ist die Arbeit einträglicher, so wird sofort die volle Rente verringert. Die folgende Tabelle zeigt Ihnen die ungefähren Einkommensgrenzen, bei denen Hinzuverdienst die Rente nicht schmälert.

So viel dürfen Rentner mit Erwerbsminderung dazuverdienen[1]

Höhe der Rente	Erlaubter Bruttohinzuverdienst bis ... € bei		
	Teilerwerbsminderung	Vollerwerbsminderung	Berufsunfähigkeit[2]
Alte Bundesländer			
volle Rente	1623	–	1372
3/4-Rente	–	1223	–
2/3-Rente	–	–	1829
1/2-Rente	2022	1623	–
1/3-Rente	–	–	2286
1/4-Rente	–	2022	–
Neue Bundesländer			
volle Rente	1426	–	1206
3/4-Rente	–	1075	–
2/3-Rente	–	–	1608
1/2-Rente	1778	1426	–
1/3-Rente	–	–	2010
1/4-Rente	–	1778	–

[1] Grenzen gelten nur bis zum 65. Geburtstag (künftig bis 67); Angaben für Durchschnittsverdiener (2450 € brutto pro Monat)
[2] gilt für altes Recht (bis Ende 2000) und damit für Jahrgänge bis 1960

Quelle: DRV Bund 2007

Bei Witwen und Waisen wird eigenes Einkommen ab bestimmten Grenzen ebenfalls auf die Hinterbliebenenrente angerechnet (→ Seite 254–258).

Wer langsam aus der Berufstätigkeit in den Ruhestand gleiten will, denkt über die zunehmend eingeschränkten Möglichkeiten von Altersteilzeitarbeit oder Teilzeitarbeit (ohne Vergünstigungen) nach. Normale Teilzeitarbeit lohnt für Besserverdiener allenfalls als Viertagewoche oder Jobsharing zur Einarbeitung von Nachfolgern; dies wird in der Praxis aber kaum geboten. Hier ist gutes Verhandlungsgeschick gefordert.

Beispiel: Sie arbeiten beim Jobsharing anfangs 40 Prozent weniger, verlangen aber maximal 20 Prozent Gehaltskürzung, weil Sie über die üblichen Aufgaben hinaus auch Ihren Nachfolger einarbeiten. Günstig ist eine schriftliche Änderung des Arbeitsvertrages, in der auch die Fristen festgehalten sind – etwa bis zum endgültigen Ausstieg mit 68 Jahren.
Auch aus interessanten Freizeitbeschäftigungen kann sich durchaus der eine oder andere »Nebenjob« ergeben. Beispiel Ehrenamt: Hier ist eine Aufwandsentschädigung üblich. Somit lässt sich die Finanzplanung durch zusätzliches Einkommen entlasten, das während einer angenehmen Freizeitaktivität verdient wird. Klar ist: Nebeneinkommen oberhalb von Freibeträgen – beispielsweise als Übungsleiter – muss dem Finanzamt angegeben und entsprechend versteuert werden. So ist beim Ehrenamt eine Aufwandsentschädigung von 154 Euro pro Monat frei von Einkommensteuer (ab 2008 sind es wahrscheinlich 175 Euro). Bei Übungsleitern liegt der Freibetrag bei 1848 Euro pro Jahr (ab 2008 wahrscheinlich 2100 Euro). Noch viel stärker fallen gegebenenfalls Aufsichtsratstantiemen bei der Einkommensteuer ins Gewicht.
Wer wie viele Ältere vor der Altersrente arbeitslos wird, erhält Arbeitslosengeld I (ab 55: maximal 18 Monate). Finden Sie auch nach längerer Zeit keinen neuen Job, können Sie nach ALG I dann Arbeitslosengeld II (ALG II) beantragen. Ehe diese Sozialleistung

> **Tipp:** Lassen Sie sich vor jeder neuen Beschäftigung von Ihrem Steuerberater durchrechnen, welche finanziellen Effekte entstehen. Der persönliche Einkommensteuersatz wird bei Aushilfen und geringfügiger Beschäftigung nicht erhöht.

fließt, wird jedoch Ihre Bedürftigkeit geprüft. Im Zweifel müssen Teile des Vermögens verwertet werden. Grundsätzlich gelten Riester-Renten, Rürup-Renten und die betriebliche Altersversorgung als Schonvermögen, das Hilfsbedürftige nicht anzugreifen brauchen, um ALG II zu erhalten. Anders ist es bei sonstigem Vermögen: Generell gibt es hier einen allgemeinen Freibetrag von nur 150 Euro pro Lebensjahr und Person. Wenigstens 3100 Euro, höchstens aber 9750 Euro pro Kopf bleiben außer Betracht, bevor es ALG II gibt. Für Ältere (Jahrgang 1947 und älter) gilt ein höherer Freibetrag von 520 Euro pro Lebensjahr (Obergrenze: 33 800 Euro).

Das restliche Vermögen muss verbraucht werden, sofern es nicht der Altersvorsorge dient. Doch für die private Altersvorsorge gibt es einen gesonderten Freibetrag: Zusätzlich gelten hier 250 Euro pro Lebensjahr und Kopf – höchstens bis zu 16 250 Euro – als Schonvermögen, das nicht verbraucht werden muss (Vorsorgefreibetrag).

Bleibt nach Abzug aller Freibeträge noch verwertbares Vermögen übrig, gibt es ALG II oder Sozialhilfe erst dann, wenn dieses Vermögen verbraucht ist – also Eigenheim oder Lebensversicherung verkauft und das Geld aus dem Erlös verbraucht ist. Die vorzeitige Verwertung kann unterbleiben, wenn eine besondere Härte vorliegt.

Nach Auskunft der Bundesagentur für Arbeit liegt eine besondere Härte vor, wenn ein Betroffener durch die Kündigung mehr als zehn Prozent Verlust gegenüber den Einzahlungen machen würde.

Übrigens: Wer zum ALG II noch etwas hinzuverdienen will, hat harte Einkommensgrenzen zu beachten. 100 Euro Nebeneinkommen pro Monat sind generell anrechnungsfrei. Für höhere Einkommen gelten zusätzliche prozentuale Freibeträge:

➤ Bis 800 Euro (brutto) sind 20 Prozent des 100 Euro übersteigenden Einkommens anrechnungsfrei.
➤ Über 800 Euro sind zusätzlich noch mal 10 Prozent anrechnungsfrei (Höchstgrenze für Freibeträge liegt bei 1200 Euro Monatseinkommen).
➤ Über 1200 Euro werden Freibeträge nur für Hilfebedürftige mit mindestens einem Kind eingeräumt (Obergrenze: 1500 Euro).
Darüber hinaus gibt es dann kein ALG II mehr.

Erfolgreich mit dem Vermieter streiten

Grund für Unstimmigkeiten rund um Wohnung und Miete gibt es viele. Ältere Leute sollten vor allem für folgende Situationen gewappnet sein:

Mietmängel: Für die volle Miete kann man eine fehlerfreie Wohnung erwarten. Ist etwas nicht in Ordnung, sollte der Vermieter eingeschaltet werden, um den Mangel zu beseitigen. Sie haben Anspruch auf Mängelbeseitigung in angemessener Zeit. Weigert er sich oder lässt er gar nichts von sich hören, sollten Sie ihn mahnen und zugleich Mietminderung androhen (→ Musterbrief 27 auf Seite 326). Passiert dann immer noch nichts, greifen Sie zur Selbsthilfe und beauftragen eine Fachfirma, die den Mangel beseitigt. Wenn dann alles in Ordnung ist, schicken Sie die Rechnung zusammen mit einer angemessenen Mietminderung

Tipp: Steht häufiger Ärger oder Streit ins Haus, empfiehlt sich die Mitgliedschaft in einem Mieterverein (Adresse → Seite 267) samt komplettem Rechtsschutz (Kosten: etwa 40 bis 80 Euro Beitrag im Jahr).

an den Vermieter. Falls der Vermieter sauer reagiert und Ihnen die Verrechnung der Kosten mit der laufenden Miete als Mietrückstand auslegt (also die fristlose Kündigung androht), sollten Sie allerdings schnell anwaltlichen Rat einholen. Rechtskundige Mieter könnten Ihrerseits mit einer Feststellungsklage offensiv gegen die fristlose Kündigung vorgehen. Damit gehen Sie der Kündigung vorerst aus dem Weg und geben dem Vermieter eine letzte Chance, die offenen Forderungen zu begleichen.

Haustiere: Zum Fallstrick kann der Wunsch nach einem Haustier werden. Kleintiere wie Wellensittich, Meerschweinchen oder Goldhamster kann jeder nach Gutdünken halten. Bei größeren Tieren wie Hund und Katze hat der Vermieter meist eine Vertragsklausel eingebaut, die seine vorherige Zustimmung erfordert. Wenn Sie sich einen Hund oder eine Katze anschaffen, ohne den Vermieter vorher um Erlaubnis gefragt zu haben, kann der Vermieter verlangen, dass das Tier wieder aus dem Haus kommt. Aber er darf Ihnen deswegen nicht kündigen.

Mieterhöhung: Bei Mieterhöhung durch Anpassung an die ortsübliche Vergleichsmiete können Sie der Preissteigerung nur entgehen, wenn sich der Vermieter Formfehler leistet und zum Beispiel nicht wenigstens ein Jahr seit der letzten Mieterhöhung gewartet hat. Auch wenn die Miete in den letzten drei Jahren um mehr als 20 Prozent gestiegen ist, wäre die neuerliche Forderung überhöht. Dann sollten Sie widersprechen (→ Musterbrief 28 auf Seite 327). Ist im Mietvertrag eine Staffelmiete vereinbart, so sind Stufen der Mieterhöhung im Voraus festgelegt, und zwar für mindestens 10 Jahre. Dabei muss wenigstens ein Jahr bis zur nächsten Mieterhöhung vergehen. Übrigens: Bei Staffelmietverträgen scheiden alle anderen Gründe zur Mieterhöhung aus (bis auf Erhöhung wegen gestiegener Betriebskosten).

Modernisierung: Will der Vermieter modernisieren, kann er hinterher 11 Prozent der Kosten auf die Jahresmiete draufschlagen. Allerdings braucht man sich nicht jede Mieterhöhung wegen Modernisierung gefallen zu lassen. Zwei Monate vor beabsichtigtem Beginn muss der Vermieter die Details (Arbeitsumfang, Beginn, Dauer, Mieterhöhung) schriftlich angekündigt haben. Sprechen gute Gründe dagegen, so sollten Sie der Ankündigung Ihres Vermieters widersprechen. Ist die Ankündigung fehlerhaft und enthält sie zum Beispiel Arbeiten, die nicht zur Modernisierung gerechnet werden dürfen (Reparaturen, Instandsetzung, Ersatz), sollten Sie eine Korrektur verlangen. Würde die Modernisierung sogar eine unzumutbare Härte darstellen, sollten Sie das im Widerspruch deutlich machen und die Arbeiten ganz ablehnen. Härtefälle sind zum Beispiel eine kleinere Wohnfläche als Folge der Modernisierung oder Heizungsmodernisierung im Winter (→ Musterbrief 29 auf Seite 328).
Treiben es die Handwerker bei der Modernisierung zu bunt, können Sie auf Mietminderung wegen Bauarbeiten pochen (Lärm und Staub) – vielfach haben Gerichte auf 20 bis 60 Prozent Mietminderung erkannt. Sind die Modernisierungsarbeiten glücklich beendet, muss meistens renoviert werden. Viele Vermieter sind der irrigen Meinung, das sei Sache des Mieters (»Schönheitsreparatur«). Die malermäßige Instandsetzung nach Bauarbeiten zählt dazu aber nicht. Mieter sollten sich nicht auf diese Kosten einlassen, sondern die Renovierung nach Bauarbeiten auf Initiative des Vermieters vom Vermieter verlangen und bezahlen lassen (→ Musterbrief 30 auf Seite 329).

Kündigung der Wohnung: Das Kleingedruckte im Mietvertrag und die Hausordnung bestimmen die Regeln fürs Zusammenleben im Haus. Wer sich nicht daran hält, läuft Gefahr, über kurz oder lang aus der Wohnung zu fliegen. In aller Regel wird es vorher Gespräche geben, dann eine Abmahnung; erst dann ist eine fristlose Kündigung erlaubt. In solchen Härtefällen sollte sofort Rechtsschutz in Anspruch genommen werden, um nicht unverhofft auf der Straße zu sitzen. Wenn der Vermieter Sie vor die Tür setzen will, ist meist Eigenbedarf im Spiel. Ansonsten beruft er sich auf mangelnde wirtschaftliche Verwertung (zu geringe Miete, blockierte Verkaufsabsicht) oder auf gravierende Verstöße gegen den Mietvertrag (mindestens zwei Monatsmieten im Rückstand; laufend rücksichtsloses Verhalten).
Selbst wenn die Gründe zutreffen, muss er Ihnen fristgerecht (ab drei Monate aufwärts, je nach Mietdauer) und schriftlich kündigen. Und selbst wenn er buchstabengetreu kündigt, kann der Mieter die Sache noch geradebiegen und den Kündigungsgrund beseitigen. Meist geht es dabei um Mietschulden.
Faustregel: Spätestens einen Monat nachdem der Vermieter Räumungsklage erhoben hat, müssen die Mietschulden beglichen sein. Oder Sie legen eine schriftliche Bescheinigung vor, dass das Sozialamt dafür einsteht. Mitunter erhalten Mieter eine Kündigung wegen Eigenbedarfs des Vermieters. Gut stehen die Chancen für den erfolgreichen Widerspruch des Mieters, wenn die Begründung für den Eigenbedarf wenig schlüssig ist. So, wenn der Vermieter oder dessen Angehörige in eine andere, frei werdende Wohnung ziehen könnten, die ihm auch gehört. Übrigens: War der Eigenbedarf bereits absehbar, als Sie den Mietvertrag unterschrieben hatten, ist die Kündigung unwirksam. Doch selbst wenn der Eigenbedarf echt ist, kön-

nen Sie zumeist erfolgreich dagegenhalten – nämlich dann, wenn die Kündigung eine unzumutbare Härte darstellt. Dann empfiehlt sich Widerspruch nach der Sozialklausel. Ausreichende Gründe sind: eine schwere Krankheit, ein hohes Alter, eine lange Wohndauer, eine fehlende Ersatzwohnung zu vergleichbarer Miethöhe oder eine zu geringe Rente (→ Musterbrief 31 auf Seite 330). Der Widerspruch sollte spätestens zwei Monate vor Ablauf der Kündigungsfrist schriftlich erklärt werden. Ausnahme: In Einliegerwohnungen von Zweifamilienhäusern wird automatisch Eigeninteresse des Vermieters unterstellt; die Kündigung ist innerhalb von 6 bis 15 Monaten erlaubt und muss nicht einmal begründet werden.

Doch nicht nur der Vermieter kann kündigen, sondern auch der Mieter. Dabei haben Mieter einen Vorteil bei den Kündigungsfristen: Sie müssen nur drei Monate einhalten. Vermieter dagegen müssen mindestens drei Monate einhalten, wenn sie dem Mieter kündigen wollen. Ab fünf Jahren Mietdauer steigt diese Frist sogar auf mindestens sechs Monate, nach acht Jahren auf mindestens neun Monate und ab zehn Jahren auf zwölf Monate (bei Einliegerwohnungen jeweils noch drei Monate länger). Liegen besondere Umstände vor, können Mieter sogar noch schneller kündigen, etwa nach dem Tod des Ehepartners.

Geht es an den Auszug, muss die Wohnung ordnungsgemäß übergeben werden: leer geräumt, besenrein, von grobem Schmutz befreit, mit allen Schlüsseln von Haus und Wohnung. Bei etwaigen baulichen Veränderungen oder Einbauten gilt: War nichts anderes vereinbart, muss der ursprüngliche Zustand wiederhergestellt werden (auf Kosten des Mieters). Mitunter verpflichtet der Mietvertrag Sie, die Wohnung zum Auszug zu renovieren. Dies ist nur nötig, wenn Sie in den Jahren vorher nicht die Fristen für normale

Schönheitsreparaturen eingehalten hatten. Haben Sie sich da nichts vorzuwerfen, sollten Sie die Auszugsrenovierung zurückweisen. Übrigens: Haben Sie noch Ansprüche an den Vermieter, etwa was die Rückzahlung der Mietkaution angeht, so müssen Sie die spätestens sechs Monate nach dem Auszug anfordern. Danach ist alles verjährt.

Reisemängel nicht klaglos hinnehmen

Ärger bei Pauschalreisen kann es schon vor dem Start geben, etwa wenn in letzter Minute Abstriche an der gebuchten Leistung gemacht werden oder der Trip gar ausfallen muss. Fällt die Reise aus Gründen, die beim Veranstalter liegen, ins Wasser, können Sie Ihr Geld zurückverlangen. Aber laut Kleingedrucktem der meisten Anbieter haben Sie in einem solchen Fall keinen Anspruch auf Schadensersatz. Müssen Sie dagegen selbst von der Buchung zurücktreten, so bleibt nur die schnellstmögliche Kündigung. Die bleibt für Sie finanziell nur dann ohne Folgen, wenn:
➤ ein offensichtlicher Mangel vorliegt
➤ Sie eine entsprechende Reiserücktrittskostenversicherung abgeschlossen hatten (für Fälle von schwerer Krankheit, Unfall, Impfunverträglichkeit, Schwangerschaft, Tod naher Angehöriger, Wohnungseinbruch und anderen schweren Schicksalsschlägen)
➤ höhere Gewalt im Spiel ist (Bürgerkrieg, Naturkatastrophe)
➤ der Veranstalter wenige Tage vor dem Start den Reisepreis erhöht, obwohl er vier Monate Preisgarantie ab Buchungstag gewähren muss

Kündigen Sie aus anderen Gründen, sind Stornogebühren bis zu 75 Prozent des Reisepreises fällig.

Macht der Veranstalter vorher kurzfristig Änderungen bekannt oder weist auf Mängel hin, so muss man nicht kündigen, sondern sollte es dem Veranstalter schriftlich geben, dass die Reise unter Vorbehalt angetreten wird (→ Musterbrief 32 auf Seite 331). Damit behalten Sie alle Trümpfe für eine Reklamation in der Hand.

Mängel am Urlaubsort: Wer während des Pauschalurlaubs Grund zum Klagen hat, muss die Mängel sofort an Ort und Stelle beim Reiseleiter anzeigen. Der ist zu schneller Abhilfe verpflichtet, notfalls informieren Sie den Veranstalter in Deutschland. Aber machen Sie die Mängelanzeige schriftlich, und lassen Sie sie am besten vom Reiseleiter unterschreiben (→ Musterbrief 33 auf Seite 332). Werden die Mängel nicht abgestellt, haben Sie drei Möglichkeiten:
➤ tapfer bis zum Ende des Urlaubs durchhalten und hinterher Ansprüche geltend machen
➤ die Reise abbrechen und auf Kosten des Veranstalters heimreisen
➤ in sehr schlimmen Fällen zur Selbsthilfe greifen, also beispielsweise in ein anderes Hotel umziehen und die Mehrkosten hinterher zurückfordern

Da alle drei Wege darauf hinauslaufen, dass Sie Geld zurückwollen, lohnt es, Zeugenaussagen zu sammeln, Mängel zu fotografieren oder zu filmen, Belege für Mehrkosten aufzuheben, gesundheitliche Beeinträchtigung durch verdorbenes Essen vom Arzt bestätigen zu lassen usw.
Achtung: Entsteht durch höhere Gewalt, etwa durch Erdbeben oder Sturm, ein erheblicher Mangel, muss nicht der Veranstalter allein für Mehrkosten aufkommen (etwa durch verteuerten vorzeitigen Rückflug). Dann zahlt der Urlauber die Hälfte selbst.

Häufig treffen die im Prospekt geschilderten Angaben vor Ort nicht zu. Prospektangaben sind zwar zugesicherte Eigenschaften, die vom Veranstalter zu erfüllen sind. Doch es will gelernt sein, zwischen den Zeilen zu lesen, denn in den Reisekatalogen dominiert Kauderwelsch, mit dem auch unangenehme Tatsachen hübsch verpackt und positiv ausgedrückt werden. Zu den verbalen Tricks der Reiseveranstalter zählen zum Beispiel: einfache, verwohnte Verhältnisse als familiär zu beschreiben, die einsame Gegend als idyllisch zu bezeichnen, ungepflegte Verhältnisse als »naturbelassen« zu definieren, Angebote ohne Komfort als landestypische Ausstattung zu umschreiben oder eine innerstädtische Lage als zentral zu beschönigen. Wird etwa der Ferienort »aufstrebend« genannt, wird sehr wahrscheinlich an allen Ecken und Enden gebaut. Ein Zimmer zur Meerseite ist ebenfalls Bluff. Sie werden wohl nicht das Meer, sondern irgendwelche Fassaden sehen, sonst hätte es Meerblick oder Strandblick geheißen. Ausweg: Schon im Reisebüro vor der Buchung ganz genau fragen!

Schadensersatz nach der Reise: Wurde vor Ort keine Abhilfe der Mängel geschaffen, beschweren Sie sich innerhalb eines Monats nach Reiseende schriftlich beim Veranstalter. Je nach Situation verlangen Sie entweder die Mehrkosten zurück, die durch Ihre Selbsthilfe entstanden sind, oder eine nachträgliche Minderung des Reisepreises (→ Musterbrief 34 auf Seite 333).
Haben Sie dem Veranstalter innerhalb eines Monats nach Reiseende die Rechnung aufgemacht, wird die 6-Monats-Uhr für die Verjährung angehalten, bis der Veranstalter auf Ihre Forderung reagiert. Dann tickt die Verjährungsuhr weiter. Übrigens: Wer später als einen Monat nach Ende der Pauschalreise beim Ver-

anstalter reklamiert, kann dennoch Glück haben. Denn eine generelle Ausschlussfrist des Veranstalters ist unwirksam, entschied der Bundesgerichtshof mit Urteil vom 3. Juni 2004 (Az.: X ZR 28/03). Weist der Veranstalter Ihre Ansprüche ganz oder teilweise zurück, sollten Sie schnellstens zur Verbraucherzentrale oder zu einem spezialisierten Reiserechtsanwalt gehen, um noch vor Ablauf der Verjährungsfrist gegen das Reiseunternehmen klagen zu können.

Eine weitere Unsitte sind Kopplungsgeschäfte, die nicht selten eine Gratisreise samt Flug als Hauptgewinn verkünden, obwohl der vermeintlich Glückliche an gar keinem Gewinnspiel teilgenommen hat. Häufig werden die Reiseunterlagen in einer sogenannten Informationsschau ausgegeben, bei der der Organisator des »Gewinnspiels« in einer verkappten Werbeveranstaltung übertouerte Produkte an die glücklichen Gewinner sowie Reisen an dessen Lebenspartner zu verkaufen versucht. Den Restwert des Gratisgewinns und ganz sicher noch auskömmlichen Profit holt er sich vom Kunden während der Reise zurück, entweder als Einzelzimmerzuschlag, als vollen Preis für den mitreisenden Partner oder als Kosten für die Teilnahme an bestimmten Menüs und Ausflügen. Werfen Sie solche offensichtlich falschen Gewinne in den Mülleimer. Gehen Sie dennoch auf solche Angebote ein, sollte Ihnen klar sein: Gewährleistungsanspruch für Mängel bei der Reise hat nur derjenige, der auch selbst bezahlt. Achtung: Lassen Sie sich auf jeden Fall einen Reisepreis-Sicherungsschein aushändigen. Vorher sollten Sie gar keine Anzahlung leisten!

Wer häufiger fliegt, sollte auch die Haftungsregeln der Airlines bei Unfällen, Verspätungen oder Gepäckverlust kennen (Montrealer Abkommen). Am wichtigsten: Bei Personenschäden muss die Fluggesellschaft unabhängig vom Verschulden haften – und zwar mit

123 318 Euro pro Person. Bei höherem Schaden ist auch ein höherer Betrag fällig, es sei denn, die Gesellschaft kann beweisen, dass sie den Schaden nicht durch eigene Fehler verursacht hat.
Weitere Details:
▶ **Gepäck:** Bei Zerstörung, Verlust, Beschädigung oder Verspätung gibt es unabhängig vom Gewicht bis zu 1233 Euro pro Person (bei Absicht oder Leichtfertigkeit auch darüber hinaus), bei vorheriger Angabe höheren Wertes durch den Kunden (kostet Zuschlag) auch entsprechend höhere Entschädigung. Bei Handgepäck: nur bei Verschulden der Fluggesellschaft (maximal 1233 Euro pro Person).
▶ **Verspätung:** Bei Verspätung von Reisenden gibt es bis zu 5117 Euro, bei Gepäck bis zu 1233 Euro und bei Gütern bis zu 20,96 Euro pro Kilo (bei Absicht oder Leichtfertigkeit auch darüber hinaus). Keinen Ersatz gibt es, wenn die Gesellschaft beweist, alle erforderlichen Maßnahmen zur Schadenverhütung getroffen zu haben, oder belegt, dass sie gar nicht die Möglichkeit hatte, derartige Maßnahmen zu treffen.

Laut EU-Verordnung von 2005 müssen Fluggesellschaften bei Überbuchung, Verspätung oder Streichung von Flügen besser als früher entschädigen. Dazu gehört auch eine Betreuung auf dem Flughafen, anderweitige Beförderung und Ausgleichszahlungen bis zu 600 Euro pro Person. Übrigens: Auch bei Bahnreisen innerhalb Deutschlands gibt es Entschädigung bei großen Verspätungen. Im Fernverkehr erstattet die Deutsche Bahn ab einer Stunde Verspätung 20 Prozent des Preises in Form von Reisegutscheinen. Den entsprechenden Antrag gibt es im Zug, im Reisezentrum oder im Internet unter www.bahn.de. Im Nahverkehr gibt es sogar 25 Prozent, aber vorerst nur im Testgebiet Bayern (seit Mai 2007).

Betreuung bei eingeschränkter Entscheidungsfähigkeit

Wer im Alter psychisch krank oder körperlich bzw. geistig behindert ist und seine persönlichen Angelegenheiten deswegen nicht mehr eigenverantwortlich regeln kann, braucht einen Betreuer. Der Ehepartner ist dazu nicht automatisch berechtigt, wenn er nicht vorher ausdrücklich dazu bestimmt wurde. Das Vormundschaftsgericht benennt in solchen Fällen, insbesondere bei »Altersverwirrten« und Gebrechlichen, einen gesetzlichen Betreuer. So regelt es das Betreuungsgesetz von 1992, welches das bis dahin geltende Recht über die Vormundschaft und Gebrechlichkeitspflege abgelöst hat.

Meist setzen Richter dafür Angehörige ein. Sie können aber auch Anwälte, Mitarbeiter von Behörden, Betreuungsvereine oder vom Gericht anerkannte Berufsbetreuer (Sozialarbeiter, Altenpfleger) benennen. Die Kosten für die staatlich angeordnete Bevormundung trägt der Hilfsbedürftige; der Stundenlohn beträgt 18 bis 31 Euro.

Setzt das Gericht einen Betreuer ein, weil die Familie von sich aus niemanden benannt hatte, so kostet dies rund 300 Euro Anwaltshonorar. Denn dann muss vom Gericht ein Rechtsanwalt als Verfahrenspfleger bestellt werden, der klären soll, wer die Betreuung übernehmen kann.

Die Kosten lassen sich sparen, wenn ältere Leute von sich aus dem Vormundschaftsgericht einen Wunschkandidaten nennen, entweder einen Betreuer oder einen Bevollmächtigten (→ Seite 224–227).

Übrigens: Wer eine Verlängerung des Lebens um jeden Preis, etwa den Anschluss an medizinische Apparate, ablehnt, sollte eine Patientenverfügung formulieren (→ Seite 224–227).

Wenn Sie Geld spenden wollen

Besonders im wachsenden Alter – wenn der finanzielle Spielraum gestiegen ist – spenden Deutsche sehr gern für karitative Zwecke. Dabei wollen alle Spender, dass ihr Geld tatsächlich für einen guten Zweck genutzt wird und auch bei den Bedürftigen ankommt. Um ganz sicherzugehen, sollten Sie sich vorher an das Deutsche Zentralinstitut für soziale Fragen

---

Die Vergabekriterien für die Zuerkennung des Spendensiegels

Die Kriterien für die Zuerkennung des Spendensiegels sind in Kooperation mit betroffenen Spitzenverbänden und Fachgremien auf wissenschaftlicher Basis entwickelt worden. Sie unterliegen fortlaufend einer systematischen Überarbeitung. Die Prüfkriterien sind in den »Leitlinien und Ausführungsbestimmungen für überregional Spenden sammelnde Organisationen« festgeschrieben und lassen sich wie folgt zusammenfassen:
- wahre, eindeutige und sachliche Werbung in Wort und Bild,
- nachprüfbare, sparsame und satzungsgemäße Verwendung der Mittel unter Beachtung der einschlägigen steuerrechtlichen Vorschriften,
- eindeutige und nachvollziehbare Rechnungslegung,
- Prüfung der Jahresrechnung und entsprechende Vorlage beim DZI,
- interne Überwachung des Leitungsgremiums durch ein unabhängiges Aufsichtsorgan,
- grundsätzlich keine Prämien, Provisionen oder Erfolgsbeteiligungen für die Vermittlung von Spenden.

Quelle: DZI; Stand: Juni 2007

(DZI) wenden (Adresse → Seite 267). Die Stiftung wird als wissenschaftliches Dokumentationszentrum vom Berliner Senat, dem Bundesfamilienministerium, der IHK Berlin, dem Deutschen Städtetag und der Bundesarbeitsgemeinschaft der freien Wohlfahrtspflege getragen. Sie prüft das Geschäftsgebaren und vergibt seit 1992 ein Spendensiegel für seriöse Organisationen (gilt ein Jahr) – die Namensliste wird viermal im Jahr aktualisiert.

Die Spenderberatung ist kostenlos, Rechtsberatung im Zusammenhang mit Spenden ausgeschlossen. Jeder Interessent erhält schriftlich Auskunft zu höchstens drei Organisationen (gegen 1,55 Euro in Briefmarken), wobei das DZI sich nur mit humanitär-karitativen Organisationen aus den Bereichen Soziales, Umwelt und Naturschutz befasst. Politische, kulturelle, religiöse und sonstige weltanschauliche Organisationen gehören nicht zum Arbeitsgebiet des Instituts. Wer für Tiere spenden will, sollte sich an den örtlichen Tierschutzverein wenden. Das DZI-Spendensiegel tragen etwa 225 Organisationen. Die aktuelle Liste finden Sie im Internet (www.dzi.de).

Ist die Seriosität des Spendenempfängers geklärt, sollten Sie in Ruhe auswählen. Gehen Sie dabei keine Verpflichtungen ein, die Sie zu regelmäßiger Wiederholung der Zahlungen zwingen. Vorsicht ist auch geboten, wenn Werber Sie an der Wohnungstür überrumpeln wollen oder die Mitleidsmasche anwenden. Nicht selten wird da aus der vermeintlichen Spende ein ungewolltes Zeitschriftenabonnement oder eine oft mehrjährige Mitgliedschaft in einem Verein.

Tipp: Bei Haustürgeschäften keinesfalls eine Kontonummer angeben oder eine Einzugsermächtigung erteilen!

Wohnen im Alter

Etwa 93 Prozent der über 65-Jährigen leben in privaten Haushalten. Sie wollen weiterleben wie bisher. Dies ist vor allem mit Partner sinnvoll. Nach dem Auszug der Kinder und selbst nach dem Tod des Partners wechseln sie die inzwischen zu große Wohnung nicht. Grund: Die vertraute Nachbarschaft im Stadtteil wird höher geschätzt als eine altersgerechte Wohnung.

In der bisherigen Mietwohnung bleiben

Bleiben Sie in der Mietwohnung, ändert sich für Sie vom Mietvertrag her gar nichts. Bei Problemen mit dem Vermieter gelten die gleichen Tipps wie im Abschnitt *Erfolgreich mit dem Vermieter streiten*.
Wichtig: Will der Vermieter sich vor bestimmten Leistungen drücken (siehe nachfolgenden Kasten), drohen Sie mit einer entsprechenden Mietminderung. Mitglieder des Mietervereins können die dortigen Fachleute vorschicken.

Was der Vermieter zahlen muss

- Maurer-, Installateur- und Glaserarbeiten
- Reparaturen an Leitungen in der Wohnung, an Lichtschaltern, Heizkörpern, Türschlössern
- Über Malerarbeiten hinausgehende Beseitigung von Schäden am Untergrund (Holz, Putz, Mauerwerk)
- Abschleifen und Versiegeln von Parkett und Dielen
- Erneuerung von fest verlegten Teppichböden
- Arbeiten an Keller- und anderen Nebenräumen

Kommen gesundheitliche Beeinträchtigungen hinzu, etwa Schwierigkeiten beim Treppensteigen, nicht rollstuhlgerechter Zugang zum Haus und zur Wohnung oder für einen Rollstuhl hinderliche Türschwellen in der Wohnung, sollten Sie mit dem Vermieter reden. Denn Umbauten in der Wohnung, die ohne Zustimmung erfolgen, müssten beim späteren Auszug wieder beseitigt werden, und zwar auf Ihre Kosten. Einiges ist im Haus sicherlich an Umbauten machbar – auch auf Ihre Kosten –, doch das sollte im Rahmen bleiben. Über Zuschüsse sollten Sie mit dem Arzt, der Kranken- oder Pflegekasse reden (→ Seite 87–114). Die Pflegekasse leistet für bestimmte Umbauten Zuschüsse bis zu 2557 Euro. Nicht immer ist bei der Verbesserung des Wohnumfeldes die Pflegeversicherung zuständig. Zuschüsse gibt es auch bei den folgenden Institutionen:

➤ **Unfallversicherungsträger:** bei Pflegebedürftigkeit durch Arbeitsunfall oder Berufskrankheit

➤ **Integrationsamt:** für berufstätige Pflegebedürftige mit Schwerbehinderung (ab 50 Prozent Erwerbsminderung)

➤ **Sozial- und Versorgungsamt:** Altenhilfe für Sozialhilfeempfänger, ergänzend zur Pflegeversicherung

Auf eigene Kosten ist Mietern die barrierearme Gestaltung der Wohnung erlaubt, wenn der entsprechende Hilfe- oder Pflegebedarf besteht. Diese Nachrüstung muss bei späterem Auszug nicht entfernt werden, sagt die Verbraucherzentrale NRW. Anders bei prophylaktischen Umbauten: Hier sollte mit dem Vermieter eine schriftliche Vereinbarung getroffen werden, damit es beim Auszug nicht zum Streit kommt (→ Musterbrief 35 auf Seite 334).

Reichen die finanziellen und technischen Möglichkeiten nicht aus, empfiehlt sich der Umzug in eine andere Mietwohnung. Klar ist: Die Generation 50+ will anders wohnen als betagte Senioren. Und die individuellen Vorstellungen gehen auch innerhalb einer Altersgruppe zum Teil deutlich auseinander:

➤ Die »alten Jungen« (bis 60) und die »jungen Alten« (bis 70) suchen laut einer Empirica-Studie von 2006 vor allem Wohnangebote ohne professionelle Hilfsleistungen. Sie sind für Geschosswohnungen in überschaubaren Häusern mit Aufzug und weitgehender Schwellenfreiheit ansprechbar. Singles suchen mindestens Zweizimmerwohnungen, Paare mindestens drei bis vier Zimmer.

➤ Die »mittelalten Alten« (bis 80) suchen eher Wohnangebote mit Hilfs- oder Pflegeleistungen, allerdings ohne Rundumversorgung, dafür mit Tag- und Nachtpräsenz des Personals (bei geringer Grundpauschale).

➤ Die »alten Alten« (ab 80) ziehen vorwiegend bei Hilfs- oder Pflegebedürftigkeit um und suchen dann Einrichtungen der Altenhilfe bzw. Wohngruppen.

Nachbarschaft ist besser, als unter einem Dach zu wohnen, eine eigene Wohnung allemal besser als eine Wohngemeinschaft im engeren Sinne, so das Fazit der Empirica-Untersuchung. Denn nur gut 30 Prozent der Eigentümer und gut 20 Prozent der Mieter können sich vorstellen, mit ihren Kindern bzw. der Familie gemeinsam in einem Haus oder in einer Wohnung zu wohnen. Lediglich 8 Prozent der umzugswilligen Älteren ziehen in Betracht, mit Freunden bzw. Gleichgesinnten in einer Wohngemeinschaft, also ohne eigenständige Wohnung, zu leben.

Mögliche Wohnformen für Rentner im Einzelnen:

Altenwohnung: Lage und Ausstattung ermöglichen zwar eine selbstständige Haushaltsführung, entsprechen aber oft nicht den Qualitätsmerkmalen einer

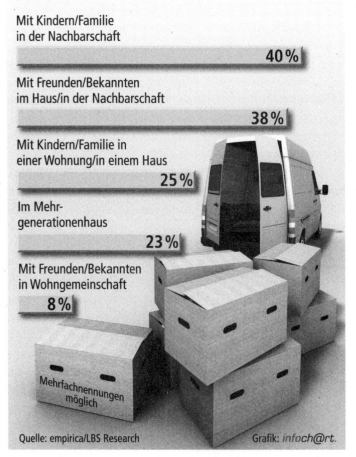

barrierefreien und rollstuhlgerechten Wohnung. Da auch die Nachbarn ältere Leute sind, kann man sich nicht viel körperliche Unterstützung erhoffen. Oft muss dann später doch noch einmal umgezogen werden – ins Pflegeheim.

Wohngemeinschaft: Jeder behält seinen persönlichen Wohnbereich. Mitbewohner schützen zwar vor

> **Tipp:** Einige Vereine konzentrieren sich auf spezielle Wohnformen im Alter, darunter die Bundesarbeitsgemeinschaft Wohnungsanpassung sowie das Forum für gemeinschaftliches Wohnen im Alter (Adressen → Seite 266).

Einsamkeit, sind aber in höherem Alter keine dauerhafte Hilfe, falls man darauf angewiesen ist. Gemeinschaften mit jungen Familien könnten das Ruhebedürfnis stören.
Einliegerwohnung: Diese Mietwohnung bietet Ihnen Ihr erwachsenes Kind, das ein eigenes Zweifamilienhaus baut, an. Dann bleiben Sie im Familienverbund und erhalten bei Bedarf Hilfe und Unterstützung, ohne sich um Mietsteigerungen oder anderen Ärger mit Vermietern kümmern zu müssen. Vorsicht: In vielen Großfamilien klappt das Zusammenleben mehrerer Generationen auf engem Raum nicht dauerhaft.
Seniorenwohnresidenz bzw. Seniorenwohnstift: Dort wird betreutes Wohnen geboten. So kann nach Wunsch Service mitgenutzt werden, entweder mit flankierendem Service (Hilfe bei der Reinigung, Versorgung mit Essen) oder mit integriertem Service (ein Servicestützpunkt im Haus). Für Gutbetuchte geeignet: Sie mieten ein Apartment und führen den Haushalt selbstständig. Bei Bedarf können noch zusätzliche Dienstleistungen dazugekauft werden.

Kauf einer Eigentumswohnung

Eine Studie der Bausparkassen brachte es an den Tag: Ehepaare, die Wohneigentum angeschafft haben, werden als Rentner jeden Monat im Schnitt um

613 Euro entlastet. Diese »Immobilienrente« verdeutlicht die materielle Sicherheit im Alter, sofern die Kredite zu Rentenbeginn vollständig abgezahlt sind und so mietfreies Wohnen möglich ist. Übrigens: Auch Singles bringen es als Rentner und Pensionäre im Schnitt noch auf knapp 520 Euro Entlastung. Der sogenannte Mietwert des selbst genutzten Wohneigentums berücksichtigt auch Aufwendungen für den Unterhalt der Hauseigentümer. Rentnern, die in den eigenen vier Wänden leben, bringt die ersparte Miete eine Zusatzrente in einer Größenordnung von 30 Prozent.

Häufig wird zum Rentenstart die passende Eigentumswohnung von den Ersparnissen gekauft, um künftig keine Miete mehr zahlen zu müssen und damit von eventuellen Mietsteigerungen verschont zu bleiben. Das sind die Vorzüge:

➤ Eigentümer einer Wohnung sind freizügiger und unabhängiger als Eigentümer eines Einfamilienhauses. So brauchen sie sich bei Abwesenheit kaum Sorgen um ihr Domizil zu machen. Die Hausverwaltung garantiert, dass Heizung, Bewachung oder Schneeräumen weiter funktionieren.

➤ Die Kommunikation mit den Nachbarn klappt in der Wohnanlage meist besser als in einer Eigenheimsiedlung.

➤ Immer öfter bieten Wohnanlagen seniorengerechte Eigentumswohnungen an. Wer ein Haus kauft, muss die baulichen Bedingungen meist erst herstellen. Das kostet zusätzlich Geld.

Fazit: Vorher genau informieren und dabei nicht vergessen, dass der Käufer einer Eigentumswohnung Alleineigentum an seiner Wohnung erwirbt (sogenanntes Sondereigentum) sowie Gemeinschaftseigentum an Haus und Grundstück.

Damit der Kauf einer Wohnung auch noch in späteren Jahren sorgenfreies Wohnen ermöglicht, sollten Interessenten bedenken: Die Lage des Objekts ist bei jedem Immobilienkauf das Wichtigste. Prüfen Sie, ob Ihre Ansprüche an Ruhe und Schutz vor störenden Einflüssen erfüllt werden. Die Einsicht in den Bebauungsplan bei der Gemeinde lässt erkennen, ob künftig einschneidende Veränderungen (etwa neue Straßenführungen) zu erwarten sind. Ziehen Sie Häuser in etablierter Lage dem Neubau auf der grünen Wiese oder am Stadtrand vor. Lange Wege haben für ältere

Was gehört wem?

Alleineigentum
Hier kann der Käufer wie ein Eigenheimbesitzer schalten und walten sowie verändern:
- Nicht tragende Innenwände, Innentüren
- Fußbodenbeläge
- Einbaumöbel
- Sanitäre Einrichtungen und Heizkörper
- Loggia, Terrasse, Balkon, Keller, Stellplatz in Gemeinschaftsgarage

Gemeinschaftseigentum
Veränderungen bedürfen der Zustimmung aller Eigentümer:
- Tragende Gebäudeteile, Außenwände, Fundamente
- Wohnungseingangstüren, Fenster
- Treppenhaus, Lift
- Heizungsanlagen
- Elektrische und sanitäre Leitungen bis zum Wohnungsanschluss
- Grundstück
- Kfz-Parkplatz im Freien

Menschen keine Perspektive. Die Eigentümergemeinschaft bestimmt die Wohnzufriedenheit mit. Ist ein Großteil der Wohnungen vermietet, fragen Sie den Makler oder Verwalter nach Beruf und Alter der Bewohner. Ein Blick in das Protokoll der letzten Eigentümerversammlung gibt Aufschluss, ob es zwischen den Eignern kontrovers oder harmonisch zugeht.

Die Teilungserklärung sollten Sie vor dem Kauf genau studieren. Sie legt fest, was Gemeinschafts- und was Sondereigentum ist und wie das gemeinsame Eigentum genutzt werden darf.

Wird zum Beispiel der zum Grundstück gehörende Garten als Rasenfläche definiert, ist dieser kein Spielplatz für Kinder. Die Gemeinschaftsordnung gehört zum Kaufvertrag, lesen Sie das Dokument also vor dem Abschluss möglichst genau durch. Die Ausstattung beeinflusst Ihr Wohlbefinden. Der Zuschnitt der Wohnung, die Ausrichtung von Balkon oder Terrasse, die Erreichbarkeit der Ruhezonen oder des Pkw-Standplatzes sollten ihren Wünschen entsprechen und auch noch komfortabel sein, wenn die Beweglichkeit nachlässt.

Achten Sie auf die Kosten, denn Altersrentner haben keine wirklich nennenswerte Steigerung des Einkommens (Rente) zu erwarten. Und in einer Eigentumswohnung fallen regelmäßig Ausgaben für Instandhaltungsrückstellung und Hausgeld (Verwaltung, Reinigung, Pflege von Außenanlagen) an. Wirtschaftsplan und Jahresabrechnung können Sie beim Verwalter einsehen. Im Schnitt kosten Eigentumswohnungen 1500 bis 2500 Euro pro Quadratmeter Wohnfläche, in Großstädten, den Voralpen und auf Sylt auch deutlich mehr. Den Preis können Sie selbst ausrechnen, wenn Sie den verlangten Kaufpreis durch die angegebene Wohnfläche teilen.

Altenheimverträge

Wenn Sie den Haushalt nicht mehr allein führen können, kommt ein Seniorenheim (Altenheim) in Betracht, in dem Sie voll versorgt und betreut werden (inkl. Arzt). Als Vorstufe eignet sich auch betreutes Wohnen, das einen Mix aus Service, Sicherheit und Zusammenleben bietet. Die zugesicherten Eigenschaften der Wohnung und der Dienstleistungen sollten Sie sich allerdings auch schriftlich bestätigen lassen. Miet- und Betreuungsvertrag sollten aus getrennten Unterlagen bestehen.

Ist dagegen langfristig pflegerische Betreuung erforderlich, eignet sich ein Altenkrankenheim oder Altenpflegeheim besser. Die Angebote sind regional sehr

---

Die wichtigsten Punkte beim betreuten Wohnen

Mietvertrag
- Beschreibung der Wohnung samt Aussagen zur Barrierefreiheit
- Preise und Regelungen zu Preiserhöhungen
- Kündigungsfristen
- Hausordnung

Betreuungsvertrag
- Detaillierte Beschreibung der Leistungen im »Grundservice«
- Kosten für den Grundservice
- Liste mit Art, Umfang und Preisen der Wahlleistungen
- Kündigungsregelungen und -fristen
- Beschreibung und Kosten der Hilfen im Pflegefall

Quelle: Verbraucherzentrale Bundesverband

unterschiedlich, die Nachfrage häufig sehr groß. Fragen Sie daher rechtzeitig beim Sozialamt, bei Wohlfahrtsverbänden oder der Kirchengemeinde nach (→ Checkliste 15 auf Seite 285–286).

Aber aufgepasst: Die Unterbringung in Alten- und Pflegeheimen ist teuer, zumal die Pflegeversicherung bei weitem nicht für alle Kosten aufkommt. Werden dann von Zeit zu Zeit von den Heimleitungen die Preise erhöht, gibt es großen Ärger. Zwar darf die Preiserhöhung ohne Zustimmung der Bewohner erfolgen, die Begründung muss jedoch genauer beschrieben sein als mit allgemeinen Kostensteigerungen. Ohne genaue Begründung ist die Erhöhung unwirksam; dem Bewohner entstehen keine Nachteile, wenn er die Zahlung verweigert, urteilte das Oberlandesgericht München (Az.: 3 U 5752/93). Dasselbe Gericht entschied in einem anderen Fall, dass die Heimleitung die Kosten offenlegen muss, damit die Bewohner die Notwendigkeit einer Preiserhöhung überprüfen können. Tut sie es nicht und die Bewohner zahlen unter Vorbehalt, steht den Senioren die Rückzahlung zu, falls sich später herausstellt, dass das Heim sich ungerechtfertigt bereichert hat (Az.: 3 U 2191/96; → Musterbrief 36 auf Seite 335).

Da jede Erhöhung mindestens vier Wochen vorher schriftlich anzukündigen und zu begründen ist, sollten Sie mit der Familie sehr genau auf die Gründe schauen und notfalls Rechtsrat einholen. Heimverträge unterliegen dem Heimgesetz von 1990. Sie müssen vor dem Einzug abgeschlossen werden. Es kann passieren, dass Sie als Sicherheit eine Kaution bezahlen müssen; Höchstbetrag ist das Doppelte der monatlich zu zahlenden Heimkosten. Die Kaution kann in drei Raten erbracht werden. Das Geld muss vom Träger des Heims bei der Bank als Geldanlage mit dreimonatiger Kündigungsfrist eingezahlt werden. Die

Zinsen stehen dem Bewohner zu, werden aber nicht direkt an ihn ausgezahlt, sondern erhöhen die Kaution, welche der Bewohner nach einem Auszug erhält oder die nach seinem Tod die Erben ausgezahlt bekommen – abzüglich eventueller Renovierungskosten des betreffenden Heimzimmers.
Viele Heime verlangen vom künftigen Bewohner einmalige Sonderzahlungen in beträchtlicher Höhe, Einkaufsdarlehen genannt. Die sind zulässig, müssen aber grundsätzlich zurückgezahlt und mit 4 Prozent zugunsten des Bewohners verzinst werden. Übrigens: Auch Heimbewohner können Wohngeld vom Wohnungsamt erhalten (→ Seite 72–75). Dabei ist der Preis für das eigentliche Zimmer der Maßstab. Heimverträge werden auf unbestimmte Dauer geschlossen. Dennoch können Sie den Platz bei Bedarf innerhalb eines Monats kündigen, müssen dann aber eine angemessene andere Unterbringung nachweisen. Bei allen Problemen rund ums Heim hilft der Heimbeirat, den es in jeder Einrichtung gibt.
Auch die Pflegekassen verfügen über regionale Listen mit Pflegeheimen. Sie müssen Preisvergleichslisten aushändigen (nach § 72 Abs. 5 des PflegeVG), aus denen Sie entnehmen können, wie Ihr Heim im Preis-Leistungs-Verhältnis mit anderen abschneidet (→ Checkliste 16 auf Seite 287).

> **Tipp:** Hilfe bietet die Broschüre »Auf der Suche nach einem Heim«, kostenlos erhältlich beim Bundesministerium für Familie, Senioren, Frauen und Jugend. Bei Redaktionsschluss war sie vergriffen, sie kann aber auch aus dem Internet heruntergeladen werden: www.bmfsfj.de/Kategorien/Publikationen/publikationsliste,did=3166.html).

Nießbrauch: mietfrei im verschenkten Eigenheim

Die meisten Eigentümer hatten sich in jüngeren Jahren zum Bau oder Kauf entschlossen und sich seinerzeit Geld bei Banken oder Versicherungen geborgt. Ihre Erfahrung: Die monatliche Belastung kam anfangs mindestens der Miete gleich. Erst als die Schulden nach 20 bis 25 Jahren deutlich abnahmen, begann das Sparen gegenüber gleichaltrigen Mietern. Zum Rentenstart war man bei richtiger Finanzplanung dann schuldenfrei.

Bei solchen Immobilien lohnt es sich, das Erbe vorzuziehen und schon zu Lebzeiten zu überschreiben, weil die Schenkung den Erben Steuern erspart. Allerdings scheuen ältere Menschen in der Realität häufig davor zurück, schon in mittleren Jahren Vermögen zu übertragen, selbst wenn das steuerlich vorteilhaft wäre.

Ein guter Ausweg bei Immobilien: Nießbrauch. Das bedeutet, Sie geben mit einem notariellen Schenkungsvertrag das Haus beispielsweise an Ihr Kind vorzeitig weiter, allerdings mit einem Nießbrauchsvorbehalt. Der besagt, dass das Haus zwar verschenkt ist, Sie aber auf Lebenszeit das Wohnrecht garantiert bekommen. Das wird dann sogar ins Grundbuch eingetragen (gebührenpflichtig). Vorteil: Familien können dank erhöhter Freibeträge weiterhin steuerfrei erben und vererben, schenken und geschenkt bekommen. Das selbst genutzte Familieneigenheim bleibt vom Fiskus auch nach der Erbschaftsteuerreform (kommt bis spätestens Ende 2008) weitgehend verschont. Aus dem Schneider sind alle, die eine Wohnung oder ein Haus geschenkt bekommen, in dem sie schon wohnen: Die Schenkung ist bislang steuerfrei (→ Seite 220).

Die wichtigsten Punkte zur Leibrente

➤ Wer zur Zahlung einer Leibrente verpflichtet ist, hat die Rente im Zweifel für die Lebensdauer des Gläubigers zu entrichten.
➤ Der Betrag ist im Zweifel der Jahresbetrag der Rente.
➤ Die Leibrente ist im Voraus zu entrichten.
➤ Eine Geldrente ist immer für drei Monate vorauszuzahlen.
➤ Hat der Gläubiger den Beginn des Zeitabschnitts erlebt, für den die Rente im Voraus fällig ist, so gebührt ihm der volle Betrag für diesen Abschnitt.
➤ Zur Gültigkeit eines Vertrags ist schriftliche Erteilung des Leibrentenversprechens erforderlich.
➤ Das Leibrentenversprechen in elektronischer Form ist ausgeschlossen, soweit es der Gewährung familienrechtlichen Unterhalts dient.

Quelle: §§ 759 bis 761 BGB

Als Ausgleich für die Schenkung kann man mit dem Beschenkten auch eine monatliche Rente aushandeln, also eigentlich einen scheibchenweisen Verkauf organisieren. Das geht übrigens auch mit Fremden. Diese Leibrente ist nur mit dem Ertragsanteil zu versteuern (→ Seite 234–236). Rechtsgrundlage für die Leibrente, die der Käufer bzw. Beschenkte zahlen muss: §§ 759 bis 761 BGB (siehe oben).

Noch nahezu unbekannt ist in Deutschland die Möglichkeit, das Eigenheim auch gegenüber der Bank zu verrenten, also scheibchenweise zu verkaufen: Die Bank zahlt eine Altersrente aus dem selbst genutzten Wohneigentum, die erst mit dem Tod, dem Hausverkauf oder bei Vertragsende zurückgezahlt werden muss (Rückwärtshypothek). Auch hier gelten im Übrigen die gleichen gesetzlichen Rahmenbedingungen wie bei der Leibrente.

Wohnen im Ausland

Viele ältere Deutsche verbringen den größten Teil des Jahres in wärmeren Gefilden. Häufig werden dazu Haus oder Wohnung im Ausland gekauft. Ihre Erwartung: keine Winter, wenig Regen, mildes Dauerklima, stressfreies, luftiges Leben, günstige Grundstücks- und Baupreise. Wunschländer sind insbesondere Spanien, Italien und Frankreich. Beim Kauf im Ausland sind jedoch andere Gesetze, Sitten und Gebräuche zu beachten. Nur die Sonne ist kostenlos.

Hinzu kommt, dass die steuerlichen Rahmenbedingungen für Immobilien im Ausland teilweise kompliziert sind. Ohne spezialisierten Steuerberater kann man in böse Fallen geraten. Fest steht: Deutschland hat noch die geringsten »Immobiliensteuern«, Frankreich dagegen die höchsten.

Die Unterschiede beginnen schon beim Kauf des Domizils. Beispiel Spanien: Neben der Grunderwerbsteuer (6 Prozent) droht auch eine Wertzuwachssteuer auf Grund und Boden (zwischen 15 und 40 Prozent), die umso höher ausfällt, je länger der Verkäufer das Grundstück bereits besitzt. Um 10 Prozent Abschlagsteuer beim Kauf kommen Sie als Ausländer leider nicht herum.

> **Tipp:** Handfeste Informationen insbesondere für Südeuropa bieten die Broschüren der Deutschen und Schweizerischen Schutzgemeinschaft für Auslandsgrundbesitz (Adresse → Seite 267).

Besonderheiten beim Immobilienkauf im Ausland (Auswahl)

Frankreich
Es reicht ein privatschriftlicher Vertrag ohne Notar. In mittleren Lagen kostet der Quadratmeter Wohnfläche etwa 300 Euro. Bei »gebrauchten« Ferienimmobilien, welche selbst genutzt und nicht vermietet werden, sind noch mal rund 26 Prozent Nebenkosten vom Kaufpreis fällig.

Spanien
Es reicht schon ein mündlicher Vertrag. Für die Grundbucheintragung zählt aber nur ein öffentlicher Vertrag (mit Notar). In mittleren Lagen kostet der Quadratmeter Wohnfläche 350 Euro. Bei »gebrauchten« Ferienimmobilien, die selbst genutzt und nicht vermietet werden, sind noch rund 15 Prozent Nebenkosten vom Kaufpreis fällig. Vorsicht in Küstenzonen: Dort darf der Zustand des Grundstücks nicht verändert werden (Bauverbot).

Italien
Es gilt schon der notariell beglaubigte Vorvertrag, der später durch den Kaufvertrag beim Notar ergänzt wird. Doch Vorsicht: Beim Landkauf haben Nachbarn (nur Bauern) Vorkaufsrecht. In mittleren Lagen kostet der Quadratmeter Wohnfläche 280 Euro. Bei »gebrauchten« Ferienimmobilien, die selbst genutzt und nicht vermietet werden, sind noch 13 Prozent Nebenkosten fällig.

Dänemark
Nur wer eine ständige Aufenthaltsgenehmigung vorweisen kann, darf hoffen, eine Kaufgenehmigung für ein Feriendomizil an dänischen Stränden zu bekommen.

Dieses Erbrecht gilt bei Auslandsvermögen

Land	Immobilien	sonstiges Vermögen
Belgien	belgisches Recht	letzter Wohnsitz[1]
Dänemark	letzter Wohnsitz	letzter Wohnsitz
Frankreich	französisches Recht	letzter Wohnsitz
Griechenland	Staatsangehörigkeit	Staatsangehörigkeit
England	britisches Recht	letzter Wohnsitz
Italien	Staatsangehörigkeit	Staatsangehörigkeit
Luxemburg	luxemburgisches Recht	letzter Wohnsitz
Niederlande	Staatsangehörigkeit	Staatsangehörigkeit
Österreich	Staatsangehörigkeit	Staatsangehörigkeit
Portugal	Staatsangehörigkeit	Staatsangehörigkeit
Schweiz	letzter Wohnsitz	letzter Wohnsitz
Spanien	Staatsangehörigkeit[2]	Staatsangehörigkeit[2]
USA	US-Bundesstaat	letzter Wohnsitz

[1] Land mit letztem Wohnsitz bestimmt das anzuwendende Erbrecht
[2] wird in einzelnen Provinzen unterschiedlich gehandhabt

Quelle: Stiftung Warentest, Ratgeber Geld: Vererben & erben

Bei Immobilientransaktionen im Ausland sollten Sie grundsätzlich einen Anwalt einschalten, der im internationalen Baurecht erfahren ist. Wollen Sie später gar ein Haus im Ausland vererben und haben dort auch Ihren Wohnsitz, hilft am besten ein Anwalt weiter, der sich auf internationales Privatrecht spezialisiert hat. Für Auslandsimmobilien gilt zumeist ausländisches Recht. Am besten, Sie erkundigen sich vor dem Umzug in den sonnigen Süden nach den rechtlichen Problemen, die Vermögen, Wohnsitz und Tod im Ausland für Ihre Angehörigen mit sich bringen können (→ dazu auch Seite 200).

Häufige Alltagsärgernisse bestehen

Wenn es klingelt und ein Vertreter Sie an der Tür zum Kauf bewegen will, so fehlt vielen die Courage, ihn freundlich und bestimmt abzuweisen. Wollen Sie es gar nicht erst zum Gespräch kommen lassen, sollten Sie sich bei der Verbraucherzentrale (Adresse → Seite 266) für 50 Cent den Aufkleber »Für Vertreter verboten!« kaufen und diesen an die Wohnungstür bzw. den Hausbriefkasten kleben. Klingelt es dann trotzdem und der Vertreter lässt sich nicht abweisen, fragen Sie ihn am besten nach seinem Namen und der Firma. Geht er immer noch nicht, drohen Sie mit einer Meldung an die Verbraucherzentrale, die ihn wegen unlauteren Wettbewerbs abmahnen lassen kann. Hilft das immer noch nicht, machen Sie ihm die Tür vor der Nase zu.

Lästige Werbung

Wurmt es Sie, dass der Briefkasten nahezu täglich von unerwünschter Reklame überquillt, dann sollten Sie sich den Aufkleber »Keine Werbung einwerfen!« (kostet ca. 50 Cent und ist auch in Baumärkten und Haushaltswarenläden zu haben) an Ihren Briefkasten kleben. Halten sich Firmen nicht daran, so können Sie wiederum eine Abmahnung auslösen. Da Werbematerial, das in adressiertem Briefumschlag verschickt wird, von der Post zugestellt werden muss, können Sie höchstens selber an die betreffende Firma schreiben und die Unterlassung weiterer Werbeschriften fordern. Um der Flut an Werbebriefsendungen endgültig ein Ende zu setzen, ist es billiger und schneller, die Aufnahme in die Robinsonliste zu beantragen (→ Musterbrief 37 auf Seite 336). Die Robinsonliste ist ein Adressbuch der Werbeverweigerer, in das sich jeder kostenlos eintragen lassen kann. Die Liste wird beim Deutschen Direktmarketing Verband (DDV) geführt (Adresse der DDV-Robinsonliste → Seite 268 oder unter www.ddv-robinsonliste.de). Viele Unternehmen haben sich dazu verpflichtet, diese Liste zu respektieren. Ein Musterbriefformular bietet der DDV auch im Internet an (www.direktmarketinginfo.de/mailing/Robinsonliste.pdf).

Unverlangte Reklame ist auch per E-Mail (elektronische Post über den PC), Fax, Telefon oder SMS hierzulande prinzipiell verboten. Es sei denn, zwischen dem Empfänger und dem Absender besteht eine geschäftliche Beziehung. Deshalb ist es ganz wichtig, bei jeder Bestellung per Internet, Telefon, SMS oder Fax sofort der Verwendung der Daten zu Werbezwecken zu widersprechen. Das geht aber auch nachträglich. Etwa mit dem einfachen Satz: »Hiermit widerspreche ich jeder Verwendung meiner Daten für Werbezwecke.«

Wenn Unternehmen diesen Widerspruch ignorieren, drohen ihnen Bußgelder oder Freiheitsstrafe. Übrigens: Onlineshops müssen ihre Kunden von sich aus fragen, ob Sie Kundendaten zu Werbezwecken nutzen dürfen. Auch hier gibt es Robinsonlisten:

➤ Faxwerbung: Bundesverband Informationswirtschaft, Telekommunikation und neue Medien (BITKOM); siehe www.retarus.de/robinsonliste

➤ E-Mail-, SMS- und Telefonwerbung: I.D.I. Internetverband; siehe www.erobinson.de

Der I.D.I. (Adresse → Seite 268) übernimmt die Abmahnung von lästigen und gesetzeswidrigen E-Mail-Werbern, wenn Sie sich schriftlich an ihn wenden (→ Musterbrief 38 auf Seite 337).

Abonnementverträge beenden

Wer etwas abonniert, verlässt sich auf pünktliche Zustellung. Wird aber die Zeitung laufend beim Nachbarn abgegeben oder kommt unregelmäßig, sollten Sie sich beim Abonnentenservice beschweren. Bringt das keine Abhilfe, können Sie das Abonnement kündigen. Bei außerordentlichen Gründen wie unpünktlicher Lieferung bei Tageszeitungen kann als Kündigungsfrist durchaus eine Woche gewählt werden. Haben Sie das Interesse an der Fortsetzung eines Abonnements verloren, so können Sie es fristgemäß kündigen. Vielfach wird der Vertrag für ein Jahr abgeschlossen und verlängert sich stillschweigend, wenn nicht innerhalb der vorgesehenen Frist gekündigt wird (üblich sind drei Monate). Steht keine Frist im Vertrag, gelten die gesetzlichen Kündigungsfristen: bei monatlicher Zahlweise zwei Wochen, bei viertel- oder halbjährlicher Zahlweise sogar sechs Wochen zum Quartal.
Gewerblich betriebene Fitnessstudios, Privatunterricht oder Partnervermittlung stehen häufig im Ruf, Kunden mit harten Vertragsklauseln möglichst lange an sich zu ketten. In jedem Fall lohnt vor Vertragsabschluss eine genaue Prüfung der Konditionen. Wer kostenlose Vermittlung bietet, bei dem ist Vorsicht geboten, denn: Wer nicht bezahlt, hat keine Rechte. Üblich ist lediglich ein unverbindliches Vorgespräch bei der Heiratsvermittlungsagentur oder dem Bildungsträger bzw. ein kostenloses Probetraining im Fitnessstudio. Danach kostet die Dienstleistung je nach Vertragsform Geld. Wer dann zusätzlich einen Kreditvertrag, eine notarielle Gehaltsabtretung oder einen Wechsel unterschreibt, liefert Fremden den Zugriff aufs eigene Konto. Keine seriöse Firma arbeitet jedoch mit solchen Praktiken. Wer darauf hereingefallen ist,

sollte ganz schnell Rat bei der Verbraucherzentrale einholen. Fordern Sie Geld zurück, will der Vermittler häufig den Aufwendungsersatz behalten – ein schwieriger Fall. Denn ob eine solche Pauschale überhöht ist oder nicht, richtet sich danach, was der Vermittler von Ihnen verlangen dürfte, falls diese Klausel nicht im Vertrag stehen würde. So entschied der Bundesgerichtshof (Az.: IV ZR 187/90). Sind Sie in einer solchen oder einer ähnlichen Situation, sollten Sie einen Anwalt konsultieren, um aus dem lästigen Vertrag möglichst ohne Verlust herauszukommen.

Für Fitnessverträge gilt: Trotz häufig anders lautendem Kleingedruckten ist immer eine Kündigung möglich. Bei geänderter Öffnungszeit, Wegfall von Leistungen oder langwieriger eigener Erkrankung kann außerordentlich gekündigt werden, ansonsten »ordentlich«. Stehen dazu keine Fristen im Vertrag, gilt die gesetzliche Frist: Die Kündigung muss bis zum 15. Kalendertag eingereicht sein, um zum 31. desselben Monats wirksam zu werden. Das heißt aber nicht, dass es immer Anspruch auf Rückzahlung gibt.

Nicht selten gibt es auch mit dem »Abo« von Handys Probleme. Denn die Abgabe stark verbilligter oder gar kostenloser Mobiltelefone rechnet sich für die Anbieter eigentlich nur durch Kopplung an einen meist 24-monatigen Nutzungsvertrag. Ein außerordentliches Kündigungsrecht Ihres Handyvertrages haben Sie im Prinzip aber nur dann, wenn sich Preise erhöhen oder Leistungen wegfallen, und zwar innerhalb eines Monats nach Wirksamwerden der Änderungen. In anderen Fällen, etwa wenn das Handy gestohlen wurde, wird es mit der Kündigung schon viel schwerer. Dann hilft nur ein freundlicher Brief mit der Bitte um Kulanz (→ Musterbrief 39 auf Seite 338). Ansonsten verlangen Anbieter häufig Schadensersatz bei vorzeitiger Kündigung.

Stress mit dem Finanzamt

Das Finanzamt setzt Ihre Steuer fest und erteilt den Steuerbescheid. Bei Rentnern betrifft dies vor allem die Kfz-Steuer (natürlich nur für Kraftfahrzeughalter), die Grundsteuer (nur für Wohnungseigentümer) und vor allem die Einkommensteuer. Letztere spielte jahrelang keine Rolle, ist aber seit 2005 für viele Rentner Pflicht: Mit dem Alterseinkünftegesetz wurden Renten stärker als bisher besteuert (2007: 54 Prozent; → Seite 228–232). Faustregel: Eine Steuererklärung ist Pflicht, wenn die steuerpflichtigen Einkünfte über 7664 Euro liegen (Ehepaare: über 15 329 Euro). Wenn Sie unsicher sind, ob Sie eine Steuererklärung abgeben müssen, hilft die Checkliste 17 auf Seite 288.

Die Höhe der Einkünfte lässt sich relativ schnell berechnen, wenn von den Einnahmen (Rente, Betriebsrente, Miet- oder Pachteinnahmen, Sparzinsen) die Werbungskosten und Freibeträge abgezogen werden (→ Checkliste 18 auf Seite 289). Es können aber auch bestimmte Beträge steuermindernd angesetzt werden, darunter Beiträge zur Pflege- und Krankenversicherung. Werden solche Freibeträge abgezogen, so liegt die tatsächliche Grenze für die Steuerfreiheit von Bruttorenten bei rund 1575 Euro pro Monat (Ehepaare: 3150 Euro). Da der Besteuerungsanteil für 2007 bei 54 Prozent liegt und Jahr für Jahr auf 100 Prozent steigt (ab 2040), werden in den nächsten Jahren tendenziell immer mehr Ruheständler Steuererklärungen abgeben müssen. Einziger Lichtblick: Der beim Renteneintritt aktuelle Prozentsatz zur Besteuerung bleibt lebenslang gleich, bei Renteneintritt 2007 also 54 Prozent.

Wichtig: Rentner sollten keine Scheu haben, Rat und Information einzuholen, etwa bei ihrer Krankenkasse oder Bank. Auch Ihr zuständiger Sachbearbeiter beim

Finanzamt muss Ihnen kostenlos helfen (auch das Servicecenter des Finanzamtes). Ist eine Steuererklärung nötig, sollten Sie die wichtigsten Unterlagen wie die Rentenbescheinigung mitnehmen (→ Checkliste 18 Seite 289). Faustregel: Rentner füllen neben dem Mantelbogen die Anlage R der Steuererklärung aus, Pensionäre und Nebenjobber die Anlage N. Für Einkünfte aus Kapitalvermögen (→ Seite 228–246) ist die Anlage KAP vorgesehen.

Hilfe für Rentner bietet auch der Rentenversicherungsträger: Auf Anfrage stellt er kostenlos eine Bescheinigung aus, mit der sich die Anlage R zur Steuererklärung leichter ausfüllen lässt. Die Bescheinigung nennt den steuerrechtlich relevanten Bruttorentenbetrag fürs Jahr, der leicht in die Anlage R übertragen werden kann. Sofern Steuerpflicht vorliegt, ist die Einkommensteuererklärung regelmäßig bis zum 31. Mai des Folgejahres beim Finanzamt einzureichen; für 2007 also bis zum 31. Mai 2008.

Der Einkommensteuerbescheid vom Finanzamt muss nicht unbedingt stimmen. Wenn dem so ist, dann sollten Sie widersprechen. Dafür bleibt Ihnen nach der Zustellung nur ein Monat Zeit – gerechnet vom dritten Tag an, nachdem das Finanzamt ihn abgeschickt hat. Beim Widerspruch kommt es ziemlich genau darauf an, wer einen Fehler gemacht hat und wie der Widerspruch bezeichnet wird. Haben Sie zum Beispiel vergessen, steuermindernde Umstände geltend zu machen, oder fechten Sie nur einen bestimmten Punkt im Bescheid als falsch an, so empfiehlt sich ein »Antrag auf schlichte Änderung des Steuerbescheids«. Vorteil dieses »kleinen Einspruchs«, der gut begründet und mit Beweismitteln als Anlage versehen sein sollte, ist: Es können nur die speziell angesprochenen Punkte des Bescheids korrigiert werden. Das Finanzamt kann also nicht plötzlich den gesamten Bescheid völlig anders beurteilen, sondern nur Änderungen im Detail vornehmen. Im Beamtendeutsch ausgedrückt, heißt das: Eine »Verböserung« des Steuerzahlers ist nicht zulässig.

Anders ist es beim Einspruch: Hier wird womöglich der gesamte Steuerfall noch einmal vom Fiskus aufgerollt. Statt angestrebten Steuernachlasses kann es dabei auch zu Nachforderungen des Finanzamtes kommen – etwa durch inzwischen ergangene Gerichtsurteile oder Verfügungen der Finanzverwaltung, die die bisherige Rechtspraxis verändern. Auch für den Einspruch gegen den Steuerbescheid gilt die Monatsfrist (→ Musterbrief 40 auf Seite 339).

Vorsicht: Mit dem Einspruch sind Sie keineswegs aus dem Schneider; die strittige Summe muss trotzdem fristgemäß bezahlt werden. Ansonsten setzt es einen Säumniszuschlag vom Finanzamt (1 Prozent Zinsen für jeden angefangenen Monat).

Wer den strittigen Betrag partout nicht zahlen will, sollte nicht den korrigierten Bescheid abwarten. Am besten beantragen Sie gleichzeitig mit der schlichten Änderung bzw. dem Einspruch, die »Vollziehung des Steuerbescheids auszusetzen«. Dann verhindern Sie Säumniszuschläge der Finanzkasse wegen ihrer verspäteten Zahlung und brauchen den strittigen Betrag bis zur Überarbeitung des Steuerbescheids noch nicht zu bezahlen.

Gibt das Finanzamt dem Einspruch schließlich recht, erhalten Sie einen korrigierten Bescheid (Abhilfebescheid). Und der ausgesetzte Betrag muss in diesem Fall natürlich nicht bezahlt werden. Wird der Einspruch dagegen abgelehnt, wird der ausgesetzte Betrag fällig, zuzüglich 0,5 Prozent Zinsen für jeden angefangenen Monat Zahlungsaufschub. Gegen die Ablehnung des Einspruchs hilft dann nur noch, vor dem Finanzgericht zu klagen. Die Klage sollte gut begründet und eigenhändig unterschrieben sein. Vom gesamten Schriftsatz brauchen Sie vier Exemplare (zwei fürs Finanzgericht, einen fürs Finanzamt, einen für sich selbst). Notfalls kann die Begründung auch nachgereicht werden, etwa wenn der Steuerberater noch Zeit braucht, um alle Unterlagen durchzusehen und nochmals alle Angaben zu überprüfen.

Ärger mit Versorgungsfirmen

Dienstleister, die noch in der öffentlichen Hand sind oder Monopolen bzw. Kartellen unterstehen, beschwören häufig Ärger herauf, weil mangelnder Wettbewerb offenbar zu Selbstzufriedenheit und überhöhten Preisen führt.
Beispiel: Sie haben Ärger mit der örtlichen Müllabfuhr, etwa wenn die Tonne nicht wie vereinbart geleert wird und nun überquillt. Da hilft erfahrungsgemäß ein Anruf bei der Stadtreinigung am schnellsten. Kommt die Firma ihrer Pflicht zur Müllbeseitigung häufiger nicht nach, so sollten Sie sich das nicht gefallen lassen und eine entsprechende Beschwerde vorbringen. Zwar können Sie kein Konkurrenzunternehmen beauftragen, doch die Ankündigung, Rechnungen zu kürzen oder gar nicht zu bezahlen, dürfte ihre Wirkung nicht verfehlen. Schließlich sind die Kommunen einem rigorosen Sparzwang ausgesetzt, den sie nicht durch Ausfall geplanter Gebühreneinnahmen gefährden können.
Wird die Leistung zwar vollständig erbracht, aber die Abrechnung stimmt nicht, so empfiehlt es sich, umgehend und schriftlich Widerspruch einzulegen. Je nachdem, ob es sich um einen offensichtlichen oder nicht offensichtlichen Fehler handelt, ist folgendes Vorgehen sinnvoll:

➤ Wenn die Abrechnung auf falschem Zählerstand beruht oder Rechenfehler enthält, sollte darauf verwiesen und die Zahlung verweigert werden (→ Musterbrief 41 auf Seite 340).
➤ Stimmt die Rechnung formal, fällt aber extrem aus dem bisherigen Rahmen, so muss sie zunächst voll bezahlt werden; zugleich sollten Sie aber eine Überprüfung verlangen.

Bevor Sie jedoch eine Überprüfung der ungewöhnlich hohen und damit vermutlich falschen Rechnung samt Zähler fordern, sollten Sie sich über mögliche Kosten im Klaren sein. Ist der Zähler tatsächlich defekt, so gibt es zu viel gezahlte Gebühren zurück und gratis einen neuen Zähler. Die Überprüfung selbst bleibt kostenlos. Ist der Zähler dagegen in Ordnung, so war nicht nur die Hoffnung auf Rückzahlung trügerisch. Zusätzlich muss der Kunde nun auch noch die Überprüfungskosten tragen. Bei einigen Versorgungsleistungen wie Telefon, Internet und Strom ist zunehmender Wettbewerb festzustellen und damit der Wechsel zu einem kundenfreundlicheren und womöglich preiswerteren Anbieter möglich. Vorsicht jedoch bei Stromanbietern: Hier hat sich die Chance zum Wechsel für viele Verbraucher nicht ausgezahlt, weil der Strommarkt letztlich von nur vier großen Unternehmen beherrscht wird, sodass die Preise am Ende ähnlich hoch geblieben sind. (Wer dennoch wechseln will: → Musterbrief 42 auf Seite 341.)
In der Regel müssen Sie bei Ihrem neuen Anbieter lediglich ein Formular ausfüllen. Dieser kümmert sich dann um alle weiteren Formalitäten, wie die Kündigung ihres alten Vertrages und die Regelung der Durchleitung. Und entweder liest er die Zähler selbst ab, oder er beauftragt den lokalen Netzbetreiber damit. Auch sonst ändert sich für Sie nichts. Weder brau-

chen Sie einen neuen Zähler, noch müssen Sie fürchten, dass der neue Strom »schlechter« ist als der alte. Probleme kann es geben, wenn Sie mit dem bisherigen Anbieter einen Stromvertrag mit dreijähriger Laufzeit geschlossen hatten. Dann müssen Sie kämpfen, haben aber gute Karten. Denn: Das Landgericht Frankfurt am Main entschied, dass ein Energieversorger seine Privatkunden nicht mit einer festen Laufzeit von drei Jahren an die abgeschlossenen Stromverträge binden darf. Eine entsprechende Vertragsklausel stellt eine unangemessene Benachteiligung der Kunden dar (Az.: 2/2 U 128/99).

Probleme mit dem Führerschein

Während der Verlust des Führerscheins für Jüngere meist nur vorübergehend Unannehmlichkeiten bedeutet, ist er für Senioren oft der endgültige Abschied von der bisherigen Freiheit und Mobilität. Aber allein wegen des Alters wird niemandem die Fahrerlaubnis entzogen. Wenn keine auffallende Häufung von Fahrfehlern bekannt ist, muss schon eine medizinisch gesicherte Gefahr für die Verkehrssicherheit vorliegen, etwa starker Orientierungs- oder Konzentrationsmangel. Oder eine schwere Vorerkrankung, etwa Schlaganfall, entschied der Verwaltungsgerichtshof Baden-Württemberg (Az.: 10 S 874/88). Es gibt keinen Grund, ein Höchstalter für Führerscheinbesitzer einzuführen. Autofahrer über 65 Jahre sind laut ADAC lediglich mit sieben Prozent an Unfällen auf unseren Straßen beteiligt. Bei einem Bevölkerungsanteil von 16,6 Prozent liegen sie damit weit unter dem Schnitt anderer Altersgruppen. Entscheidend sei daher nicht das Lebensalter, sondern der Gesundheitszustand des Fahrers. Vielfach fahren ältere besser als jüngere, aber nicht so gesunde Autofahrer. Wer bei leidlicher Gesundheit ist und ohne Medikamente auskommt, die die Fahrtüchtigkeit einschränken, kann also bis ins hohe Alter ans Steuer. Derzeit sind rund zehn Prozent der Kraftfahrzeugführer 70 Jahre und älter. Da die Strafen für Verkehrssünden jedoch immer wieder verschärft wurden, sollte man besonders vorsichtig fahren. Details zum aktuellen Bußgeldkatalog bietet unter anderem das Bundesverkehrsministerium; (www.bmvbs.de/dokumente/-,302.7253/Publikationen/dokument.htm).

Ein Fahrverbot beginnt übrigens erst, wenn der Betroffene seinen Führerschein bei der Polizei oder Staatsanwaltschaft abgegeben hat. Nach dem Fahrverbot bekommt er den Führerschein kostenlos und automatisch zurück. Hinterhältig ist, dass das Punktekonto in Flensburg zunächst nur unmerklich wächst, da der Autofahrer nicht sofort nach Zuspruch der ersten Punkte davon erfährt. Erst ab acht Punkten wird die Verwaltung tätig und schickt eine schriftliche Verwarnung ins Haus. Von da an ist es nicht mehr weit bis zu 14 Punkten, wo die Wiederholung der theoretischen Fahrprüfung droht. Wer riskant fährt und öfter erwischt wird (Verwarnungsgeld bringt zum Glück keine Punkte), sollte selbst seinen Kontostand ermitteln. Für vergessliche Sünder empfiehlt es sich, im Kraftfahrt-Bundesamt (Adresse → Seite 268) den aktuellen Punktestand abzurufen.

Das geht so: Schicken Sie dem Kraftfahrt-Bundesamt ein Formular mit Ihren Personendaten (→ Musterbrief 43 auf Seite 342) und »amtlich beglaubigter« Unterschrift oder mit Ihrer persönlichen Unterschrift (nicht »amtlich beglaubigt«, aber mit vergrößerter Kopie der Vorder- und Rückseite des gültigen Personalausweises bzw. Reisepasses). Die Auskunft ist unentgeltlich.

Übrigens: Seit 1999 gibt es einen EU-Führerschein. Der alte ist aber weiterhin gültig. Wer unbedingt den neuen will, muss für das Umschreiben rund 30 Euro bezahlen. Wird der Führerschein jedoch entzogen, erfolgt die Neuerteilung nach dem dann gültigen Recht. Lkw-Fahrer (Klasse 2) dürfen zunächst nur noch bis zum 50. Geburtstag fahren – danach ist alle fünf Jahre eine ärztliche Eignungsbescheinigung erforderlich.

Ihr Recht als Opfer von Gewalt und Unfall

Wer wie viele ältere Leute zum Opfer durch eine Straftat oder einen Verkehrsunfall wird, kann nur mit geringfügiger Hilfe rechnen.

Leistungen für Opfer krimineller Gewalttaten: Leistungen nach dem Opferentschädigungsgesetz stehen Ihnen zu, wenn Sie durch einen vorsätzlichen oder rechtswidrigen Angriff auf Ihre Person innerhalb des Bundesgebietes oder an Bord eines deutschen Flugzeuges oder Schiffes einen Gesundheitsschaden erlitten haben. Wie eine Gewalttat werden auch Straftaten behandelt, die gemeingefährlich oder auf eine Person gerichtet sind.
Art und Höhe der Leistungen für Opfer von Gewalttaten beschränken sich auf den Ausgleich von Gesundheitsschäden durch eine entsprechende Heil- und Krankenbehandlung, den Ersatz von Lohnausfall und eine Grundrente bei mindestens 25 Prozent geminderter Erwerbsfähigkeit. Zuständig für die Anträge ist das Versorgungsamt. Die Grundrente gibt es in acht Stufen, von 30 Prozent geminderter Erwerbsfähigkeit an bis 100 Prozent. Das entspricht einer monatlichen Grundrente von rund 118 bis 621 Euro.

Leistungen für Gewaltopfer (Auswahl)[1]

Versorgung, darunter Kosten für
- Heilbehandlung
- Ersatzleistungen (etwa für medizinische Hilfsmittel)
- Kuren
- Haushaltshilfe, Pflege
- Krankengeld
- Beihilfe (etwa 35 Euro täglich)
- Krankenbehandlung (für Angehörige und Pflegepersonal)
- Grundrente ab 30 Prozent geminderter Erwerbsfähigkeit (= 118 Euro) bis 100 Prozent (= 621 Euro)
- Zulagen für Schwerstbeschädigung, Pflege und Berufsschaden, unabhängig vom vorhandenen Einkommen
- Ehegattenzuschlag (68 Euro)

Witwenversorgung
Waisenversorgung
Elternversorgung

[1] Stand: 2005

Achtung: Für Vermögensschäden, Schmerzensgeld und Sachschäden ist ganz allein der Täter haftbar, nicht der Staat! Der zahlt für die gesundheitliche Beeinträchtigung dafür im Extremfall lebenslang. Zuständig ist meist das Versorgungsamt (→ Musterbrief 44 auf Seite 343). Opfer von Straftaten erhalten kompetente Unterstützung von der Selbsthilfeorganisation »Weißer Ring« (Adresse → Seite 268).

Verkehrsopferhilfe: Wer Opfer eines Verkehrsunfalls wird, hat Anspruch auf alle Leistungen der Kfz-Versicherung des Unfallverursachers. Falls der aber verbotenerweise gar keine Kfz-Haftpflichtversicherung abgeschlossen hatte oder Fahrerflucht begeht, zahlt die Verkehrsopferhilfe, ein Entschädigungsfonds der Autoversicherer (→ Adresse Seite 268). Je nach Unfall gibt es bei Personenschäden bis 2,5 Millionen Euro (ab 2008: wahrscheinlich 7,5 Millionen Euro), bei Sachschäden bis 500 000 Euro (ab 2008: wahrscheinlich 1 Million Euro). Bei Fahrerflucht gibt es Schmerzensgeld allerdings nur in sehr schweren Fällen; Schäden am Auto werden nicht ersetzt, sonstige Sachschäden nur ab 500 Euro. Die Verkehrsopferhilfe zahlt nur dann, wenn alle anderen Möglichkeiten nicht greifen (etwa die Heilbehandlung bei der Krankenkasse oder Berufsgenossenschaft; Schäden am eigenen Auto, die von der eigenen Vollkaskoversicherung nicht gezahlt werden).

Je nach der Schwere des Unfalls zahlt die Verkehrsopferhilfe einmalig (Sachschaden) oder länger (Gesundheitsschaden). Betroffene bekommen die Hilfe durch schnellstmöglichen direkten Kontakt zur Verkehrsopferhilfe. Das entsprechende Formular kann man sich auch aus dem Internet herunterladen (www.verkehrsopferhilfe.de, Link »Praktische Tipps«).

Richtig vererben

Die Höhe der Steuer bei Schenkung (vorgezogenes Erbe zu Lebzeiten) und Erbschaft (im Todesfall) ist im Prinzip gleich. Sie richtet sich nicht nur nach der Höhe des Vermögens, sondern auch nach der Erbschaftsteuerklasse, die wiederum vom Verwandtschaftsgrad der Erben zum Verstorbenen abhängt (→ Tabellen Seite 217).

Rechtliche Ausgangslage bei Schenkung und Erbe

Grundsätzlich gilt: Je näher die Verwandtschaft, desto geringer sind die Steuerklasse und die Steuersätze. Aber aufgepasst: Das geltende Erbschaft- und Schenkungsteuerrecht ist verfassungswidrig. Es gilt maximal bis Ende 2008. Bis dahin muss eine neue Regelung entstehen, hat das Bundesverfassungsgericht am 31. Januar 2007 entschieden (Az.: 1 BvL 10/02). Verfolgen Sie die Tagespresse.
Für die einzelnen Steuerklassen ergeben sich in Abhängigkeit von der Höhe der Erbschaft Steuersätze zwischen 7 bis 50 (!) Prozent.
Es gibt jedoch Freibeträge für nahe Angehörige, sodass Ehepartner und Kinder in aller Regel von der Schenkung- bzw. Erbschaftsteuer verschont bleiben (→ Tabelle Seite 217 unten).
Jeder höhere Betrag kostet den Erben also zwischen 7 und 50 Prozent seines neu erworbenen Vermögens.
Trostpflaster: Erben Ehepartner und/oder Kinder, so gibt es bei der Erbschaftsteuer zusätzlich zu den in der Tabelle genannten Freibeträgen sogenannte Versorgungsfreibeträge (§ 17 ErbStG). Für die Witwe sind

Steuerklassen

Steuerklasse	Wer?
I	Ehegatte, Kinder und Stiefkinder, Enkel und Urenkel, Eltern und Großeltern
II	Geschwister, Neffen und Nichten, Stiefeltern, Schwiegerkinder, Schwiegereltern, geschiedener Ehepartner
III	alle übrigen Erben, auch Lebenspartner

Quelle: § 15 Erbschaft- und Schenkungsteuergesetz

Erbschaftsteuersätze

bei Vermögenswert bis ... Euro	Steuer (%) fällig in Klasse		
	I	II	III
52 000	7	12	17
256 000	11	17	23
512 000	15	22	29
5 113 000	19	27	35
12 783 000	23	32	41
25 565 000	27	37	47
darüber	30	40	50

Quelle: § 19 Erbschaft- und Schenkungsteuergesetz

So viel Erbe ist steuerfrei

Personen	Freibetrag in Euro
Ehepartner	307 000
Kinder, Stiefkinder, Kinder verstorbener Kinder	205 000
Kinder lebender Kinder, Eltern, Großeltern	51 200
Geschwister, Neffen, Nichten, Schwiegereltern, Schwiegerkinder, geschiedene Gatten	10 300
Sonstige Erben	5200

Quelle: § 16 Erbschaft- und Schenkungsteuergesetz

das 256 000 Euro, für die Kinder je nach Alter zwischen 10 300 (bis zum Alter von 27 Jahren) und 52 000 Euro (bis zum Alter von 5 Jahren). Tipp: Vom Vermögen des Toten können neben den Freibeträgen auch noch Nachlassschulden, Erbfallkosten und vorweggenommene Erwerbskosten (etwa eine Leibrente, die der Verstorbene für Angehörige »gestiftet« hat) abgezogen werden, ehe die Höhe des zu versteuernden Vermögens feststeht.
Außerdem gilt (§ 13 ErbStG):
➤ Hausrat, Wäsche und Kleidung bis zu einem Wert von 41 000 Euro (bei Steuerklasse I) und zusätzlich andere bewegliche Gegenstände bis zu einem maximalen Wert von 10 300 Euro unterliegen nicht der Erbschaftsteuer.
➤ Personen, die den Steuerklassen II oder III zugehören, können die vorgenannten Gegenstände insgesamt bis zu einem Gesamtwert von 10 300 Euro steuerfrei erwerben.
➤ Steuerfrei ist auch ein Betrag von 5200 Euro für die unentgeltliche bzw. unterbezahlte Pflege des Erblassers.
➤ Betriebsvermögen, Anteile an Kapitalgesellschaften, land- und forstwirtschaftliches Vermögen bis 225 Millionen Euro ist steuerfrei.

Grundstücke und Häuser zählen gleichfalls für die Schenkung- und Erbschaftsteuer. Hier wird das Ertragswertverfahren angewendet, bei dem das Finanzamt die Immobilie bei rund 60 Prozent des aktuellen Verkehrswertes ansetzt. Bei bebauten Grundstücken wird die ortsübliche Miete zur Grundlage der Erbschaftsteuer gemacht.
Das Finanzamt bildet den Mittelwert aus den Mieteinnahmen der letzten drei Jahre – bei nicht vermieteten die ortsübliche Miete – und multipliziert das Ergebnis

mit dem per Gesetz angeordneten »Vervielfältiger« von 12,5. Für ältere Häuser kommen dann noch Abschläge von 0,5 Prozent für jedes volle Kalenderjahr hinzu, höchstens aber 25 Prozent.

Übrigens: Stirbt Ihr Ehepartner und es wird tatsächlich Erbschaftsteuer fällig (laut Erbschaftsteuerbescheid), so sind manche finanziell überfordert. Dann hilft ein schneller Brief an das Finanzamt, um zumindest die Zahlungen zu strecken oder vorübergehend zu stunden (→ Musterbrief 45 auf Seite 344). Es kann aber durchaus sein, dass ein negatives Erbe zu erwarten ist, also nur Schulden geerbt werden. Als überlebender Ehepartner ahnt man dies zumeist. Andere Erben sind womöglich total überrascht. Was tun? Am besten das Erbe ausschlagen, denn die »Mitnahme« positiven Vermögens und die gleichzeitige Ablehnung der Schuldenübernahme ist nicht erlaubt. Die Ausschlagung müssen Sie entweder von einem Notar beglaubigen lassen oder persönlich beim Amtsgericht (Nachlassgericht) »zur Niederschrift« vorbeibringen (§ 1945 BGB). Einfach hinschicken oder gar faxen geht in diesem Falle nicht (→ Musterbrief 46 auf Seite 345).

Achtung: Sie müssen sich innerhalb von sechs Wochen ab Kenntnis einer ungewollten Erbschaft entledigen. Danach gilt das Erbe als angenommen. Ebenso dann, wenn Sie einen Erbschein beantragt haben. Ist kein Testament vorhanden und Sie gehören laut gesetzlicher Erbfolge zu den Erben, beginnt die Frist in dem Moment, wo Sie von dem Erbfall erfahren. Haben Sie das Erbe ausgeschlagen, wird der »Nächstberufene« zum vorläufigen Erben eingesetzt. Warnen Sie denjenigen, wenn Sie ihn vor einem belastenden Erbe schützen wollen. Wenn niemand das Erbe will, fällt es irgendwann dem Staat zu – und der muss es nehmen.

Schenkung für Erben günstiger

Nicht nur die Schenkung von Immobilien gegen Nießbrauch (→ Seite 197–199) ist von Vorteil. Generell ist es für alle Beteiligten oft von Nutzen, das Erbe vorzuziehen. Wichtigster Grund: Bei jeder Erbschaft, aber auch jeder Schenkung sitzt ein stiller Teilhaber mit am Tisch, das Finanzamt. Wer bereits zu Lebzeiten Vermögen weiterreicht, der erspart seinen Erben später Erbschaftsteuer.

Zwar macht das Finanzamt keinen Unterschied, ob etwas vererbt oder geschenkt wird. Denn es gelten die gleichen Steuersätze und die gleichen Freibeträge. Aber diese Freibeträge räumt der Fiskus beim Schenken alle zehn Jahre aufs Neue ein. Dem Ehepartner können Sie so alle zehn Jahre Werte bis zu 307 000 Euro steuerfrei schenken.

So viel Schenkung ist alle zehn Jahre steuerfrei

Personen	Freibetrag in Euro
Ehepartner	307 000
Kinder, Stiefkinder, Kinder verstorbener Kinder	205 000
Kinder lebender Kinder, Eltern, Großeltern	51 200
Geschwister, Neffen, Nichten, Schwiegereltern, Schwiegerkinder, geschiedene Gatten	10 300
Sonstige Erben	5200

Quelle: § 16 Erbschaft- und Schenkungsteuergesetz

Tipp: Weitere Details zum Thema Schenkung und Erbe liefert spezielle Ratgeberliteratur, die in allen Verbraucherzentralen erhältlich ist: »Erbschaften« (7,80 Euro), »So erben Ehepartner« (9,80 Euro) und »ABC des Erbrechts« (9,80 Euro).

Vererben: besser mit Testament

Wer mit der gesetzlichen Erbfolge keine Probleme hat, bedenkt für den Fall seines Todes Ehepartner und Kinder automatisch mit seinem Vermögen. Wollen Sie jedoch Anderweitiges bestimmen, muss eine letztwillige Verfügung (Testament) oder ein Erbvertrag her. Das Testament muss
➤ eigenhändig (handschriftlich vom ersten bis zum letzten Wort) geschrieben sein,
➤ mit Vor- und Zuname unterschrieben und
➤ am besten auch mit Ort und Datum versehen werden.

Als Alternative kommt das Testament vor einem Notar in Betracht (gebührenpflichtiges öffentliches Testament), dem Sie Ihren Letzten Willen mündlich vortragen und der ihn dann niederschreibt. Das eigenhändige Testament kann überall aufbewahrt oder beim jeweiligen Amtsgericht gebührenpflichtig hinterlegt werden. Dann bekommen Sie einen Hinterlegungsschein. Das öffentliche Testament wird immer beim Amtsgericht, das für den Sitz des Notars zuständig ist, hinterlegt. Übrigens: Ehepaare können ein gemeinschaftliches Testament aufsetzen; dann müssen aber auch beide unterschreiben. Der Letzte Wille kann jederzeit geändert, widerrufen, ergänzt oder vernichtet werden. Die wichtigsten Punkte finden Sie in der Checkliste 19 auf Seite 290–291.
Im Testament können Sie auch bestimmte Auflagen machen, unter denen das Erbe anzutreten ist. So kann etwa ein Kind verpflichtet werden, später das Grab zu pflegen. Sie können zudem bestimmte Vermögensvorteile wie Geld, Wertsachen, einzelne Möbelstücke, Gemälde oder anderes gezielt einer Person »vermachen«, die nicht zu den Erben gehört. Dieses Ver-

> **Tipp:** Wichtige Informationen rund um das Thema Testament liefert der Ratgeber »Vorsorge selbst bestimmt« (9,80 Euro), der in allen Verbraucherberatungsstellen erhältlich ist.

mächtnis »beschwert« das Erbe. Das heißt: Der Begünstigte hat gegenüber den Erben dann nach Ihrem Tod einen gerichtlich durchsetzbaren Anspruch auf Erfüllung des Vermächtnisses.

Statt Testament: ein Erbvertrag

Im Gegensatz zur einseitigen Verfügung beim Testament ist der Erbvertrag eine Vereinbarung zwischen mindestens zwei Personen, die hinterher nicht einseitig geändert werden kann. Sie als Vererbender legen sich damit nahezu unwiderruflich auf die Menschen fest, die erben sollen. Insbesondere für wilde Ehen und gleichgeschlechtliche Partnerschaften bietet er eine verlässliche Möglichkeit, den gemeinsamen Nachlass zu regeln. Aber auch ein Großvater, der seinen Enkel zum Alleinerben machen will, braucht den Erbvertrag. In jedem Fall müssen alle Beteiligten den Vertrag vor einem Notar schließen.

Was die notarielle Beglaubigung des Erbvertrags kostet

Wert des Nachlasses (in Euro)	Gebühr (in Euro)
50 000	264
200 000	714
400 000	1314
1 000 000	3114

Quelle: Kostenordnung

Der Kontrakt wird gegen eine erneute Gebühr beim Amtsgericht hinterlegt. Wer hinterher ein anderslautendes Testament macht, hätte sich die Mühe sparen können, denn der Erbvertrag gilt weiter. Doch haben Sie als Vererbender weiterhin das Recht, Ihr Vermögen nach Herzenslust auszugeben und zu veräußern: Sie sind beim Erbe nur an die Vertragspersonen gebunden, nicht an eine bestimmte Höhe des Erbes. Aufpassen müssen Sie nur bei Schenkungen an Mitmenschen, die im Erbvertrag nicht bedacht sind: Diese Schenkungen könnte der Erbvertragspartner nach Ihrem Tod vom Beschenkten zurückverlangen. Übrigens: Nachträgliche Änderungen beim Erbvertrag klappen nur, wenn alle Beteiligten einwilligen. Ist dies nicht der Fall, kann der Vererbende nur in bestimmten Ausnahmefällen einseitig vom Vertrag zurücktreten (→ Checkliste 20 auf Seite 292).

Wer erbt und wer »enterbt« werden kann

Familienangehörige können in aller Regel nicht enterbt werden. Die gesetzliche Erbfolge sichert einem bestimmten Personenkreis den sogenannten Pflichtteil zu, der die Hälfte des gesetzlichen Erbteils umfasst, und zwar:
➤ dem Ehegatten
➤ den Kindern (falls die nicht mehr leben, deren Kindern)
➤ den Eltern, falls keine eigenen Abkömmlinge mehr leben
➤ dem eingetragenen Lebenspartner

Ist jemand aufgrund der gesetzlichen Erbfolge – also ohne Testament – in den Genuss eines Erbteils gekommen, steht ihm im Falle eines anderslautenden

Testaments der Pflichtteil zu. Dann wird ermittelt, zu welcher Quote der Berechtigte erben würde, wenn die gesetzliche Erbfolge eintreten würde. Diese Summe muss dann halbiert werden. Sie wird von den Erben, wie sie im Testament benannt wurden, an den Pflichtteilsberechtigten ausgezahlt. Übrigens: Der Anspruch auf den Pflichtteil entsteht erst mit dem Erbfall (§ 2317 BGB). Pflichtteilsansprüche entstehen also immer erst mit dem Tod des Erblassers. Es ist nicht möglich, den Pflichtteil vorher auszuzahlen. Für das Geltendmachen eines Pflichtteils sind drei Jahre Zeit, nachdem man vom Erbfall erfahren hat. Ein gänzliches Enterben, etwa von unliebsamen Kindern, ist daher nicht möglich. Ausnahme: Der Betreffende hat sich »erbunwürdig« verhalten. Dies ist der Fall, wenn er:

➤ dem Verstorbenen nach dem Leben getrachtet oder ihn gar getötet hat
➤ ihn in einen Zustand versetzt hat, der das Aufsetzen eines Testaments unmöglich machte
➤ ihn vorsätzlich daran gehindert hat, ein Testament aufzusetzen
➤ ihn durch Drohung oder Arglist dazu gebracht hat, ein Testament zu seinen Gunsten aufzusetzen
➤ das Testament gefälscht oder unterdrückt hat

Ohne Testament oder Erbvertrag tritt automatisch die gesetzliche Erbfolge ein. Mit Testament können Sie dagegen individuell bestimmen, wer was erben soll, müssen aber auf Pflichtteile Rücksicht nehmen.

Patientenverfügung und Betreuungsvollmacht

Zur immateriellen Vorsorge gehört auch eine Patientenverfügung (sog. Patiententestament). Mit diesem

Schriftstück, das Sie in gesundheitlich guten Tagen aufsetzen sollten, geben Sie deutliche Hinweise an behandelnde Ärzte, was Sie als Patient wünschen (→ Checkliste 21 auf Seite 293). Das ist dann sinnvoll, wenn Sie selbst sich später nicht mehr äußern können, etwa nach einem schweren Autounfall. Der Mediziner muss sich am mutmaßlichen Patientenwillen orientieren. Beispiel: Wer eine Verlängerung des Lebens um jeden Preis, etwa den Anschluss an medizinische Apparate, ablehnt, sollte dies in der Patientenverfügung deutlich machen. Allerdings sind Ärzte grundsätzlich auch verpflichtet, Leben zu erhalten. Dennoch: Handelt der Arzt gegen die Einwilligung des Betroffenen, begeht er nach geltendem Recht Körperverletzung (strafbar). Die Schwierigkeit: Menschen legen Wünsche fest für Situationen, die sie aus eigener Erfahrung kaum oder noch gar nicht kennen. Umstände, die uns in gesunden Tagen als unerträglich scheinen, können in der konkreten Situation der Betroffenen ganz anders wahrgenommen werden. Vor Abfassen einer Patientenverfügung sollten Sie sich daher auf jeden Fall von einem Arzt beraten lassen.

Seit mehreren Jahren wird an einem Gesetzentwurf zur Stärkung der Patientenautonomie gearbeitet, der auf eine generelle Gültigkeit von Patientenverfügungen abzielt. Bei Redaktionsschluss stand nach einer Grundsatzdebatte im Bundestag lediglich fest, dass ein entsprechendes Gesetz vermutlich erst 2008 fertig wird (verfolgen Sie die Tagespresse!). Eine Gewähr, dass Patientenverfügungen in jedem Fall von den behandelnden Ärzten anerkannt werden, gibt es ohne Gesetz nicht.

So ist zum Beispiel nicht immer der Wille des Patienten eindeutig und konkret genug auf die jeweilige Situation bezogen. Dies kann zum Beispiel schnell bei Musterverfügungen passieren. Indiz für die kompli-

zierte Rechtslage: Laut Beschluss des Bundesgerichtshofes vom 17. März 2003 darf ein gerichtlich bestellter Betreuer die Patientenverfügung zum Abbruch lebenserhaltender Maßnahmen erst dann umsetzen, wenn das Vormundschaftsgericht zugestimmt hat (Az.: XII ZB 2/03).
Kann ein Mensch aufgrund einer Krankheit oder Behinderung seine Angelegenheiten nicht mehr selber regeln, so bekommt er einen Betreuer zur Seite gestellt (§ 1896 BGB). Der Betreuer ist der gesetzliche Vertreter des Betroffenen, der aber nach geltendem Recht nicht mehr als entmündigt gilt. Die Betreuung kann von Angehörigen, aber auch von einem Pflegedienst, einem Krankenhaussozialdienst oder dem Gesundheitsamt angeregt werden. Das Amtsgericht entscheidet aufgrund eines ärztlichen Gutachtens und eines Sozialberichtes, ob und für welche Lebensbereiche eine Betreuung notwendig ist. Im Verfahren wird der Betroffene persönlich durch den Amtsrichter angehört und kann selbst Wünsche äußern, wer zu seinem Betreuer bestellt werden soll. Das Amtsgericht beauftragt schließlich den Betreuer.
In einer Betreuungsverfügung können Sie zum einen festlegen, wen Sie als Betreuer wünschen, zum anderen können sie aber auch dem Betreuer Vorgaben machen, was Sie wie geregelt haben wollen. Für die Entscheidungen des Betreuers sind also nicht dessen Wünsche maßgeblich, sondern die des Betreuten. In einigen Bundesländern können Betreuungsverfügungen bei den dortigen Vormundschaftsgerichten hinterlegt werden. Wenn eine notariell beglaubigte oder beurkundete Betreuungsverfügung im Register der Bundesnotarkammer erfasst wurde, können die Gerichte Informationen darüber elektronisch abrufen.
Zum Betreuer können alle »geeigneten« Personen bestellt werden: nahe Angehörige, Menschen aus der

Nachbarschaft, Freunde, Mitarbeiter eines Betreuungsvereines oder Berufsbetreuer (meist Rechtsanwälte). Wenn Sie bereits in einem Heim oder einer ähnlichen Einrichtung leben, darf jedoch kein Mitarbeiter dieser Einrichtung gewählt werden, der zu dieser in einem Abhängigkeitsverhältnis oder in einer anderen engen Beziehung steht. Rechte und Pflichten eines Betreuers richten sich nach dem vom Gericht zugewiesenen Aufgabenkreis. Dies können sein:

➤ Gesundheitsfürsorge
➤ Vermögensangelegenheiten
➤ Wohnungsangelegenheiten
➤ Empfangen und Öffnen der Post
➤ Aufenthaltsbestimmung

Zu einzelnen Rechtshandlungen (freiheitsentziehende und -beschränkende Maßnahmen, schwerwiegende medizinische Eingriffe und Abbruch lebensverlängernder Maßnahmen) benötigt der Betreuer die ausdrückliche Genehmigung des Vormundschaftsgerichtes. Dem Gericht gegenüber ist er auch zur Rechenschaft verpflichtet. Dies geschieht durch einen meist jährlich verfassten Sachbericht und durch die Rechnungslegung (Einnahmen und Ausgaben). Angehörige 1. Grades (Eltern, Kinder) sind von der Pflicht zur Rechnungslegung befreit.

Was viele nicht wissen: Betreuer haben Anspruch auf eine Entschädigung. Bei ehrenamtlichen Betreuern sind dies zumindest 312 Euro Aufwandspauschale pro Jahr. Bei Berufsbetreuern gelten Stundensätze zwischen 18 und 31 Euro. Diese Betreuer müssen durch detaillierte Aufzeichnungen nachweisen, wie viel Zeit sie wofür verwendet haben. Die Kosten trägt in aller Regel der Betreute selbst. Ausnahme: Ist er mittellos, zahlt der Staat aus dem Topf der Justizministerien der Länder.

Rentner und Steuern

Auf Steuern wurde bereits an einigen Stellen eingegangen, so auf die Notwendigkeit einer Einkommensteuererklärung (→ Seite 206–209), die Besteuerung der Altersrente (→ Seite 68–69), auf das Erbe (→ Seite 216–227) sowie auf das Erbe speziell im Ausland (→ Seite 201). Hier, im Schnelldurchgang zusammengefasst, die wichtigsten Punkte.

Steuern auf Altersrente

Die gesetzliche Altersrente unterliegt seit 2005 zu mindestens 50 Prozent der Besteuerung. Dies gilt auch für alle, die nun bereits Altersrente beziehen. Betroffen sind auch Leistungsempfänger landwirtschaftlicher Alterskassen, berufsständischer Versorgungseinrichtungen sowie Rentenempfänger wegen verminderter Erwerbsfähigkeit und Empfänger privater Leibrenten der Basisversorgung (Rürup-Rente). Der steuerpflichtige Teil der Rente wird für jeden neu hinzukommenden Rentnerjahrgang ab 2006 um jährlich 2 Prozent angehoben (bis 2020). Wer 2020 in Rente geht, muss also schon 80 Prozent seiner Rente versteuern. Von 2021 bis 2040 steigt der Besteuerungsanteil dann für Neurentner jährlich nur noch in 1-Prozent-Schritten, sodass für Neurentner ab 2040 die Rente zu 100 Prozent versteuert wird (→ Seite 229).
Im Gegenzug werden die Beiträge zur gesetzlichen Rentenversicherung von Jahr zu Jahr stärker von der Steuer freigestellt: Ab 2007 sind dies 64 Prozent der Beiträge, die zu 54 Prozent der Einkommensteuer unterworfen werden – oberhalb der Freibeträge von aktuell 12 800 Euro pro Jahr (→ Seite 230).

So viel Altersrente wird besteuert

Jahr des Rentenbeginns	Besteuerungs-Anteil (%)	Jahr des Rentenbeginns	Besteuerungs-Anteil (%)
bis 2005	50	2023	83
2006	52	2024	84
2007	54	2025	85
2008	56	2026	86
2009	58	2027	87
2010	60	2028	88
2011	62	2029	89
2012	64	2030	90
2013	66	2031	91
2014	68	2032	92
2015	70	2033	93
2016	72	2034	94
2017	74	2035	95
2018	76	2036	96
2019	78	2037	97
2020	80	2038	98
2021	81	2039	99
2022	82	2040	100

Im Jahr 2005 blieben die meisten Renten steuerfrei, weil bei den meisten Rentnern der Anteil der Jahresrente, der steuerfrei war, unter dem steuerfreien Existenzminimum (Grundfreibetrag) von 7664 Euro lag. Deshalb konnten bei Rentenbeginn vor 2006 bis zu 18 893 Euro Jahresrente (= 1574 Euro pro Monat) aus der Basis- und Zusatzversorgung steuerfrei bezogen werden. Zum Vergleich: 2004 waren es noch satte 42 640 Euro. Künftig wird der steuerfreie Betrag noch deutlich geringer ausfallen, wie die Tabelle auf Seite 230 zeigt.

So viel Beiträge zur Altersrente bleiben steuerfrei

Jahr	Höhe der abzugsfähigen Aufwendungen (%)	Höchstbetrag (Euro)
2005	60	12 000
2006	62	12 400
2007	64	12 800
2008	66	13 200
2009	68	13 600
2010	70	14 000
2011	72	14 400
2012	74	14 800
2013	76	15 200
2014	78	15 600
2015	80	16 000
2016	82	16 400
2017	84	16 800
2018	86	17 200
2019	88	17 600
2020	90	18 000
2021	92	18 400
2022	94	18 800
2023	96	19 200
2024	98	19 600
2025	100	20 000

So viel Altersrente bleibt mit 65 steuerfrei

Jahresrente	Steuerabzug bei Rentenbeginn im Jahr …		
	2015	2025	ab 2040
10 000	0	109	372
15 000	469	958	1590
20 000	1318	2126	2966
25 000	2264	3329	4463
30 000	3256	4619	6081

Steuern auf Pensionen

Zu den Altersbezügen, die Arbeitnehmer nach Ausscheiden aus dem Berufsleben vom früheren Arbeitgeber erhalten, gehören vor allem Pensionen. Beamte

So schmilzt der Versorgungsfreibetrag ab

Jahr des Pensionsbeginns	Prozentsatz[1] und Höchstbetrag (Versorgungsfreibetrag)	Zuschlag zum Versorgungsfreibetrag
bis 2005	40,0 %, max. 3000 €	1000 €
2006	38,4 %, max. 2880 €	864 €
2007	36,8 %, max. 2760 €	828 €
2008	35,2 %, max. 2640 €	792 €
2009	33,6 %, max. 2520 €	756 €
2010	32,0 %, max. 2400 €	720 €
2011	30,4 %, max. 2280 €	684 €
2012	28,8 %, max. 2160 €	648 €
2013	27,2 %, max. 2040 €	612 €
2014	25,6 %, max. 1920 €	576 €
2015	24,0 %, max. 1800 €	540 €
2016	22,4 %, max. 1680 €	504 €
2018	19,2 %, max. 1440 €	432 €
2020	16,0 %, max. 1200 €	360 €
2022	14,4 %, max. 1080 €	324 €
2024	12,8 %, max. 960 €	288 €
2026	11,2 %, max. 840 €	252 €
2028	9,6 %, max. 720 €	216 €
2030	8,0 %, max. 600 €	180 €
2032	6,4 %, max. 480 €	144 €
2034	4,8 %, max. 360 €	108 €
2036	3,2 %, max. 240 €	72 €
2038	1,6 %, max. 120 €	36 €
2040	0 €	0 €

[1] Bemessungsgrundlage für die Berechnung des Versorgungsfreibetrags ist bei Versorgungsbeginn ab 2005 das 12-Fache des Versorgungsbezugs für den ersten vollen Monat.

erhalten statt Altersrente ebenfalls Pensionen vom Dienstherrn. Die gehören zu den voll zu versteuernden Einkünften aus nicht selbstständiger Arbeit. Sie werden lediglich durch Gewährung eines besonderen Freibetrags, des Versorgungsfreibetrags, begünstigt. Durch stufenweise Abschmelzung des Versorgungsfreibetrages – ab 2040 entfällt er komplett – werden Pensionäre aber auch immer stärker besteuert (→ Tabelle auf Seite 231).

Für den Versorgungsbeginn bis 2007 gilt: Es wird ein Versorgungsfreibetrag in Höhe von 36,8 Prozent der Versorgungsbezüge gewährt, höchstens jedoch 2760 Euro pro Jahr. Hinzu kommt ein steuerfreier Zuschlag von 828 Euro. Der frühere Arbeitnehmer-Pauschbetrag entfällt. Stattdessen wird ein allgemeiner Werbungskosten-Pauschbetrag in Höhe von 102 Euro gewährt.

Übrigens: Analog zu Pensionen bei Beamten wird bei einigen Betriebsrentenarten (Direktzusage; U-Kasse) und Werkspensionen von früheren Arbeitnehmern ebenfalls der Versorgungsfreibetrag gewährt. Voraussetzungen:

➤ Sie sind mindestens 63 Jahre alt oder
➤ die Betriebsrente wird wegen verminderter Erwerbsfähigkeit gezahlt oder
➤ es handelt sich um Hinterbliebenenbezüge.

Steuern auf Kapitalversicherungen

Kapitalversicherungen besaßen seit vielen Jahren ein Steuerprivileg: In der Einzahlphase konnten die Beiträge als Sonderausgaben abgesetzt werden, sofern der steuerfreie Höchstbetrag noch nicht durch die Sozialversicherung ausgeschöpft war. Und die Auszahlphase war ebenfalls privilegiert: Die Auszahlung auf

einen Schlag (Kapitalabfindung) war komplett steuerfrei. Die steuerfreie Kapitalabfindung wiederum war an drei Bedingungen geknüpft:
➤ mindestens 12 Jahre Laufzeit des Vertrages
➤ mindestens fünf Jahre lang Einzahlung laufender Beiträge (keine Einmalzahlung)
➤ Todesfallschutz in Höhe von mindestens 60 Prozent der Versicherungssumme

Unter diesen Bedingungen bleibt es bei voller Steuerfreiheit für alle Anleger, die bis 31. Dezember 2004 einen Vertrag unterschrieben hatten und im Laufe der nächsten Jahre ihre Auszahlung erwarten. Für Neuabschlüsse seit dem 1. Januar 2005 sieht es deutlich schlechter aus, denn diese sind zu 100 Prozent einkommensteuerpflichtig.
Ausnahme: Die Erträge werden zur Hälfte besteuert. Als Ertrag gilt die Differenz zwischen der Versicherungsleistung (Ablaufleistung) und der Summe der eingezahlten Beiträge.
Wenn im Vertrag mindestens zwölf Jahre Laufzeit vereinbart sind und die Auszahlung erst nach Vollendung des 60. Lebensjahrs erfolgt, werden Erträge nur zu 50 Prozent besteuert. Eine echte Altersvorsorge mit Lebensversicherungen wird also teilweise noch steuerlich privilegiert.
Warnung: Für Kapitallebensversicherungen, die vor 2005 abgeschlossen wurden und die eine der oben genannten drei Bedingungen nicht erfüllen, gilt: Bei der Auszahlung sind 25 Prozent Kapitalertragsteuer fällig, falls kein Freistellungsauftrag vorliegt oder der Sparerfreibetrag (801 Euro pro Jahr und Person) ausgeschöpft ist. Selbst wenn die Versicherung frei von Einkommensteuer ausgezahlt worden ist, droht im Jahr darauf womöglich Kapitalertragsteuer, wenn der Betrag wieder angelegt worden ist und Zinsen eingebracht hat.

Steuern auf private Rentenversicherungen

Im Gegensatz zur Kapitallebensversicherung, die in der Regel auf die Auszahlung einer vollen Summe auf einen Schlag hinausläuft, wird eine andere Spielart der Lebensversicherung, die private Rentenversicherung, lebenslänglich jeden Monat besteuert, aber nur mit dem sogenannten Ertragsanteil. Zur Erklärung: Da das Beitragsgeld sich im Laufe der Jahre verzinst hat, stecken in jeder Rente auch Zinsen. Diese Zinsen nennt man den Ertragsanteil. Günstig: Für jene, die ab 2005 in Rente gehen, gelten bei der Besteuerung des Ertragsanteils geringere Steuersätze als zuvor – auch für Privatrenten, die schon vor 2005 abgeschlossen worden sind, sowie für die Basisrente.

Apropos Basisrente (auch Rürup-Rente genannt): Bei diesem 2005 neu eingeführten Rentenversicherungsprodukt werden die Beiträge von Jahr zu Jahr immer stärker von der Steuer freigestellt (siehe folgende Tabelle): Ab 2005 sind 60 Prozent der Beiträge, die regu-

So viel Privatrente wird besteuert (Ertragsanteil in %)

Alter bei Rentenbeginn	Besteuerung ab 2005[1]	Besteuerung vor 2005
60	22	32
61	22	31
62	21	30
63	20	29
64	19	28
65	18	27
66	18	26
67	17	25
68	16	23

[1] auch bei Basisrente (auch Rürup-Rente genannt)

Quelle: § 22 Absatz 1 EStG/Alterseinkünftegesetz

lär der Einkommensteuer unterworfen sind, bis zu einem Höchstbetrag (siehe Tabelle unten) von 12 000 Euro pro Jahr steuerfrei. Somit werden also nur 40 Prozent plus dem Geld, das über dem jeweiligen Höchstbeitrag liegt, zur Hälfte (50 Prozent) der Einkommensteuer unterworfen. Dafür wird die Auszahlung voll besteuert. Diese neuen Leibrenten dürfen im Gegensatz zu herkömmlichen privaten Rentenversicherungen weder vererbt, übertragen, beliehen noch veräußert oder kapitalisiert werden. Außerdem

So viel Beitrag für die Basisrente bleibt steuerfrei

Jahr	Höhe der abzugsfähigen Aufwendungen (%)	Höchstbetrag (Euro)
2005	60	12 000
2006	62	12 400
2007	64	12 800
2008	66	13 200
2009	68	13 600
2010	70	14 000
2011	72	14 400
2012	74	14 800
2013	76	15 200
2014	78	15 600
2015	80	16 000
2016	82	16 400
2017	84	16 800
2018	86	17 200
2019	88	17 600
2020	90	18 000
2021	92	18 400
2022	94	18 800
2023	96	19 200
2024	98	19 600
2025	100	20 000

ist die Auszahlung erst ab 60 erlaubt. Sonst gibt es keine Förderung. Vorteil: Die Basisrente ist ebenso wie die Riester-Rente vor dem Zugriff des Staates geschützt, falls der Anleger später bedürftig wird und Arbeitslosengeld II oder Sozialhilfe bezieht. Gefördert werden auch Unternehmer.

Auch bei Betriebsrenten zielt die steuerliche Förderung bei Neuverträgen seit 2005 ausschließlich auf Rentenzahlungen. Damit gilt für Direktversicherungen, Pensionskassen und Pensionsfonds (→ Seite 22–24): Einzahlungen in bis zu 4 Prozent der Beitragsbemessungsgrenze in der gesetzlichen Rentenversicherung West (2007: bis 2520 Euro) sind pro Jahr steuerfrei möglich (§ 3 Nr. 63 EStG). Hinzu kommen 1800 Euro Beitrag. Macht zusammen 4320 Euro pro Jahr. Gleichzeitig werden die Betriebsrenten im Alter tendenziell voll besteuert (ab 2040: 100 Prozent).

Steuern auf Geldanlagen

Steuern auf Geldanlagen richten sich auch im Ruhestand nach dem Einkommensteuersatz. Beispiel: Haben Sie 30 Prozent Einkommensteuersatz, so werden auch Zinsen und Dividenden oberhalb des Sparerfreibetrages mit diesem Satz besteuert. Dann bleiben Ihnen von 1000 Euro Zinsen nach Steuern nur 700 Euro erhalten. Wer Geld anlegt, darf also vom Gewinn nicht immer alles für sich behalten. Banken und Sparkassen müssen von allen Zinseinnahmen 30 Prozent Kapitalertragsteuer an den Fiskus abführen (Zinsabschlag). Es sei denn, Sie haben der Bank einen Freistellungsauftrag erteilt. In diesem Fall zieht die Bank keinen Zinsabschlag ein. Das Finanzamt geht also leer aus. Das klappt aber nur bis zu einer festgelegten Höhe der jährlichen Zinsen (= Sparerfreibetrag).

Dieser Freibetrag wird je nach Kassenlage des Bundes immer wieder verändert. Seit 2007 bleiben nur noch 801 Euro an Kapitalertrag pro Jahr für Ledige steuerfrei (Ehepaare: 1602 Euro). Damit aber nicht jeder bei allen möglichen Banken Freistellungsaufträge abgibt und damit den Höchstbetrag elegant und steuerfrei überspringen kann, geben die Banken Kopien jedes Antrages an das Bundesamt für Finanzen weiter. Wer auffällt, macht sich der Steuerhinterziehung verdächtig und riskiert hohe Geldbußen. Um vom Fiskus unbehelligt zu bleiben, darf ein Single maximal 16 020 Euro zu 5 Prozent Zinsen angelegt haben, Verheiratete das Doppelte (siehe Tabelle unten).

Wer mehr zurücklegt, muss mit dem Finanzamt teilen und entsprechend seinem persönlichen Einkommensteuersatz Steuern auf seine Kapitalerträge zahlen. Daher ist es nur recht und billig, mit eigener Anlagestrategie dem Finanzamt gegenzusteuern. Dies gelingt mit einer sorgfältigen Auswahl der Anlageformen, denn die werden bislang unterschiedlich besteuert. Auch vom Zinsabschlag sind nicht alle For-

Diese Beträge bleiben von Kapitalertragsteuer verschont

Zinssatz pro Jahr (in %)	maximaler steuerfreier Zinsbetrag pro Jahr[1]	
	Ledige	Verheiratete
2,5	32 040	64 080
3,0	26 700	53 400
4,0	20 025	40 050
5,0	16 020	32 040
6,0	13 350	26 700
7,0	11 443	22 885
8,0	10 012	20 025
9,0	8900	17 800

[1] Angaben gerundet (in Euro)

men der Geldanlage gleichermaßen betroffen. Nicht betroffen sind Aktien und Kursgewinne aus festverzinslichen Wertpapieren, betroffen dagegen Bundeswertpapiere und Rentenfonds. Achtung: Der Zinsabschlag ist keine zusätzliche Steuer, sondern lediglich eine Vorauszahlung auf Einkünfte aus Kapitalvermögen. Er wird bei der jährlichen Steuererklärung auf die fällige Einkommensteuer angerechnet.
Um beim Kapitalertrag legal Steuern zu sparen, sollten Sie einige Besonderheiten gebräuchlicher Anlageformen kennen.

Anleihen und andere Zinsanlagen: 30 Prozent Zinsabschlag gelten für alle festverzinslichen Wertpapiere, die bei einer deutschen Bank im Depot lagern, falls kein Freistellungsauftrag vorliegt. Auf Zinsen oberhalb des Sparerfreibetrages ist Kapitalertragsteuer fällig. Bei ausgeschöpftem Freibetrag und hohem Einkommen lohnt es, in Anlagen ohne oder mit niedriger Zinszahlung umzuschichten.

Aktienfonds: In reinen Aktienfonds versteuert die Fondsgesellschaft alle anfallenden Dividenden, die jedoch nur einen Bruchteil des Wertzuwachses ausmachen, zur Hälfte (Halbeinkünfteverfahren). Falls ein Freistellungsauftrag vorliegt, bleiben auch Dividenden bis zu dieser Höhe steuerfrei. Der Hauptertrag, die Kursgewinne, bleiben steuerfrei, wenn der Anleger die Fondsanteile mindestens 12 Monate im Depot behält (Spekulationsfrist). Sollten Aktienfonds auch festverzinsliche Wertpapiere im Fondsvermögen aufweisen (Mischfonds), gilt für diesen Ertragsteil dasselbe Recht wie für Rentenfonds. Unterm Strich bleiben jedoch auch dann bis zu 70 Prozent der Erträge steuerfrei. Achtung: Ab 2009 sollen Kursgewinne zu 25 Prozent steuerpflichtig werden (Abgeltungssteuer).

Rentenfonds: 30 Prozent Zinsabschlag sind fällig, falls kein Freistellungsauftrag vorliegt (auch für Rentenanteile in Mischfonds). Oberhalb des Sparerfreibetrages ist Kapitalertragsteuer zu zahlen, jedoch nicht für Kursgewinne, die ebenfalls möglich sind. Da fast nur Zinserträge anfallen, ist reichlich Kapitalertragsteuer zu zahlen. Depots bei ausländischen Banken vermeiden den Zinsabschlag, nicht jedoch die Kapitalertragsteuer. Ab 2009 sollen auch Erträge aus Rentenfonds zu 25 Prozent besteuert werden (Abgeltungssteuer).

Offene Immobilienfonds: Ähnlich wie bei den Aktienfonds ist ein Teil der Ausschüttungen steuerfrei: Abschreibungen auf Immobilien im Fonds gelten steuerlich als Verluste. Daher sind 20 bis 60 Prozent der Erträge – bei Wertzuwachs der Immobilien – steuerfrei. Je höher der Immobilienanteil im Fonds, desto geringer die Steuerlast. Umgekehrt gilt: Je höher der Anteil von Geldmarkt- und Rentenpapieren im Fonds, desto höher die Steuerlast. 30 Prozent Zinsabschlag sind fällig, falls kein Freistellungsauftrag vorliegt. Oberhalb des Sparerfreibetrages ist Kapitalertragsteuer zu zahlen.

Aktien: Falls ein Freistellungsantrag vorliegt, bleiben Dividenden bis zur Höhe des Sparerfreibetrages steuerfrei. Der Hauptertrag, die Kursgewinne, bleiben steuerfrei, wenn der Anleger die Aktien mindestens 12 Monate im Depot behält (Spekulationsfrist). Die Dividende wird nur zur Hälfte besteuert: 50 Prozent der Gewinnausschüttung oberhalb des Sparerfreibetrages sind damit steuerfrei. Wer ausschließlich in Aktien anlegt, verdoppelt also praktisch seinen Sparerfreibetrag.
Neben der Kapitalertragsteuer verlangt der Fiskus die sogenannte Spekulationssteuer, wenn börsennotierte

Wertpapiere innerhalb von 12 Monaten nach der Anlage wieder verkauft werden. Für Spekulationsgewinne gibt es eine Geringfügigkeitsgrenze: Beträgt der steuerpflichtige Gewinn bei Verkäufen innerhalb der Spekulationsfrist höchstens 512 Euro pro Jahr, so geht das Finanzamt leer aus. Und der Anleger hat zudem einen gewissen Gestaltungsspielraum: Verluste aus Spekulationsgeschäften können gegen Gewinne aufgerechnet werden. Bleiben unterm Strich weniger als 512,01 Euro Gewinnplus, ist dieser Ertrag steuerfrei. Achtung: Ab 2009 sollen Kursgewinne zu 25 Prozent steuerpflichtig werden (Abgeltungssteuer). Dafür soll dann die Spekulationssteuer abgeschafft werden.

Steuern auf Immobilien

Wer im eigenen Haus oder in einer Eigentumswohnung wohnt, zahlt darauf keine Einkommensteuer. Es wird jedoch beim Kauf Grunderwerbsteuer (meist 3,5 Prozent vom Kaufpreis) sowie jedes Quartal Grundsteuer fällig. Die Grundsteuer errechnet sich so: Auf Basis des Hauswertes werden Messbeträge festgelegt und mit dem Hebesatz, den jede Gemeinde festlegen und jederzeit verändern kann, multipliziert.
Vermieter müssen Einnahmen aus der Vermietung abzüglich aller Werbungskosten versteuern. Um Einkommensteuer zu sparen, kann man sich auch an Immobilien beteiligen. Insbesondere geschlossene Immobilienfonds eignen sich gut als steuersparende Sachwertanlage. Wer eine Beteiligung kauft, bekommt für das abgelaufene Jahr eine Verlustzuweisung, denn das Objekt der Begierde arbeitet anfangs stets in den roten Zahlen. Der Verlust lässt sich aber teilweise gegen das zu versteuernde Einkommen

aufrechnen und vermindert so die Steuerpflicht. Es gibt seriöse und unseriöse Angebote. Unter 5000 Euro Monatseinkommen rechnen sich derartige Sparmodelle meist nicht – für Rentner also gar nicht. Zudem zählt nicht nur die Steuerersparnis, sondern in erster Linie der eigentliche Ertrag. Erst dann hat der Anleger auf Dauer wirklich gewonnen. Die Praxis sieht leider häufig anders aus.

Entsteht beim Verkauf einer Immobilie ein Wertzuwachs, so ist der steuerfrei, falls zwischen dem Bau bzw. Kauf und dem Verkauf mindestens zehn Jahre liegen (Spekulationsfrist). Innerhalb dieser Frist sind Gewinne oberhalb der Geringfügigkeitsgrenze von 512 Euro zu versteuern – und zwar mit dem individuellen Einkommensteuersatz. Da der Immobilienverkauf das zu versteuernde Jahreseinkommen des betreffenden Jahres in aller Regel deutlich in die Höhe schraubt, sollten Sie sich vor dem Verkauf bei einem spezialisierten Steuerberater informieren.

Steuern auf Einkommen

Das Einkommensteuerrecht unterscheidet zwischen unbeschränkter und beschränkter Steuerpflicht. Unbeschränkt – also mit sämtlichen Einkünften – einkommensteuerpflichtig sind natürliche Personen mit Wohnsitz oder gewöhnlichem Aufenthalt in Deutschland, also auch Rentner und Pensionäre. Für die Einkommensteuer gelten die folgenden Einkünfte als Besteuerungsgrundlagen: Land- und Forstwirtschaft, Gewerbebetrieb, selbstständige Arbeit, nicht selbstständige Arbeit (Arbeitnehmer), Kapitalvermögen, Vermietung und Verpachtung sowie sonstige Einkünfte (beispielsweise Renten, Pensionen oder Spekulationsgeschäfte).

Unterm Strich muss jeder Bürger aus seinen steuerpflichtigen Einkünften oberhalb eingeräumter Freibeträge Einkommensteuer zahlen. Die Steuerpflicht beginnt etwa bei einem Jahreseinkommen von 7665 Euro (Verheiratete das Doppelte). Wer mehr verdient, muss von jedem Euro ab den genannten Beträgen aufwärts je nach Einkommen zwischen 15 und 42 Cent Einkommensteuer zahlen. Hinzu kommt ein Solidaritätszuschlag bei der Einkommen- bzw. Körperschaftsteuer für Aufwendungen in den östlichen Bundesländern in Höhe von 5,5 Prozent der festgesetzten Einkommen- bzw. Körperschaftsteuer. Diese Ergänzungsabgabe, die übrigens im Westen und im Osten bezahlt werden muss, gilt in gleicher Höhe für alle Sparer, die Kapitalertragsteuer zahlen müssen. Je nach Kirchenzugehörigkeit wird auch noch Kirchensteuer auf das Einkommen erhoben: in Höhe von 8 bis 9 Prozent der festgesetzten Einkommensteuer.
Rentner, die zusätzlich zur Rente noch arbeiten und damit Geld verdienen (→ Seite 169–173), werden praktisch wie Arbeitnehmer besteuert: Je höher die Einkünfte an Lohn, Rente, Kapitalertrag usw. zusammen, desto höher die Einkommensteuer. Klar ist: Eine Einkommensteuererklärung für Ruheständler ist Pflicht, wenn die steuerpflichtigen Einkünfte über 7664 Euro liegen (Ehepaare: über 15 329 Euro; → Seite 206–209). Umgekehrt gilt: Wenn Sie abzüglich Freibeträgen und Werbungskosten weniger als 7664 Euro pro Jahr erzielen (= 638,66 Euro pro Monat), brauchen Sie keine Einkommensteuer zu zahlen. Beantragen Sie beim Finanzamt in diesem Fall eine Nichtveranlagungsbescheinigung (→ Musterbrief 47 auf Seite 346). Folge: Sie werden dann im Steuerverzeichnis gestrichen und haben mindestens drei Jahre lang Ruhe vor dem Fiskus. Allerdings sind Sie bei Verbesserung der Verhältnisse verpflichtet, erneut die

steuerliche Veranlagung zu beantragen, etwa bei einer größeren Erbschaft und damit verbundenen hohen Kapitalerträgen. Es gibt speziell für Rentner eine ganze Reihe von Möglichkeiten, die Einkommensteuerlast zu senken. Wer im Zusammenhang mit seinen Einkünften Ausgaben hat – Werbungskosten genannt –, kann die auch steuerlich geltend machen. Wer keinerlei solche Kosten hat, kann immerhin 51 Euro pro Jahr geltend machen (Werbungskostenpauschbetrag).
Hier ein paar Beispiele für Steuersparmöglichkeiten:

Haushaltsnahe Dienstleistungen: Eigentümer und Mieter, die Schönheitsreparaturen oder kleine Ausbesserungsarbeiten machen lassen, können ihre Einkommensteuer reduzieren. Begünstigt sind haushaltsnahe Dienstleistungen nur, wenn eine Firma mit Arbeiten beauftragt wird. Beispiel: Sie lassen in der Wohnung streichen. Bis zu 20 Prozent der Kosten, maximal 600 Euro pro Jahr, können von der Steuerschuld abgezogen werden.

Versicherungen: Prämien können die Steuerlast senken. In voller Höhe betrifft dies Beiträge, die unter die Werbungskosten fallen, also direkt mit dem Beruf oder der Erzielung von Einkünften zusammenhängen. Beispiel: Vermieter können Gebäudepolicen sowie entsprechende Haftpflicht- und Rechtsschutz-Versicherungen absetzen. Als Sonderausgaben sind Beiträge für private Versicherungen zum Teil absetzbar, insbesondere Beiträge für private Kranken-, Pflege-, Unfall- und Privathaftpflicht-Versicherungen. Auch Reise-Krankenversicherungen sowie die Kfz-Haftpflicht und spezielle Haftpflichtversicherungen für Hundehalter fallen darunter. Obwohl Altersrentner keine Altersvorsorge mehr betreiben, können sie dennoch Vorsorgeaufwendungen bis zu 1500 Euro pro Person und Jahr abziehen.

Vermietung: Hier können Ausgaben für Grundsteuer, Gebäudeabschreibung, Instandhaltung, Gartenpflege, Hausverwaltung, Kreditzinsen und nicht auf die Mieter umlegbare andere Kosten steuerlich geltend gemacht werden. Auch Baumaßnahmen bis 4000 Euro (netto) sind sofort als Werbungskosten abziehbar.

Krankheit und Pflege: Außergewöhnliche Belastungen können sein: Zuzahlung bei Medikamenten oder bei Heilbehandlungen, Kosten für Brille, Hörgerät, Krankenfahrten, Treppenlift, Rollstuhl oder Prothese. Vorteile ergeben sich aber nur, wenn die Kosten insgesamt eine zumutbare Belastungsgrenze überschreiten. Faustregel: Bei bis zu 15 340 Euro Jahreseinkünften sind 5 Prozent Eigenanteil zumutbar. Nur was unterm Strich über diese Belastungsgrenze hinausgeht, wirkt sich steuerlich positiv aus.

Behinderung: Hier können die vollen Kosten geltend gemacht werden. Alternativ gilt ein Pauschbetrag (ab 50 Prozent Behinderung) ab 570 Euro. Mit steigender Behinderung steigt auch der Pauschbetrag (bei Blinden: 3700 Euro pro Jahr).

Haushaltshilfe: Wer über 60 ist, kann die Aufwendungen für eine Hilfe im Haushalt als außergewöhnliche Belastung absetzen (§ 33a Absatz 3 EStG), und zwar bis zu einer Höhe von 624 Euro pro Jahr. Bei 50 Prozent oder mehr Behinderung sind bis zu 924 Euro pro Jahr erlaubt. Bei Ehepaaren muss nur einer von beiden über 60 sein, um die Haushaltshilfe absetzen zu können, dies ist aber pro Haushalt nur einmal erlaubt (also bei Ehepaaren nicht doppelt).

Heimunterbringung: Falls Sie oder Ihr Ehepartner in einem Heim zu dauerhafter Pflege untergebracht sind, können Kosten, die einer Haushaltshilfe vergleichbar sind, in gleicher Höhe abgesetzt werden.

Auch im Todesfall kann man das Finanzamt beteiligen: Eine Beerdigung bringt außergewöhnliche finanzielle Belastungen. Das Finanzamt gewährt Ermäßigungen bei der Einkommensteuer. Vor allem, wenn der überlebende Ehepartner oder sonstige Erbe noch berufstätig ist, kann er einkommensabhängig einen Teil der Bestattungskosten in der Steuererklärung geltend machen. Allerdings nur, wenn die Begräbniskosten höher sind als der Nachlass. Zu den Begräbniskosten zählen:

➤ Aufwendungen für die Überführung
➤ die Bestattung (samt Sarg)
➤ die übliche Trauerfeier (ohne Bewirtung)
➤ das angemessene Grabmal

Trauerkleidung, Bewirtung der Trauergäste, Fahrtkosten und Grabpflege werden nicht erstattet. Zudem gibt es eine zumutbare Eigenbelastung, die vom Jahreseinkommen, Familienstand des Erben bzw. seines Ehegatten sowie vom Nachlass abhängen. Nur Aufwendungen, die diesen Betrag (also auch das Erbe)

Zumutbare Eigenbelastungen

Zu versteuerndes Einkommen	bis 15 340 Euro	bis 51 130 Euro	über 51 130 Euro
Ledige ohne Kinder	5%	6%	7%
Verheiratete ohne Kinder	4%	5%	6%
mit 1 oder 2 Kindern	2%	3%	4%
mit 3 oder mehr Kindern	1%	1%	2%

übersteigen, erkennt der Fiskus als außergewöhnliche Belastung an (→ Tabelle Seite 245).
Übrigens: Wer Vermögen im Ausland anhäuft, entgeht dem Finanzamt dennoch nicht. Entsprechende Abkommen zwischen Deutschland und anderen Ländern verhindern lediglich, dass Ihre Einkünfte zweimal besteuert werden (gilt auch fürs Auslandserbe). Grundsätzlich ist jeder Deutsche mit seinem gesamten »Welteinkommen« steuerpflichtig, egal wo es erwirtschaftet wurde. Auf die Staatsangehörigkeit kommt es dabei gar nicht an. Denn als Steuerbürger zählt jeder Steuerpflichtige, der hierzulande wohnt. Durch sogenannte Doppelbesteuerungsabkommen verzichtet der deutsche Fiskus darauf, das im Ausland versteuerte Einkommen hier noch einmal zu belasten – auch wenn der Steuersatz dort weit niedriger sein sollte. Die Finanzbehörden behalten sich allerdings das Recht vor, die Auslandseinkünfte fiktiv den inländischen Einnahmen hinzuzuschlagen. Für die deutschen Einkünfte kann sich daraus insgesamt ein höherer Satz ergeben.
Kapitalerträge sind ebenfalls steuerpflichtig, zumindest oberhalb des deutschen Sparerfreibetrages. Solange der Fiskus jedoch nichts vom Konto im Ausland weiß, geht alles gut. Aber wehe, er erfährt davon. Und das kann durchaus passieren. In manchen Staaten (insbesondere USA) informieren die Banken nämlich die zuständigen Behörden über Zinseinkünfte auf den Konten – und zwar nicht nur die eigene Finanzbehörde, sondern auch die im Heimatland des Kontoinhabers. In Deutschland erhält das Bundesfinanzministerium diese Kontrollmitteilungen, die sie über das Bundesamt für Finanzen an die zuständigen Finanzämter weiterleitet. Und das Finanzamt stellt dann möglicherweise unangenehme Fragen nach der Herkunft der Einnahmen.

Lebensende

Sterben ist hierzulande immer noch ein Tabuthema. Daher wissen Hinterbliebene oftmals nicht, was im Todesfall zu tun ist. Damit Sie in Ihrem Schmerz und der Trauer nichts vergessen und so zusätzliche Probleme vermeiden, helfen Ihnen die nachfolgenden Ausführungen (→ Checkliste 22 auf Seite 294–295).

Was bei einem Todesfall zu tun ist

Die allerersten Schritte direkt nach dem Tod sind:
➤ Arzt benachrichtigen, um Totenschein ausstellen zu lassen (Kosten rund 70 Euro; Voraussetzung, um die Sterbeurkunde zu bekommen)
➤ Aufbahrung im Sterbehaus
➤ Noch uninformierte nahe Angehörige verständigen
➤ Wichtige Unterlagen zusammenstellen
➤ Sterbeurkunde beschaffen

Die Sterbeurkunde ist beim Standesamt zu beantragen. Dazu braucht man die Geburts- bzw. Heiratsurkunde und den Personalausweis, bei Geschiedenen auch das Scheidungsurteil. Sie erhalten automatisch vier Sterbeurkunden: für das Einwohnermeldeamt, das Friedhofsamt, die Krankenkasse und den Rentenversicherungsträger. Da die Sterbeurkunde auch für andere Formalitäten unbedingt gebraucht wird, sollten Sie weitere Ausfertigungen verlangen; sinnvoll sind mindestens zehn Exemplare. Die Kosten liegen bei rund 40 Euro.
Wichtig: Totenschein und Sterbeurkunde sind zwingende Voraussetzungen für die Bestattung. Daher sollten sie so schnell wie möglich besorgt werden.

Liegt ein Testament vor, so müssen Sie das Original umgehend beim zuständigen Nachlassgericht abliefern. Zuständig ist das Amtsgericht am Wohnsitz des Verstorbenen. Aber lassen Sie vorher eine vom Notar beglaubigte Kopie anfertigen. Falls es ein notarielles Testament oder einen Erbvertrag gibt, müssen Sie dem Gericht den Notar, den Tag der Beurkundung und die UR-Nr. des Notars (UR = Urkundenrolle) mitteilen, falls bekannt. Das Bestattungsunternehmen muss besonders schnell instruiert werden, wenn ein Vorsorgevertrag zur Bestattung geschlossen wurde.
Alle anderen Erledigungen – von der Bank über das Finanzamt bis hin zu Vereinen und Abonnementverträgen – haben sicher Zeit bis nach der Beerdigung. Lediglich wenn der Verstorbene für Ihre gemeinsamen Finanzen allein kontoverfügungsberechtigt war, müssen Sie schnell handeln und einen Erbschein beantragen, da sonst das Geld innerhalb weniger Tage knapp werden dürfte (→ Musterbrief 48 auf Seite 347). Mit dem Erbschein weisen Sie Ihre Ansprüche gegenüber Behörden und Institutionen nach. Er wird beim Amtsgericht beantragt. Mitzubringen sind:

➤ Sterbeurkunde
➤ Auszug aus dem Familienbuch
➤ Testamentsurkunde

Bestattung: Fallstricke und Preise

Der Tod kostet nicht nur das Leben, sondern auch eine Menge Geld. Alles in allem müssen die Lebenden zwischen 2000 und 6000 Euro berappen, um den Toten halbwegs würdevoll unter die Erde zu bringen. Die wenigsten Trauernden denken in diesem schmerzlichen Moment daran, dass sie es beim Bestattungsgewerbe mit einem gewinnorientierten Wirtschaftszweig zu tun haben, bei dem wie sonst auch Preisvergleich zur ersten Bürgerpflicht gehört. Wer das nicht übers Herz bringt, sollte einen guten Freund oder Angehörigen um diesen Dienst bitten. Die Checkliste 23 auf Seite 296 informiert Sie darüber, was im Einzelnen zu tun ist.

Fragt man bei Bestattungsunternehmen einmal intensiver nach, erntet man zumeist Schweigen. Die Zunft der Damen und Herren in Schwarz redet nicht gern über Geld im Angesicht des Todes, spricht lieber davon, dass sie sich auf Wunsch der Hinterbliebenen schlichtweg um alles kümmern will. Ein frommer Wunsch, den sich leider nur die wenigsten leisten können, denn alle Dienste haben ihren Preis – vom Behördengang über die Bestattungsvorbereitung bis hin zum Kauf von Grabstein, Blumenschmuck und Glockengeläut. Nach Beobachtung des Vereins Aeternitas (www.aeternitas.de) verlangen die Bestatter für ihre Leistungen, die erst rund die Hälfte der Gesamtkosten einer Beerdigung ausmachen, bei:

- einfacher Erdbestattung ab 1500 Euro
- üblicher Erdbestattung rund 4500 Euro
- gehobener Erdbestattung rund 8500 Euro
- Feuerbestattung 1100 Euro bis 6000 Euro
- Seebestattung 600 bis 2000 Euro

Und mit den Kosten für den Bestatter ist der teure Tote noch nicht beerdigt. Die andere Hälfte der Kosten entfällt auf Friedhofsgebühren, muss für Grabstelle und Ausrichtung der Beerdigung an Kommune oder Kirche veranschlagt werden. Die genauen Werte erfährt man aus der Gebührensatzung seiner Stadt oder Gemeinde. Preise und Leistungen schwanken regional erheblich, etwa für die Bestattung in einem Erdreihengrab zwischen 140 und 1800 Euro. Hinzukommen 170 bis 1700 Euro für die Grabnutzung. Die jeweilige

Satzung gibt es beim Friedhofs- oder Gartenamt, mitunter auch beim Standesamt.
Bedenken Sie, dass eine schlichte Bestattung nicht weniger würdig ist als eine pompöse. Der geleistete Aufwand hat mit dem ehrenden Gedenken an den Verstorbenen nichts zu tun. Schließlich ist es kaum im Sinne des Toten, dass sich seine Hinterbliebenen in der Zeit der Trauer auch noch mit Geldsorgen herum-

---

Die Arten der Bestattung

➤ **Erdbestattung:** Die Besattung in einem Sarg ist die am meisten verbreitete und häufig auch die teuerste Bestattungsform. Sie erfordert das größte Grab — und daher den höchsten Pflegeaufwand.

➤ **Feuerbestattung:** Der Sarg mit dem Verstorbenen wird im Krematorium verbrannt und die Asche in einer Urne beigesetzt. Hierfür muss eine schriftliche Willenserklärung des Toten oder seines nächsten Angehörigen vorliegen. Das Urnengrab ist kleiner und daher weniger aufwändig. Sonderform: Bestattung der Asche in Baumwurzel (FriedWald) außerhalb des Friedhofes.

➤ **Seebestattung:** Die Urne wird nach der Feuerbestattung im Meer versenkt. Angehörige können an der Zeremonie teilnehmen; sie erhalten später eine Seekarte, wo der Ort der letzten Ruhe eingezeichnet ist. Das Kreuz hat aber nur Erinnerungswert, denn die Urne besteht immer aus schnell löslichem Material.

➤ **Anonyme Bestattung:** Die Urne wird nach der Feuerbestattung in einem Gemeinschaftsgrab beigesetzt. Keine Feierlichkeiten, kein Grabstein. Mit einer einmaligen, geringen Gebühr sind alle Kosten abgegolten. Es ist die preiswerteste Form der Bestattung. Sonderform: Luftbestattung (Verstreuen der Asche aus Heißluftballon)

plagen müssen. Inzwischen gibt es sogar die Möglichkeit, die Bestattung sehr preiswert online zu organisieren (www.volksbestattung.de). Zum Preisvergleich → die Checkliste 24 auf Seite 297–298.
Einen Wunsch können Deutschlands Bestatter jedoch keinesfalls erfüllen: Beerdigungsorte außerhalb der Norm. Vorläufig wird es also weder Asche im All noch den Großvater im Gartengrab oder das Einfrieren für die Auferstehung geben.

Obduktion und Organentnahme

Bei unnatürlichem Tod kann die Staatsanwaltschaft eine Obduktion anordnen. Ansonsten sind Krankenhäuser und Ärzte oft an einer inneren Leichenschau interessiert, um die genaue Todesursache zu ermitteln oder wissenschaftliche Studien zu betreiben. In den Krankenhausaufnahmeverträgen, die jeder Patient unterschreibt, steht häufig eine Klausel, die dem Arzt das Recht zur Obduktion einräumt. Ausnahme: Der Patient widerspricht. Auch nach einem Todesfall können der Ehepartner, volljährige Kinder, Eltern und Geschwister einer Obduktion widersprechen – aber nur bis 22 Uhr am Todestag. Hat der Verstorbene seine Einwilligung zu einer medizinischen Obduktion beim Todesfall in der Klinik gegeben, so können sich die Angehörigen nicht dagegen wehren. Sie sollten mit dem Arzt unverzüglich klären, ob es durch die Obduktion zu einer zeitlichen Verzögerung der Bestattung kommt.
Das Thema Organentnahme ist noch sehr umstritten, da sie schon an der Grenze zwischen Leben und Tod vollzogen werden muss, um für den Empfänger von Nutzen zu sein. Selbst die Zustimmung von Angehörigen genügt nicht, es sei denn, der Patient hätte dies ausdrücklich gewünscht. Am günstigsten ist es, sich

noch in der Lebensmitte einen Organspenderausweis zu besorgen (erhältlich bei der Bundeszentrale für gesundheitliche Aufklärung; Adresse → Seite 268). Darin erlaubt der potenzielle Spender ausdrücklich die Entnahme von Organen nach dem Eintreten des Hirntodes. Hirntod heißt: Es werden keine Hirnströme mehr gemessen, aber die Intensivmedizin erhält noch alle körperlichen Funktionen aufrecht und verlängert das Leben künstlich. Der Hirntod sollte von zwei unabhängig voneinander arbeitenden Ärzten festgestellt werden, die nichts mit Transplantationen zu tun haben. Einzelheiten regelt das Transplantationsgesetz (TPG). Liegt keine Willenserklärung pro oder kontra Organspende vor, aber die Klink würde gern Organe entnehmen, so müssen die nächsten Angehörigen – zum Beispiel Ehegatten und volljährige Kinder – ausdrücklich zustimmen. Die Ärzte haben die Angehörigen, nachdem sie den Gesamthirntod des Menschen festgestellt haben, darüber zu informieren, dass sich seine Organe zur Spende eignen würden. Die Angehörigen werden danach befragt, ob ihnen die Einstellung des Verstorbenen in Bezug auf eine Organentnahme bekannt ist. War sie positiv, können die Angehörigen einer Organentnahme zustimmen (§ 4 Abs. 1 TPG).

Sterbegeld

Stirbt ein gesetzlich Krankenversicherter, so erhielten die Angehörigen bis 2003 Sterbegeld. Dies wurde jedoch ersatzlos gestrichen. Mitunter zahlen noch manche Einzelgewerkschaften beim Tod von Mitgliedern. In jedem Fall zahlt die Berufsgenossenschaft bei Tod durch Arbeitsunfall oder Berufskrankheit ein volles Bruttomonatseinkommen plus nötige Überführungskosten, doch davon haben Altersrentner kaum etwas.

Sterbegeld – so viel kommt häufig zusammen

Ansprechpartner	Betrag (Euro)
Lebensversicherer	Versicherungssumme (häufig 20 000 €)
privater Unfallversicherer	bei Unfall Todesfallsumme (häufig 10 000 €)
Sterbegeldversicherer	Versicherungssumme (häufig 2500 €)
Gewerkschaft	mitunter 300 €, oft gar nichts
Arbeitgeber	siehe Tarifvertrag
Berufsgenossenschaft	1 volles Monatseinkommen + Überführung
Rentenversicherungsträger	3 volle Monatsrenten des Verstorbenen

Anders ist es, wenn Sie zu Lebzeiten vorgesorgt hatten: Dann kommen noch private Versicherungsleistungen hinzu (siehe oben).
Bei privater Vorsorge überwiegen zwei Spielarten der Lebensversicherung:
➤ Sterbegeldversicherung (auch im Rahmen sogenannter Vorsorgeverträge mit Bestattern) ist eine Mischung aus Risiko- und Kapitallebensversicherung mit relativ geringer Versicherungssumme (2500 bis 15 000 Euro), die nur im Todesfall ausgezahlt wird.
➤ Normale Kapitallebensversicherung: Sie wird bei Erleben im Alter von meist spätestens 65 ausgezahlt. Bei Tod vor Vertragsablauf erhält der »Bezugsberechtigte« die volle garantierte Versicherungssumme plus aller bis dato aufgelaufenen Überschüsse (→ Seite 118–139 und Musterbrief 15 auf Seite 314).

Apropos Sterbegeldpolicen: Versichern können sich 18- bis 85-Jährige, der Monatsbeitrag richtet sich nach der Versicherungssumme und dem Eintrittsalter. Um garantiert 4945 Euro Sterbegeld zu erhalten, muss ein Mann mit 48 Jahren zumeist 20 Jahre lang jeden Monat rund 20 Euro einzahlen. Sie können selbst den Begünstigten der Police benennen (dies muss kein klassischer Erbe sein). Er erhält das Geld dann im Todesfall und bestreitet davon die Beerdigung nach Ihren Wünschen. Viele Versicherte zahlen im Laufe der Jahre deutlich mehr Geld in die Versicherung ein, als letztlich ausgezahlt wird. Der scheinbar niedrige Beitrag kommt nur zustande, weil ein sehr hohes Endalter gewählt wird (85 oder 90). Am Ende sind die Verträge oft überzahlt. Noch schlimmer kann es kommen, wenn Vereine oder sogenannte Sterbekassen Sterbegeldverträge vermitteln, weil diese nicht selten einen Teil der Überschüsse für sich behalten (→ Seite 125).

Hatte der Verstorbene eine Sterbegeldversicherung abgeschlossen, besteht im Todesfall Anspruch auf sofortige Auszahlung des Sterbegeldes. Hinterbliebene können dem Bestatter eine Vollmacht ausstellen; dann zieht der das Geld ein und verrechnet den Betrag mit seinen Bestattungsleistungen.

Hinterbliebenenrente

Die nächsten Angehörigen stehen nicht mit leeren Händen da, wenn Mitglieder der gesetzlichen Rentenversicherung sterben. Sie erhalten von der Rentenversicherung eine Hinterbliebenenrente: der Ehepartner Witwen- bzw. Witwerrente, Kinder Waisenrente (maximal bis 25). Für Senioren kommt zumeist nur die Witwenrente in Betracht. Stellen Sie den Antrag beim

Rentenversicherungsträger Ihres verstorbenen Ehepartners innerhalb eines Jahres, da die Rente höchstens für 12 Monate nachgezahlt wird. War der Verstorbene bereits Rentner, beantragen Sie bei der Rentenrechnungsstelle der Bundespost am besten einen Vorschuss auf das Sterbevierteljahr. Eile tut bei der Post aber Not: Dieser Antrag muss innerhalb von 30 Tagen nach dem Tod des Gatten gestellt werden. Dazu brauchen Sie nur zum nächsten Postamt zu gehen und ein Formular mit der »Meldung vom Tod des Ehegatten – Rente im Sterbevierteljahr« auszufüllen und abzugeben. Den Antrag auf die Witwenrente müssen Sie extra bei der Rentenversicherung stellen. Falls die Frist bei der Post schon fast verstrichen ist, hilft zunächst ein formloser Brief, um die Ansprüche zu wahren (→ Musterbrief 49 auf Seite 348).

Die monatliche Zahlung von drei vollen Renten des Verstorbenen bekommen alle Witwen oder Witwer, wenn der Verstorbene schon zeitlebens eine eigene gesetzliche Rente bekam oder vor dem Rentenalter mindestens fünf Jahre gesetzlich rentenversichert war. Nach den drei Monaten gilt: Maßstab für die Höhe der Witwenrente sind die Ansprüche, die der verstorbene Ehepartner zuletzt auf die eigene Rente

---

Große und kleine Witwenrente

Große Witwenrente
- Witwe/Witwer ist mindestens 45 Jahre alt oder
- selbst berufs-/erwerbsunfähig oder
- hat mindestens ein Kind unter 18 zu erziehen (bei behindertem Kind auch darüber hinaus)

Kleine Witwenrente
- alle anderen Witwen/Witwer

hatte. Entweder werden davon 60 Prozent (»große« Witwenrente) oder nur 25 Prozent (»kleine« Witwenrente) gezahlt.

Inzwischen wurde die große Witwenrente gekürzt, und zwar für seit 2002 neu geschlossene Ehen sowie für Ehen, in denen beide Partner jünger als 40 Jahre sind. Statt 60 Prozent der Rentenansprüche des Verstorbenen gibt es noch 55 Prozent. Die kleine Witwenrente bleibt bei 25 Prozent, wird aber für manche befristet: Ist die Witwe demnach jünger als 45 Jahre, nicht berufstätig (und nicht erwerbsgemindert) und ohne Kind unter 18, wird die Witwenrente auf zwei Jahre begrenzt.

Hinterbliebene mit eigenem Einkommen erhalten nur anteilig Witwenrente. Sie dürfen ungefähr 690 Euro verdienen (im Osten: 606 Euro), ohne dass die volle Witwenrente in Gefahr gerät. Der exakte Freibetrag für Witwen und Witwer liegt genau beim 26,4-Fachen des aktuellen Rentenwertes (2007: Rentenwert West: 26,13 Euro, Rentenwert Ost: 22,97 Euro). Wer mehr verdient, für den gilt: Eigenes Einkommen über den Freibetrag hinaus wird zu 40 Prozent auf die Witwenrente angerechnet.

Achtung: Seit 2002 gilt der Freibetrag nicht mehr nur für Arbeitseinkommen, sondern es werden auch alle anderen Einkünfte wie Kapitalerträge, Miet- oder Pachteinnahmen, private Altersvorsorgeansprüche (außer Riester-Verträge) angerechnet. Demnach wird die Witwenrente im Zweifel stärker gekürzt als früher. Es kann aber auch passieren, dass gar keine Hinterbliebenenrente gezahlt wird. Das ist dann der Fall, wenn zu viel eigenes Einkommen und Vermögen (zum Beispiel durch Auszahlung einer Lebensversicherung bei Tod des Ehepartners) vorhanden ist. Gesetzlich besteht kein Anspruch auf Hinterbliebenenrente, sondern nur eine Aussicht. Dies hält das Bundesverfassungsgericht bislang für rechtens.

Nach Tod durch Arbeitsunfall oder Berufskrankheit gibt es 30 Prozent vom letzten Bruttoverdienst des verstorbenen Ehepartners. Wenn die Witwe mindestens 45 Jahre alt oder selbst berufsunfähig ist, gibt es sogar 40 Prozent des letzten Bruttoeinkommens vom Verstorbenen als Witwenrente.

Vorsicht Finanzamt! Hinterbliebenenrente war bis Ende 2004 steuerfrei, falls kein eigenes Einkommen des Ehepartners existierte, etwa bei Hausfrauen. Seit 2005 werden nicht nur Alters- und Invalidenrenten auf nachgelagerte Besteuerung umgestellt (→ Seite 37–53), sondern auch Hinterbliebenenrenten. Nun müssen Hinterbliebenenrenten zur Hälfte als Einkommen versteuert werden. Dieser Satz steigt bis 2020 jährlich um 2 Prozentpunkte, danach Jahr für Jahr bis 2040 um einen Prozentpunkt. Dann werden die Renten zu 100 Prozent besteuert. Der bei Rentenbeginn gültige Ertragsanteilsatz verändert sich aber nicht. Wer beispielsweise 2007 erstmals Witwenrente erhält, muss bis zum Tod 54 Prozent seiner Rente als Einkommen versteuern, falls er über den Grundfreibetrag kommt (7664 Euro pro Jahr; → Seite 242). Unterm Strich beginnt die Steuerpflicht für gesetzliche Renten jedoch erst bei rund 1575 Euro Bruttorente pro Monat (→ Seite 228–230).

Übrigens: Sind Sie nach dem Tod des Ehepartners noch berufstätig, so können Sie vom günstigen Ehegattensplitting bei der Berechnung der Einkommensteuer profitieren. Daran ändert sich nämlich im Todesjahr nichts, da die gewählten Steuerklassen bis zum Jahresende beibehalten werden können. Der Splittingtarif kann auch im Jahr, das auf das Todesjahr folgt, noch beibehalten werden. Ist der Hinterbliebene selbst Arbeitnehmer, kann er die Steuerklasse aber auch wechseln und die Einstufung in die günstige Steuerklasse 3 beantragen. Dies ist mit Wirkung vom

Todestag an möglich. Zuständig ist nicht das Finanzamt, sondern die Gemeindeverwaltung.

Statt Witwenrente können Ehepartner zu Lebzeiten auch ein sogenanntes Rentensplitting beantragen. Dann werden alle während der Ehe aufgebauten Rentenansprüche jeweils zur Hälfte geteilt. Voraussetzung ist, dass beide jeweils mindestens 25 Jahre rentenrechtliche Zeiten zurückgelegt haben. Folge des Splittings: Jeder hat seinen Anspruch, der für Witwen dann auch durch hohes eigenes Einkommen nicht geschmälert wird (keine Einkommensanrechnung) und auch bei eventueller erneuter Heirat nicht wegfällt. Die Regelung gilt für alle ab 2003 geschlossenen Ehen sowie für Ehepaare, die vorher geheiratet hatten und an ihrem Hochzeitstag jünger als 40 Jahre alt waren. Das Splitting kann beantragt werden, wenn beide erstmals Anspruch auf volle Altersrente haben. Ob sich das gegenüber der Witwenrente lohnt, hängt von den Umständen des Einzelfalls ab (insbesondere vom Einkommen der Frau). Die meisten fahren mit klassischer Witwenrente besser.

Grabpflegeverträge

Fast jeder zweite Deutsche betreut ein Grab. Das macht umso mehr Mühe, je älter der Betreuer wird. Daher überlassen immer mehr Angehörige die Grabpflege den Profis, insbesondere Gärtnereien, Kirchengemeinden oder anderen Trägern des Friedhofs (→ Checkliste 25 auf Seite 299). Die bieten meist zwei Vertragsarten zur Auswahl:

▶ **Saisonverträge:** Laufzeit beträgt ein Jahr (verlängert sich stillschweigend, wenn nicht fristgemäß drei Monate vor Ablauf gekündigt wird). Kosten werden zu Jahresbeginn fällig (oft 200 Euro).

➤ **Dauerpflegeverträge:** Laufzeit beträgt meist 20 oder 30 Jahre. Bei Vertragsbeginn wird ein größerer Betrag fällig (ca. 3500 Euro). Es kann im Testament verfügt werden, dass dies aus dem Erbe zu bezahlen ist. Entscheidend ist der Leistungsumfang. Wichtig: Vereinbaren Sie genau den Umfang laufender gärtnerischer Pflege, jahreszeitlicher Bepflanzung, Blumenschmuck an Gedenktagen, Sonderposten wie Graberneuerung nach einigen Jahren und Umfang der Bepflanzung. Dies alles kostet häufig rund 250 Euro pro Jahr.

Die Laufzeit von Dauerpflegeverträgen sollte mit der Ruhezeit, also der Existenz des Grabes auf dem Friedhof, übereinstimmen. Ansprechpartner für eine Dauergrabpflege sind die kirchlichen oder kommunalen Friedhofsverwaltungen, die Friedhofsgärtnerei oder die regionalen Treuhandstellen der Friedhofsgärtnergenossenschaften (www.grabpflege.de; Adresse → Seite 269). Der große Vorteil einer Treuhandstelle ist der, dass sie jährlich mit der Gärtnerei abrechnet. Zum Jahresende erhält der Grabnutzer einen Kontoauszug, am Ende der Vertragslaufzeit eine Abschlussrechnung.
Die Treuhandstelle kontrolliert jedes Jahr, ob die vereinbarte Pflegeleistung auch tatsächlich vom Gärtner erbracht wurde. Bei Unregelmäßigkeiten oder zu nachlässiger Pflege entzieht die Treuhandstelle der Gärtnerei den Auftrag und wählt einen anderen Gärtner aus. In diesem Fall hat der Grabnutzer ein außerordentliches Kündigungsrecht für die Vertragsauflösung, auch wenn einige Verträge dies ausschließen wollen. Bei Problemen mit der Abwicklung von Grabpflegeverträgen, die insbesondere bei Hinterbliebenen oft Ärger auslösen, hilft auch der Verein Aeternitas (Adresse → Seite 269).

Erneute Heirat

Will eine Witwe wieder heiraten oder eine eingetragene Lebenspartnerschaft eingehen, so verliert sie den Anspruch auf die bisherige Witwenrente. Dafür bekommt sie eine einmalige »Rentenabfindung«. Das sind 24 Witwenrenten auf einen Schlag. Die Monatshöhe ist aber nicht unbedingt mit der bisherigen Zahlung identisch, sondern bildet einen Durchschnittsbetrag der letzten zwölf Monate. Maßgeblich ist die gezahlte Rente nach Anrechnung eigenen Einkommens, aber vor Abzug der Beiträge zur gesetzlichen Kranken- und Pflegeversicherung.

Diese Regelung gilt auch für die Geschiedenenrente, falls die Scheidung vor Juli 1977 ausgesprochen wurde. Dann erhält die geschiedene Frau des Verstorbenen ebenfalls Witwenrente.

Falls die neue Ehe beendet wird (Scheidung oder Tod), gibt es erneut Witwenrente: Die alte Witwenrente aus erster Ehe lebt auf, erweitert um die Versorgungsansprüche aus der zweiten Ehe.

Anhang

Rentenberatung

Deutsche Rentenversicherung Bund, Ruhrstraße 2, 10709 Berlin, Tel. 030/865-1;
www.deutsche-rentenversicherung-bund.de

Deutsche Rentenversicherung Baden-Württemberg, 76135 Karlsruhe, Tel. 0721/825-0;
www.deutsche-rentenversicherung-bw.de

Deutsche Rentenversicherung Bayern Süd, 84024 Landshut, Tel: 0871/81-0;
www.deutsche-rentenversicherung-bayernsued.de

Deutsche Rentenversicherung Berlin-Brandenburg, Bertha-von-Suttner-Straße 1, 15236 Frankfurt/Oder, Tel. 0335/551-0;
www.deutsche-rentenversicherung-berlin-brandenburg.de

Deutsche Rentenversicherung Braunschweig-Hannover, Lange Weihe 2, 30875 Laatzen, Tel. 0511/829-0; www.deutsche-rentenversicherung-braunschweig-hannover.de

Deutsche Rentenversicherung Hessen, Städelstraße 28, 60596 Frankfurt/Main, Tel. 069/6052-0;
www.deutsche-rentenversicherung-braunschweig-hannover.de

Deutsche Rentenversicherung Knappschaft-Bahn-See (ehemals Bundesknappschaft, Bahnversicherungsanstalt und Seekasse), Pieperstraße 14–28, 44789 Bochum, Tel. 0234/304-0;
www.deutsche-rentenversicherung-knappschaft-bahn-see.de

Deutsche Rentenversicherung Mitteldeutschland,
Georg-Schumann-Straße 146, 04159 Leipzig,
Tel. 0341/550-55;
www.deutsche-rentenversicherung-mitteldeutschland.de

Deutsche Rentenversicherung Nord,
Ziegelstraße 150, 23556 Lübeck, Tel. 0451/485-0;
www.deutsche-rentenversicherung-nord.de

Deutsche Rentenversicherung Ober- und Mittelfranken, 95440 Bayreuth, Tel. 0921/607-0;
www.deutsche-rentenversicherung-bayreuth.de

Deutsche Rentenversicherung Oldenburg-Bremen, Huntestraße 11, 26135 Oldenburg,
Tel. 0441/927-0; www.deutsche-rentenversicherung-oldenburg-bremen.de

Deutsche Rentenversicherung Rheinland, 40194 Düsseldorf, Tel. 0211/937-0;
www.deutsche-rentenversicherung-rheinland.de

Deutsche Rentenversicherung Rheinland-Pfalz,
Eichendorffstraße 4–6, 67346 Speyer,
Tel. 06232/17-0;
www.deutsche-rentenversicherung-rlp.de

Deutsche Rentenversicherung Saarland,
Martin-Luther-Straße 2–4, 66111 Saarbrücken,
Tel. 0681/3093-0;
www.deutsche-rentenversicherung-saarland.de

Deutsche Rentenversicherung Schwaben,
Dieselstraße 9, 86154 Augsburg, Tel. 0821/500-0;
www.deutsche-rentenversicherung-schwaben.de

Deutsche Rentenversicherung Unterfranken, Friedenstraße 12/14, 97072 Würzburg, Tel. 0931/802-0; www.deutsche-rentenversicherung-unterfranken.de

Deutsche Rentenversicherung Westfalen, Gartenstraße 194, 48147 Münster, Tel. 0251/238-0; www.deutsche-rentenversicherung-westfalen.de

Versorgungsanstalt des Bundes und der Länder (VBL), Hans-Thoma-Str. 19, 76133 Karlsruhe, Tel. 0721/155-0; www.vbl.de

Bundesverband der Rentenberater, Hohenstaufenring 17, 50674 Köln, Tel. 0221/2406642; www.rentenberater.de

Arbeitsgemeinschaft für betriebliche Altersversorgung (aba), Rohrbacher Str. 12, 69115 Heidelberg, Tel. 06221/137178-0; www.aba-online.de

Schlichtungsstellen/Ombudsleute

Möbel: Bundesverband des Deutschen Möbel-, Küchen- und Einrichtungsfachhandels – Schlichtungsstelle, Frangenheimstraße 6, 50931 Köln, Tel. 0221/94083-50; www.bwb-online.de

Kfz-Gewerbe: Zentralverband Deutsches Kraftfahrzeuggewerbe, Franz-Lohe-Straße 21, 53129 Bonn, Tel. 0228/9127-0; www.kfzgewerbe.de

Textilreinigung: Deutscher Textilreinigungsverband, In der Raste 12, 53129 Bonn, Tel. 0228/917310; www.dtv-bonn.de

Schuhreklamation: Schlichtungsstelle für Schuhreklamation, Albrecht-Dürer-Platz 6, 90403 Nürnberg, Tel. 0911/24521

Radio- und Fernsehtechnik: Zentralverband der Deutschen Elektro- und Informationstechnischen Handwerke, Lilienthalallee 4, 60487 Frankfurt/M., Tel. 069/247747-0; www.zveh.de

Ärzte: Bundesärztekammer – Schlichtungsstellen –, Herbert-Lewin-Platz 1, 10623 Berlin, Tel. 030/400456-0; www.bundesaerztekammer.de

Zahnärzte: Bundeszahnärztekammer, Chausseestraße 13, 10115 Berlin, Tel. 030/40005-0; www.bzaek.de

Tierärzte: Bundestierärztekammer, Oxfordstraße 10, 53111 Bonn, Tel. 0228/72546-0; www.bundestieraerztekammer.de

Privatversicherung: Versicherungs-Ombudsmann, PF 060832, 10006 Berlin, Tel. 01804/224424; www.versicherungsombudsmann.de

Private Krankenversicherung: Krankenversicherungs-Ombudsmann, Verband der privaten Krankenversicherung, Büro Berlin, Leipziger Straße 104, 10117 Berlin, Tel. 01802/550444; www.pkv-verband.de

Privatbanken: Bundesverband deutscher Banken, Ombudsmann, PF 040307, 10062 Berlin, Tel. 030/1663-0; www.bankenverband/ombudsmann

Sparkassen: Deutscher Sparkassen- und Giroverband, Charlottenstraße 47, 10117 Berlin, Tel. 030/20225-0; www.dsgv.de

Volksbanken: Bundesverband der Deutschen Volks- und Raiffeisenbanken, Ombudsmann, PF 309263, 10760 Berlin, Tel. 030/2021-0; www.bvr.de

Hypothekenkredite: Verband deutscher Hypothekenbanken, Kundenbeschwerdestelle, PF 080554, 10005 Berlin, Tel. 030/20915100; www.hypverband.de

Private Bausparkassen: Verband der privaten Bausparkassen, Ombudsfrau, PF 303079, 10730 Berlin, Tel. 030/590091-500; www.bausparkassen.de

Landesbausparkassen (LBS): Schlichtungsstelle der LBS, PF 7448, 48040 Münster, Tel. 0251/412-02; www.lbs.de

Bestattung: Kuratorium Deutsche Bestattungskultur – Schlichtungsstelle, Volmerswerther Straße 79, 40221 Düsseldorf, Tel. 0211/16008-40; www.bestatter.de

Anwaltssuche

Deutsche Anwaltauskunft (Deutscher Anwaltverein), Tel. 01805/181805 (0,14 €/min.); www.anwaltauskunft.de

Anwalt-Suchservice (Verlag Otto Schmidt), Tel. 0900/1020809 (1,99 €/min.); www.anwalt-suchservice.de

Anwaltssuchdienst, Tel. 0800/3456000 (kostenlos); www.anwaltssuchdienst.de

Weitere Internetseiten: www.anwalt24.de; www.anwaltssuche.de; www.anwalt.de

Weitere nützliche Adressen für Rentner

Seniorenlobby: Bundesarbeitsgemeinschaft der Senioren-Organisationen (BAGSO), Eifelstraße 9, 53119 Bonn, Tel. 0228/249993-0; www.bagso.de
Senioren-Schutz-Bund »Graue Panther«, Greifswalder Straße 4, 10405 Berlin, Tel. 030/2041229; www.grauepanther.de

Verbraucherfragen: Verbraucherzentrale Bundesverband (VZBV), Markgrafenstraße 66, 10969 Berlin, Tel. 030/25800-0; www.vzbv.de

Seniorenstudium: Bundesarbeitsgemeinschaft Wissenschaftliche Weiterbildung für Ältere (BAG WiWA) in der Deutschen Gesellschaft für wissenschaftliche Weiterbildung und Fernstudium, Gaußstraße 20, 42119 Wuppertal, Tel. 0202/439-2165; www.dgwf.net/bagwiwa

Wohnen: Bundesarbeitsgemeinschaft Wohnungsanpassung, Verein zur Förderung des selbstständigen Wohnens älterer und behinderter Menschen, Mühlenstraße 48, 13187 Berlin, Tel. 030/47531719; www.wohnungsanpassung.de
Forum Gemeinschaftliches Wohnen Bundesvereinigung (FGW), Brehmstraße 1 A, 30173 Hannover, Tel. 0511/4753253; www.fgwa.de

Krankenversicherung der Rentner: Bundesversicherungsamt, Friedrich-Ebert-Allee 38, 53113 Bonn, Tel. 0228/619-0; www.bva.de

Altenheime: Bundesinteressenvertretung und Selbsthilfeverband der Bewohner von Altenwohn- und Pflegeeinrichtungen (BIVA), Vorgebirgsstraße 1, 53913 Swisttal, Tel. 02254/2812; www.biva.de

Mietprobleme: Deutscher Mieterbund, Littenstraße 10, 10179 Berlin, Tel. 030/22323-0; www.mieterbund.de

Auslandsimmobilien: Deutsche und Schweizerische Schutzgemeinschaft für Auslandsgrundbesitz, Carl-Benz-Str. 17 A, 79761 Waldshut-Tiengen, Tel. 07741/2131; www.schutzgemeinschaft-ev.de

Erbe: Deutsche Vereinigung für Erbrecht und Vermögensnachfolge, Hauptstraße 18, 74918 Angelbachtal, Tel. 07265/9134-14; www.erbrecht.de

Erbe im Ausland: Amtsgericht Berlin-Schöneberg, Grunewaldstraße 66–67, 10823 Berlin, Tel. 030/3090159-0; www.berlin.de/sen/justiz/gerichte/ag/schoen/index.html

Spenden: DZI – Deutsches Zentralinstitut für soziale Fragen (für Spenden), Bernadottestraße 94, 14195 Berlin, Tel. 030/839001-0; www.dzi.de

Schulden: Bundesarbeitsgemeinschaft Schuldnerberatung (auch Adressen von Insolvenzgerichten und Schuldnerberatungsstellen), Wilhelmstraße 11, 34117 Kassel, Tel. 0561/771093; www.bag-schuldnerberatung.de

Werbung: DDV-Robinsonliste, Postfach 1401, 71243 Ditzingen; www.ddv-robinsonliste.de
I.D.I. Interessenverband Deutsches Internet, Franz-Wolter-Straße 38, 81925 München, Tel. 089/426636; www.erobinson.de

Punktekonto: Kraftfahrt-Bundesamt, 24932 Flensburg, Tel. 0461/316-0; www.kba.de

Gewaltopfer: Weißer Ring, Weberstraße 16, 55130 Mainz, Tel. 06131/83030; www.weisser-ring.de

Verkehrsopfer: Verein Verkehrsopferhilfe (VOH), Glockengießerwall 1, 20095 Hamburg, Tel. 040/301800; www.verkehrsopferhilfe.de

Patientenverfügung: Humanistischer Verband Deutschlands, Bundeszentralstelle, 10179 Berlin, Wallstraße 61–65, Tel. 030/613904-0; www.patientenverfuegung.de

Organspende: Bundeszentrale für gesundheitliche Aufklärung (BZgA), Ostmerheimer Straße 220, 51109 Köln, Tel. 0221/8992-0; www.organspende-info.de

Sterbebegleitung: Deutsche Hospiz Stiftung, Europaplatz 7, 44269 Dortmund, Tel. 0231/7380730; www.hospize.de
Deutsche Gesellschaft für Humanes Sterben (DGHS), Lange Gasse 2–4, 86152 Augsburg, Tel. 0821/502350; www.dghs.de

Bestattung:
Bundesverband Deutscher Bestatter (BDB), Volmerswerther Straße 79, 40221 Düsseldorf, Tel. 0211/16008-10; www.bestatter.de

Verband Deutscher Bestattungsunternehmen (VDB), Residenzstraße 68, 13409 Berlin, Tel. 030/49191281; www.vdb-berlin.de

Friedhof: Verein Aeternitas – Unabhängige Verbraucherberatung für Friedhof und Bestattung, Im Wiesengrund 57, 53639 Königswinter, Tel. 02244/92537; www.aeternitas.de

Grabpflege: Arbeitsgemeinschaft Friedhofsgärtnergenossenschaften und Treuhandstellen, Godesberger Allee 142–148, 53175 Bonn, Tel. 0800/151617-0; www.grabpflege.de

Trauer: Institut für Trauerarbeit (ITA), Bogenstraße 26, 20144 Hamburg, Tel. 040/36111683; www.ita-ev.de

Checklisten

Checkliste 1: Riester-Prüfung im Schnelldurchgang

	Ja	Nein
1. Hat das Angebot eine Zertifizierungsnummer? (siehe www.bafin.de/cgi-bin/bafin.pl, Link »Zertifizierungsstelle«) Falls nicht, auf keinen Fall unterschreiben, da keine Förderung zu erwarten ist.	☐	☐
2. Ist hohe Rendite zu erwarten? Möglichst beim Anbieter mit dem höchsten Leistungsversprechen unterschreiben. Kernfrage: Wie viel Euro meines Monatsbeitrages gehen tatsächlich auf das Riester-Konto?!?	☐	☐
3. Kalkuliert der Anbieter geringe Kosten? Möglichst bei einem Anbieter mit niedrigen Kosten unterschreiben. Günstig sind:	☐	☐
– Abschlusskosten bis 2 % des Beitrages	☐	☐
– Verwaltungskosten bis 4 % des Beitrages bzw. bis 0,2 % pro Jahr vom Deckungskapital	☐	☐
– Verwaltungskosten bis 1,5 % der Jahresrente bei späterer Rentenzahlung	☐	☐
– Stornokosten bis 150 Euro bei vorzeitiger Vertragsbeendigung	☐	☐
– Übertragungskosten des Vertrages auf ein anderes Riester-Produkt bis 100 Euro	☐	☐
– Gutschrift der Riester-Zulage bis spätestens 6 Tage nach Eingang der Förderung	☐	☐

Lassen Sie im Zweifel das Kleingedruckte von der Verbraucherzentrale prüfen.

Checkliste 2: So überprüfen Sie den Versicherungsverlauf

Stimmen die Versicherungszeiten? Mitunter werden vom Rentenversicherungsträger ganze Jahre vergessen. Deshalb jede Buchung mit Ihren Unterlagen vergleichen.	☐
Stimmen die eingetragenen Arbeitsverdienste (in den Unterlagen des Arbeitgebers und des Versicherungsträgers)?	☐
Sind Ihre Beiträge richtig als Pflichtbeiträge oder als freiwillige Beiträge vermerkt?	☐
Seit 1977 werden freiwillige Beiträge in den entsprechenden Arbeitsverdienst umgerechnet. Zur Überprüfung: Multiplizieren Sie den jeweiligen Jahresverdienst mit 100, und teilen Sie die Zahl durch den Beitragssatz des betreffenden Jahres.	☐
Sind alle Anrechnungszeiten (Ausbildung, Krankheit, Arbeitslosigkeit), Ersatzzeiten, Kindererziehungszeiten, Rentenbezugszeiten registriert?	☐
Sind alle Zeiten registriert, die Sie bei einem anderen Versicherungsträger versichert waren?	☐
Für alle, die vor 1992 zusätzlich Beitrag gezahlt haben: Sind alle Zeiten dieser Höherversicherung verbucht?	☐
Für alle mit einer Berufsausbildung vor dem 1.3.1957: Sind Zeiten dieser versicherungsfreien Lehrzeit gebucht?	☐
Sind Wehrdienstzeiten registriert? (Wehrpass bereitlegen)	☐
Sind Zeugnisse über Ausbildungszeiten vorhanden (zum Beispiel Gesellenbrief)?	☐
Sind alle Zeiten der Krankheit durch Bescheinigungen von Krankenkassen und Ärzten belegt?	☐
Sind Zeiten der Arbeitslosigkeit durch Nachweise vom Arbeitsamt belegt?	☐
Für alle Referendare, Beamte auf Probe und Soldaten, die nicht ins Beamtenverhältnis übernommen wurden: Sind Sie vom Dienstherrn korrekt nachversichert worden?	☐

Checkliste 3: Klagehelfer für höhere Rente

Für die Klage vor dem Sozialgericht gibt es drei Möglichkeiten:
1) Schriftliche Klage (Schreiben, Fax, Telegramm)
Folgende Punkte beachten:
➤ Aufführen, was begehrt wird!
➤ Behörde genau bezeichnen!
➤ Unterschrift nicht vergessen!
➤ Möglichst Fotokopien der angefochtenen Bescheide beifügen!
➤ Vertretung durch einen Rechtsanwalt ist nicht vorgeschrieben.

2) Mündliche Klage bei der Rechtsantragsstelle des Sozialgerichts
➤ Dort wird die Klage zu Protokoll genommen und in rechtlich einwandfreie Form gebracht.
➤ Hierzu möglichst alle wichtigen Unterlagen, insbesondere die angefochtenen Bescheide, mitbringen.
➤ Es erfolgt aber keine Rechtsberatung!
➤ Vertretung durch einen Rechtsanwalt ist nicht vorgeschrieben.

3) Klage durch Dritte
➤ einen Rechtsanwalt
➤ einen Rechtsschutzsekretär bei Gewerkschaftsmitgliedern
➤ einen Verbandsvertreter (VdK)
➤ eine sonstige Person des Vertrauens (mit schriftlicher Vollmacht; ausgenommen bei nahen Angehörigen)
➤ Vertretung durch einen Rechtsanwalt nur in 3. Instanz Vorschrift.

Checkliste 4: Wofür ältere Menschen Geld bekommen können (Auswahl)

Typische Lebenssituation	Stichwort	Kontakt
Altersvorsorge nach Scheidung	Versorgungsausgleich	Gericht
Kindbedarf nach Tod des Gatten	Erziehungsrente	DRV
Geringe Rente	Grundsicherung	Grundsicherungsamt
Fehlende Krankenversicherung	Sozialhilfe	Sozialamt
Kündigung wegen Mietschuld	Sozialhilfe	Sozialamt
Mieterhöhung	Wohngeld	Wohnungsamt
Geld reicht nie	Sozialhilfe	Sozialamt
Behinderte	Mehrbedarf	Sozialamt
Diabetiker	Mehrbedarf	Sozialamt
Gehbehinderte ab 65	Mehrbedarf	Sozialamt
Geld fehlt für Kleidung	Bekleidungshilfe	Sozialamt
Geld fehlt für Hausrat	Hausratshilfe	Sozialamt
Geld fehlt für Heizkosten	Heizungshilfe	Sozialamt
Einsamkeit	Altenhilfe	Sozialamt
Fehlende SV bei Blinden	Blindenhilfe	Sozialamt
Rehabilitation Behinderter	Eingliederungshilfe	Sozialamt
Haushalt überfordert Sie	Haushaltshilfe	Sozialamt
Geld fehlt für Nahverkehr	Ermäßigung	Sozialamt

Checkliste 5: Soll ich im höheren Erwachsenenalter noch studieren?

	Ja	Nein
Suche ich nach dem Ausstieg aus dem Beruf nach einem neuen Lebensinhalt?	☐	☐
Will ich geistig fit bleiben und meinen Kopf trainieren oder geistige Kräfte reaktivieren?	☐	☐
Will ich geistig gefordert und zum Nachdenken angeregt werden?	☐	☐
Möchte ich mein Allgemeinwissen erweitern oder spezielle Interessen vertiefen?	☐	☐
Will ich Neugier an historischen, musischen, philosophischen oder naturwissenschaftlichen Fragen befriedigen?	☐	☐
Möchte ich Kontakt und Gelegenheit zum Gespräch mit Jüngeren und Gleichaltrigen?	☐	☐
Will ich mir einen Jugendtraum erfüllen oder etwas verwirklichen, wozu ich früher aus zeitlichen, finanziellen oder familiären Gründen nicht gekommen bin?	☐	☐

Bei vielen Ja-Antworten: Seniorenstudium sinnvoll!!!

Checkliste 6: Der Weg zu gesetzlichen Pflegeleistungen

Hausarzt fragen, ob Pflege in Betracht kommt	☐
Falls ja: Krankenkasse bzw. Privatversicherer um »Leistungsantrag Pflegeversicherung« bitten	☐
Allgemeine Angaben sind völlig unverfänglich – möglichst genau beantworten bzw. weiterlesen	☐
Wer zu Hause betreut werden kann, sollte sich überlegen, ob er von Angehörigen ausreichend gepflegt werden könnte (Pflegegeld) oder sich von einem Pflegedienst betreuen lässt (Sachleistung) oder eine Kombination aus beidem wählt (das kann zum Beispiel sinnvoll sein, wenn Angehörige teilweise berufstätig bleiben)	☐
Häusliche Pflege kommt nicht nur im eigenen Haushalt, sondern auch in anderem Haushalt oder etwa in spezieller Krankenwohnung in Betracht (dann unter »Sonstiges« ankreuzen)	☐
Wer sich nicht sicher ist, sollte im Fragebogen das Feld »Bitte um Unterstützung« ankreuzen	☐
Wenn häusliche Pflegeperson regelmäßig verhindert ist, lohnt ein Kreuz bei »teilstationärer Pflege« in einer Pflegeeinrichtung	☐
Wer auf stationäre Hilfe hofft, beantragt »vollstationäre Hilfe«	☐
Da der Medizinische Dienst der Krankenversicherung (MDK) Ihres Bundeslandes über Ihre Pflegebedürftigkeit fachlich mitentscheidet, sollten Sie im Antragsformular »einverstanden« ankreuzen, wenn nach einer Begutachtung im Wohnbereich gefragt wird, der MDK Auskünfte Ihrer behandelnden Ärzte verlangt und nach Namen und Erreichbarkeit dieser Ärzte fragt (→ Checkliste 7)	☐

Fortsetzung nächste Seite ▶

Checkliste 6: Der Weg zu gesetzlichen Pflegeleistungen (Fortsetzung)

Der ausgefüllte Antrag geht zurück an die Pflegekasse, die ihn an den MDK weiterreicht. Der MDK meldet sich schriftlich oder telefonisch zum Hausbesuch an und schickt einen Gutachter (einen auf Ihr Leiden spezialisierten Arzt), der durch Gespräch und teilweise Untersuchung Pflegebedürftigkeit prüft. Er darf alles fragen, Sie müssen sich aber keine komplette Untersuchung gefallen lassen (nur Mobilitätsübungen) oder sich komplett vor ihm an- und ausziehen. Beim Gespräch sollte derjenige dabei sein, der Sie bisher unterstützt.	☐
Der Gutachter wird am Ende Ihre künftige Pflegestufe (I, II oder III) andeuten und seine Empfehlung schriftlich an die Pflegekasse weitergeben. Sie bekommen etwa drei Monate später den Pflegebescheid.	☐
Falls der Antrag abgelehnt wird, können Sie innerhalb eines Monats Widerspruch bei der Pflegekasse einlegen. Streit ist häufig bei der Einstufung zu erleben. Tipp: In der Patientenberatung der Verbraucherzentrale nachfragen.	☐

Checkliste 7: Behandelnde Ärzte

Fachgebiet	Name	Telefon
Hausarzt	_____	_____
Zahnarzt	_____	_____
Augenarzt	_____	_____
Frauenarzt	_____	_____
HNO-Arzt	_____	_____
Hautarzt	_____	_____
Nervenarzt	_____	_____
Chirurg	_____	_____
Orthopäde	_____	_____
Facharzt für Inneres	_____	_____

Checkliste 8: So kämpfen Sie um Entschädigung

Sprechen Sie zuerst mit dem Arzt, und bitten Sie um Aufklärung.	☐
Machen Sie ein Gedächtnisprotokoll (Daten, Ärzte, Zeugen).	☐
Fordern Sie Kopien Ihrer Krankenunterlagen an, und lassen Sie sich die Vollständigkeit bestätigen.	☐
Bitten Sie Ihre Krankenkasse um (kostenlose) Vorprüfung.	☐
Konsultieren Sie die Patientenberatung der Verbraucherzentralen in Berlin (www.verbraucherzentrale-berlin.de) oder Hamburg (www.vzhh.de); Kosten per Telefon: ca. 5 bis 12 Euro.	☐
Schalten Sie notfalls (kostenlos) die Schlichtungsstelle der Ärztekammer ein, und bitten Sie um ein offenes Verfahren, an dem Sie aktiv mitwirken können.	☐
In relativ sicheren Fällen (am besten mit Rechtsschutzversicherung) einen Anwalt einschalten, der sich auf Arzthaftpflichtsachen spezialisiert hat (Namen erfahren Sie von der Deutschen Anwaltsauskunft 01805/181805); Schlachtplan entwerfen.	☐
Privatgutachten bei Fachleuten eigener Wahl einholen (Kosten: 400 bis 1300 Euro); sie sind nur bei außergerichtlichem Vergleich von Wert.	☐

Checkliste 9: Wichtige und unwichtige Versicherungen (Neuabschluss ab 60)

Ehepaar	Alleinstehende
unverzichtbar	
Privathaftpflicht	Privathaftpflicht
Kfz-Haftpflicht	Kfz-Haftpflicht
wichtig	
Pflegezusatz	Pflegezusatz
Hausrat	Hausrat
Kfz-Teilkasko	Kfz-Teilkasko
sinnvoll unter bestimmten Bedingungen	
Wohngebäude	Wohngebäude
Unfall[1]	Unfall[1]
Grundbesitzer-Haftpflicht[2]	Grundbesitzer-Haftpflicht[2]
Gewässerschaden-Haftpflicht[3]	Gewässerschaden-Haftpflicht[3]
Private Zusatzkrankenvers.	Private Zusatzkrankenvers.
Kfz-Vollkasko[4]	Kfz-Vollkasko[4]
Auslandsreisekrankenvers.	Auslandsreisekrankenvers.
Rechtsschutz[5]	Rechtsschutz[5]
weniger wichtig	
Reisegepäck	Reisegepäck
Sterbegeld	Sterbegeld
unsinnig	
Kapitalleben[6]	Kapitalleben[6]
Reparaturpolicen	Reparaturpolicen
Insassen-Unfall	Insassen-Unfall
Glasbruch	Glasbruch
	Risiko-Leben

[1] nach der Berufstätigkeit bzw. bei angegriffener Gesundheit
[2] nur für Vermieter, Gemeinschaftseigentümer und Selbstnutzer (Zweifamilienhaus)
[3] nur für Häuser mit Öl- oder Flüssiggas-Heizung
[4] nur bei sehr teuren Autos
[5] bei häufigen Konflikten in Verkehr, Wohnung, Arbeit (auch bei Streit um Betriebsrente)
[6] wenn sie erst ab 60 abgeschlossen wird

Checkliste 10: Endtermine von Versicherungen

Versicherung	Gesellschaft	Ablauftermin	Kündigungsfrist
Kapitalleben	_____	_____	_____
Privatrente	_____	_____	_____
Berufsunfähigkeit	_____	_____	_____
Unfall	_____	_____	_____
Krankenkasse	_____	_____	_____
Private Kranken	_____	_____	_____
Pflege	_____	_____	_____
Pflegezusatz	_____	_____	_____
Privathaftpflicht	_____	_____	_____
Hausrat	_____	_____	_____
Kfz-Haftpflicht	_____	_____	_____
Teilkasko	_____	_____	_____
Vollkasko	_____	_____	_____
Wohngebäude	_____	_____	_____
Grundbesitzer-Haftpflicht	_____	_____	_____
Auslandsreise	_____	_____	_____
Kranken	_____	_____	_____

Checkliste 11: So viel Geld ist zum Rentenstart verfügbar

Gesetzliche Rente (Rentenauskunft → Seite 38–41)	...... €
+ Betriebsrente (→ Seite 16–18)	...... €
+ Einnahmen aus Miete und/oder Pacht	...... €
+ Sparzinsen (1/12 vom Jahreszins)	...... €
+ sonstige Vermögenswerte (Monatsbasis)	...... €
+ Auszahlung aus Lebens- oder Privatrentenversicherung (Monatsrente ausrechnen lassen)	...... €
= Einnahmen zu Beginn des Rentenalters	...... €
– aktuelles, letztes Nettoeinkommen	...... €
= Lücke oder Überschuss gegenüber Gehalt	...... €
– Alltagsausgaben	...... €
– Miete	...... €
– Lebenshaltung	...... €
– Schulden (etwa Hypotheken)	...... €
= Verfügbares Monatseinkommen (vor Steuern)	...... €

Checkliste 12: Beratungsprotokoll

Gesprächsteilnehmer:........................., Funktion:........................

...., Funktion:........................

Gesprächsort: ....

Datum: .... Dauer:................................

Grund des Gesprächs: ....

....

Situation/Wünsche des Kunden: ....

....

    Anlageerfahrung: ....

    Finanzverhältnisse: ....

    Anlageziele: ....

    Risikobereitschaft: ....

Empfehlung des Beraters: ....

....

Risikohinweise:...

....

Angaben zu Kauf u. laufenden Kosten:..

....

....

Ausgehändigte Unterlagen:..

....

....

Ort, Datum: ....

Unterschriften:..................... /......................... /...................

Quelle: Vogelsang & Sachs Sachverständigen-Societät für
Kapitalanlagen und private Finanzplanung

Checkliste 13: So rette ich mein Geld

Niemals sofort einen Vertrag unterschreiben, ☐
sondern erst drüber schlafen, und Leute fragen,
die sich auskennen

Möglichst nie Anlagegespräche allein mit dem Berater ☐
führen, und ein schriftliches Protokoll verlangen

Bei Renditeversprechen, die mehr als 3 Prozent höher ☐
sind als bei Bundesschatzbriefen: Vorsicht! Nur die besten Aktien und Fonds schaffen mehr

Wer nur mit dem Steuervorteil wirbt, will Schwächen ☐
bei der eigentlichen Anlage überdecken. Nachfragen!

Lesen Sie Prospekte, die bei Wertpapieren und Firmen- ☐
beteiligungen vorgeschrieben sind, genau durch, vor
allem die Abschnitte zu Chancen und Risiken, Kosten
und Geschäftszweck. Mitunter wird kaum Geld angelegt

Bei ausländischem Geschäftssitz ist äußerste Skepsis an- ☐
gebracht (außer Luxemburg-Töchter deutscher Banken)

Fragen Sie auch nach Kosten für die Anlage. Wenn ☐
mehr als 6 Prozent fällig sind, lohnt der Einsatz nicht

Fragen Sie im Zweifel bei der Verbraucherzentrale ☐
nach

Checkliste 14: So erkennen Sie Anlagehaie, die es auf Ihr Geld abgesehen haben

	Tipp	Wertung
Verkaufsmethoden		
Angebot per Telefon	Hände weg	unseriös
Man setzt Sie unter Zeitdruck	Hände weg	Lockangebot
Ausweichende Antworten	Hände weg	Mogelpackung
Angebot		
Rendite über 10 Prozent	Vorsicht	Betrugsverdacht
Nur hohe Steuervorteile	genau prüfen	verdächtig
Unklare AGB, Prospekt	Vorsicht	Geldverlust
Nicht nachprüfbarer Sitz	Hände weg	Geldverlust
Schwarzgeldanlage	Hände weg	Betrug
Firma		
Verantwortlichkeit unklar	nachfragen	Vernebelung
Partner ungern genannt	Kreditauskunft	Geldverlust
Autotelefon/ Postfachadresse	anrufen	verdächtig
Zweifel über Seriosität	Verbraucherzentrale fragen	
Änderung des Firmensitzes	Vorsicht	verdächtig
Gebühren/Kosten		
Kosten stehen im Vertrag	genaue Auflistung verlangen	
Provision vom Gewinn bezahlt	Hände weg	Betrug
Gebühren vorweg abgezogen	Hände weg	Betrug

Checkliste 15: Die Wahl des richtigen Heims

Lage

Anbindung an den öffentlichen Nahverkehr	☐
Lärmbelästigung	☐
Sicherheit der Wohngegend	☐
Ist das Zimmer nach Süden ausgerichtet?	☐
Infrastruktur (Einkauf, Apotheke, Friseur, Massagen)	☐
Freizeitangebote, Natur in der Nähe	☐

Bauliche Voraussetzungen

Angemessene Größe des Zimmers	☐
Ausstattung und Zuschnitt	☐
Sanitärbereich individuell oder gemeinschaftlich	☐
Zugang ohne Barrieren	☐
Eigene Möbel nutzbar	☐
Bei Pflegebedürftigkeit 1- oder 2-Bett-Zimmer	☐
Gemeinschaftsräume (Bibliothek, Hobbys, Therapie, Sport, Sauna)	☐
Küche, Teeküche vorhanden	☐
Gästezimmer für auswärtige Besucher	☐

Pflege und Versorgung

Ausbildung und Freundlichkeit des Personals	☐
Standards für Pflege vorhanden (aushändigen lassen)	☐
Betriebsklima	☐
Ansprechbarkeit der Verwaltung für Bewohneranliegen	☐

Freizeit im Heim

Angebote durch hauseigenes Personal	☐
Angebote durch Anbindung an ortsnahe Einrichtungen	☐
Kleinbus für Ausfahrten, Besorgungen	☐
Haustiere erlaubt und gefördert	☐

Fortsetzung nächste Seite ▶

Checkliste 15: Die Wahl des richtigen Heims (Fortsetzung)

Verpflegung

Fünf Mahlzeiten täglich	☐
Getränke in abwechslungsreicher Form kostenlos	☐
Speiseraum für alle Mahlzeiten	☐
Vierwöchiger abwechslungsreicher Speiseplan	☐
Beteiligung des Heimbeirats bei Erstellung des Speiseplans	☐
Auswahl von mindestens zwei Angeboten	☐
Salatbuffet	☐
Diätangebote	☐
Mindestens 30 Prozent Frischkost	☐
Regelmäßiges Angebot von Vollkornprodukten, fleischloser Kost	☐

Kosten und Verträge

Vertrag mit den Pflegekassen	☐
Kosten angemessen und individuell tragbar	☐
Rechtzeitige Aushändigung des Heimvertrages zur Prüfung	☐
Probewohnen möglich	☐
Rechte im Kleingedruckten bei Preiserhöhung	☐

Quelle: Verbraucherzentrale Bundesverband

Checkliste 16: Vergleich mehrerer Pflegeheime

Pflegeheim: ....

Allgemeine Informationen und Heimaufnahme	☐
Gebäude/Standort/Anlage	☐
Individueller Wohnbereich	☐
Pflege und Betreuung	☐
Ärztliche/medizinische Versorgung und Behandlungspflege	☐
Rehabilitation/Therapie	☐
Essen und Trinken	☐
Hausreinigung	☐
Wäscheversorgung	☐
Gemeinschaftsangebote und Aktivitäten	☐
Bewohner- und Angehörigeninformation	☐
Kosten-, Vertragsgestaltung und Heimmitwirkung	☐

Quelle: »Auf der Suche nach einem Heim« (2000); Bundesfamilienministerium

Checkliste 17: Indizien, dass Ruheständler eine Steuererklärung abgeben müssen

Berufstätigkeit in den ersten Monaten des Jahres vor Rentenbeginn	☐
Zusammenveranlagung als Rentner mit dem noch berufstätigen Ehepartner	☐
Nebenjob als Rentner auf Steuerkarte mit über 410 Euro Jahresverdienst	☐
Sie erhalten Pension statt Altersrente	☐
Es fließen aus mehreren Quellen Löhne oder Pensionen	☐
Steuerpflichtige Einkünfte über 7664 Euro pro Jahr (Ehepaare: 15 329 Euro)	☐

Quelle: Stiftung Warentest: Steuererklärung für Rentner

Checkliste 18: So ermitteln Ruheständler die Höhe ihrer steuerpflichtigen Einkünfte

Einkünfte

Gesetzliche Bruttorente bzw. Pension pro Jahr	...... €
+ Betriebsrente pro Jahr	...... €
+ Einnahmen aus Miete und/oder Pacht	...... €
+ Sparzinsen (Jahreszins)	...... €
+ Sonstige Vermögenswerte (Jahresbasis)	...... €
+ Private Zusatzrente pro Jahr (z. B. Riester-Rente)	...... €
= Einkünfte gesamt	...... €
– Werbungskosten und Freibeträge	...... €
– Persönlicher Freibetrag für Renten (2007: 46 %)	...... €
– Altersentlastungsfreibetrag für Einkünfte neben der Rente (ab Alter von 64; Höhe 2007: 36,8 %, max. 1748 €)	...... €
– Versorgungsfreibetrag für Pensionen und U-Kassen (ab Alter von 63; Höhe 2007: 828 €)	...... €
– Sparerfreibetrag (2007: 750 €; Ehepaare: 1500 €)	...... €
– Werbungskostenpauschbetrag (51 €; Ehepaare: 102 €)	...... €
– Sonderausgabenpauschbetrag (36 €; Ehepaare: 72 €)	...... €
– Übungsleiterpauschale (1848 € pro Jahr)	...... €
– Beiträge zur Pflege- und Krankenversicherung (bis 1500 €; Ehepaare: 3000 € pro Jahr)	...... €
– Weitere Versicherungsbeiträge (bis rund 2500 €)	...... €
– Spenden	...... €
– Ausgaben für Haushaltshilfe (bis 624 € pro Jahr)	...... €
– Medizinisch notwendige Ausgaben wie Massagen, Kur	...... €
– Pflege- und Heimkosten (bis 924 € pro Jahr)	...... €
– Handwerkerleistungen (auch für Mieter)	...... €
– Schulden (etwa Hypotheken)	...... €
= Abzüge (gesamt)	...... €
Steuerpflichtige Einkünfte (Einkünfte minus Kosten)	...... €

Checkliste 19: Gestaltung und Inhalt eines Testaments

Grundgedanke: Wer soll Erbe werden? Zu welchem Beteiligungsverhältnis sollen die einzelnen Erben bedacht werden? Wer soll also nicht Erbe werden, und in welcher Form soll derjenige ausgeschlossen werden? ☐

Einsatz von Ersatzerben: Soll es für später womöglich wegfallende Erben Ersatzerben geben, oder sollen die übrigen Erben mehr bekommen? ☐

Ergänzende Regelungen: Neben der Erbeinsetzung und -verteilung kann das Testament auch Regelungen enthalten, die darüber Auskunft geben, in welcher Form Ihr Wille umgesetzt werden soll. Hierzu gehören: ☐

- Teilungsanordnungen ☐
- Vermächtnisse ☐
- Vorausvermächtnisse an Erben ☐
- Auflagen ☐

Ausschluss einer Auseinandersetzung ☐

Testamentsvollstreckung ☐

Anweisung einer Vor- und Nacherbschaft ☐

Gesetzliche Erbfolge beachten: Insbesondere im Hinblick auf mögliche Pflichtteilsansprüche kann die gesetzliche Erbfolge zur Anwendung kommen. Insbesondere bei fehlender Erbeinsetzung gilt zwingend die gesetzliche Erbfolge. Die (gesetzlichen) Erben haben in diesem Fall lediglich die testamentarischen Auflagen zu erfüllen. ☐

Prüfung der Erbeinsetzung im Detail: Die Bestimmung von Erben muss immer dann erfolgen, wenn die gesetzliche Erbfolge ausgeschlossen werden soll. ☐

Checkliste 19: Gestaltung und Inhalt eines Testaments (Fortsetzung)

Auswirkungen bei den Erben: Der oder die Erben werden mit dem Todestag Gesamtrechtsnachfolger mit allen Rechten und Pflichten. Sofern keine Alleinerbschaft besteht, entsteht ein gemeinschaftliches Vermögen, das der Erbengemeinschaft gesamt zur Verfügung steht. ☐

Prüfen Sie die Nachteile einer Erbengemeinschaft: Sie entsteht erst durch den Erbfall und bildet daher meistens eine instabile Einheit. Kein Erbe erwirbt einen Nachlassgegenstand allein. Eine Auseinandersetzung über den Nachlass kann in anderer Weise erfolgen, als Sie dies gewünscht hätten. ☐

Bestimmung eines Vorausvermächtnisses für bestimmte Erben: Soll durch Teilungsanordnung ein Erbe mehr als sein Erbteil bekommen, so geschieht dies durch ein Vorausvermächtnis (§ 2150 BGB). Das zugewendete Vermögen wird dann nicht auf die Erbquote angerechnet. ☐

Checkliste 20: Wie sich der Letzte Wille rückgängig machen lässt

Eigenhändiges Testament

Durch Vernichtung	☐
Durch Widerruf	☐
Durch eine neue letztwillige Verfügung (neues Testament)	☐

Öffentliches Testament

Durch Rücknahme aus der amtlichen Verwahrung	☐
Durch ein neues Testament	☐

Gemeinschaftliches Testament

Durch Vernichtung	☐
Durch Widerruf	☐
Durch gemeinsame Rücknahme aus der amtlichen Verwahrung	☐
Durch ein neues gemeinschaftliches Testament	☐
Durch Scheidung	☐

Erbvertrag

Durch notariellen Aufhebungsvertrag	☐
Durch Rücktritt	☐
Durch Anfechtung	☐
Durch Scheidung	☐

Checkliste 21: Aufbau einer Patientenverfügung

Eingangsformel*	☐
Situationen, für die die Patientenverfügung gelten soll*	☐
Festlegungen zu ärztlichen/pflegerischen Maßnahmen*	☐
Wünsche zu Ort und Begleitung	☐
Aussagen zur Verbindlichkeit	☐
Hinweise auf weitere Vorsorgeverfügungen	☐
Hinweis auf beigefügte Erläuterungen zur Patientenverfügung	☐
Organspende	☐
Schlussformel*	☐
Schlussbemerkungen	☐
Datum, Unterschrift*	☐
Aktualisierung(en), Datum, Unterschrift	☐
Anhang: allgemeine Wertvorstellungen	☐

* besonders wichtige Bestandteile

Checkliste 22: Wer im Todesfall zu benachrichtigen ist

Erste Schritte:

Totenschein vom Arzt ausstellen lassen (*Hausarzt:* *Tel.:*)	☐
Bestattungsunternehmen anrufen (*Tel.:*)	☐
Bei Tod in Klinik/Heim: Klären, ob Organentnahme gewünscht oder verhindert werden soll (*Tel.*)	☐
Sterbeurkunde vom Standesamt (*Tel.:*)	☐
Ggf. Lebensversicherer binnen 48 Stunden informieren (*Tel.:*)	☐
Ggf. Sterbegeldkasse binnen 48 Stunden informieren (*Tel.:*)	☐
Testament oder Erbvertrag aushändigen (*Tel. Amtsgericht:*)	☐
Erbschein beantragen (*Tel. Amtsgericht:*)	☐
Rentenstelle wegen Witwenrente einschalten (*Tel.:*)	☐

Zweite Schritte:

Information an:

Bank/Sparkasse (*Tel.:*)	☐
Arbeitgeber, falls Verstorbener noch gearbeitet hat (*Tel.:*)	☐
Private Versicherer (*Tel.:*)	☐
Kranken- und Pflegekasse (*Tel.:*)	☐
Finanzamt wegen Wechsel Steuerklasse und evtl. Abmeldung des Autos nach Verkauf (*Tel.:*)	☐
Vereine und Klubs (*Tel.:* /)	☐
Zeitungsverlage (*Tel.:* /)	☐

Fortsetzung nächste Seite ➤

Checkliste 22: Wer im Todesfall zu benachrichtigen ist (Fortsetzung)

Dritte Schritte:
Bei Wohnungsaufgabe zu benachrichtigen:

Vermieter (Tel.:)	☐
Energie- und Wasserversorger (Tel.: /)	☐
Telekommunikation, Internet (Tel.:)	☐
GEZ für Rundfunk und Fernsehen (Tel.:)	☐
Bei Hausverkauf ebenfalls benachrichtigen: Müllabfuhr (Tel.:) und Stadtreinigung (Tel.:)	☐

Checkliste 23: So bereiten Sie die Bestattung vor

Entscheidung über Bestattungsart und Wahl des Friedhofs	☐
Standesamt: Ggf. zusätzliche Formalitäten bei Feuerbestattung erledigen	☐
Bestatter einschalten und Dienstleistungen absprechen (Preisvergleich!)	☐
Friedhofsverwaltung aufsuchen (Termin und Grab aussuchen)	☐
Vorbereitung der Trauerfeier	☐
Redner für Trauerfeier organisieren, falls es kein kirchliches Begräbnis gibt	☐
Ansonsten Kirchengemeinde aufsuchen: Termin für Trauergottesdienst festlegen	☐
Blumenladen aufsuchen (Blumen und Kränze bestellen)	☐
Plätze in Restaurant für die Totenfeier nach der Beerdigung bestellen	☐
Tageszeitung: Todesanzeige aufgeben	☐
Druckerei: Todeskarten drucken lassen (Umschläge mitnehmen)	☐
Trauerbriefe verschicken	☐
Ggf. Trauerkleidung besorgen	☐

Checkliste 24: Preisvergleich für die Bestattung

	Kosten für Angebot der Firma	Kosten für Angebot der Firma	Kosten für Angebot der Firma ....
Eigenleistungen des Bestatters			
Sarg			
Schmuckurne			
Sargausstattung			
Totenkleidung			
Ankleiden/ Einsargen			
Aufbahrung/ Schmuck			
Trauerhalle			
Trauerfeier samt Redner			
Überführung zum Friedhof			
Verwaltungskosten			
Trauerbriefe			
Zeitungsanzeige			
Danksagungen			
Sonstiges			
Auslagen des Bestatters			
Totenschein			
Sterbeurkunde			
Genehmigung Verbrennung			

Checkliste 24: Preisvergleich für die Bestattung (Fortsetzung)

	Firma	Firma	Firma ....
Abrechnung des Bestatters für Leistungen Dritter			
Musik bei Trauerfeier			
Sargdekoration			
Dekoration			
Trauerhalle			
Kränze, Gesteck			
Fotograf			
Sonstiges			
Friedhofsgebühren (nach Art der gewählten Grabstätte)			
Grabstätte			
Beisetzung (Graböffnung und -schließung)			
Sargträger			
Grabausschmückung			
Abräumen Kränze			
Einäscherung			
Graburkunde			
Grabmalgenehmigung			
Steinmetz			
Grabmal			
Grabeinfassung			
Inschrift			
Friedhofsgärtner (falls nicht über Bestatter/Friedhofsverwaltung erledigt)			
Grabschmuck			
Grabschließung			
Grabpflege			
Trauermahl Essen/Trinken			
Gesamtkosten			

Checkliste 25: Sicherheit bei der Dauergrabpflege

Wird das Geld von einem Treuhänder verwaltet?	☐
Wird die Grabpflege überwacht?	☐
Wird diese Summe sicher und mit höchstmöglicher Verzinsung angelegt?	☐
Reicht das Kapital voraussichtlich für die Vertragslaufzeit?	☐
Besteht die Möglichkeit einer Kontoauskunft?	☐
Werden die Kosten der einzelnen Leistungen aufgeführt?	☐
Wird nach der Laufzeit eine Schlussrechnung erstellt?	☐
Ist die Restmittelverwendung geregelt?	☐
Sind die Verwaltungskosten auf den tatsächlichen Aufwand begrenzt?	☐

Quelle: Aeternitas

Musterbriefe

Musterbrief 1: Fehlender Beitragsnachweis für Rente

An Firma: ...
...
...

                                             Ort, Datum

Fehlende Beitragsnachweise zur Rentenversicherung

Sehr geehrte Damen und Herren,

ich heiße ...., geb. ...., und habe vom .... bis .... in Ihrer Firma fest angestellt gearbeitet, damals noch unter meinem Mädchennamen ....

Meine Unterlagen bei der Rentenversicherung sind unvollständig. Ich benötige noch Nachweise über frühere Beitragszeiten. Bitte prüfen Sie, ob Sie mir einen gültigen Nachweis ausstellen können. Wenn nicht, so senden Sie mir bitte Adressen von Institutionen (z. B. Rechtsnachfolger) zu, die das eventuell können.

Mit freundlichen Grüßen

Musterbrief 2: Rentenantrag

Rentenversicherungsträger ...
...
...

                                                        Ort, Datum

Rentenantrag/Versicherungsnr.: ....

Sehr geehrte Damen und Herren,

hiermit beantrage ich .... Rente ab ....

Eine Verdienstvorausbescheinigung meines jetzigen Arbeitgebers für die letzten drei Monate bis zur Rente liegt bei. Vorsorglich beantrage ich einen Rentenabschlag in Höhe von .... Euro monatlich, falls der endgültige Betrag bei Rentenbeginn noch nicht festgesetzt ist.

Mit freundlichen Grüßen

Musterbrief 3: Widerspruch gegen Rentenbescheid

Rentenversicherungsträger ...
...
...

Ort, Datum

Rentenbescheid vom ....
Versicherungsnr.: ....

Sehr geehrte Damen und Herren,

hiermit lege ich Widerspruch gegen den oben näher bezeichneten Rentenbescheid ein, der mir am .... zugegangen ist.

Soweit ich dies überblicke, haben Sie nicht alle Beitragszeiten berücksichtigt. Außerdem verstehe ich folgende Angaben nicht:
....
....
....

Bitte berechnen Sie den Anspruch neu, und überweisen Sie den Fehlbetrag zusätzlich auf mein Konto ....

Mit freundlichen Grüßen

Musterbrief 4: Klage gegen Rentenbescheid

Sozialgericht ...
...
...   Ort, Datum

Sehr geehrte Damen und Herren,

gegen den Rentenbescheid der DRV Bund ....
vom .... (Datum) sowie den Widerspruchsbescheid
vom .... (Datum) erhebe ich hiermit
KLAGE.

Mit den vorbezeichneten Bescheiden hat die DRV Bund die Gewährung der von mir beantragten höheren Altersrente abgelehnt. Diese Entscheidung ist rechtswidrig. Zur Begründung meiner Klage nehme ich zunächst Bezug auf meinen Widerspruch vom .... (Datum). Ich bin entgegen der DRV Bund nicht der Auffassung, dass .... (Gründe, etwa: dass alle Beitragszeiten berücksichtigt worden sind). In der Tat konnte ich für die strittige Zeit keine Beitragsnachweise mehr organisieren, da die Firma nicht mehr existiert und inzwischen aus dem Handelsregister gelöscht ist. Auch konnte ich keine maßgeblichen Zeugen der früheren Geschäftsführung oder Personalabteilung ausfindig machen. Dennoch steht außer Frage, dass ich von .... bis .... dort in Vollzeit beschäftigt war und seinerzeit im Schnitt etwa umgerechnet .... Euro brutto verdient habe.

Die Beweisnot sollte nicht zu meinen Lasten gehen, zumal die DRV Bund mir auch auf Nachfrage keinen handhabbaren Tipp geben konnte, wie ich die Beitragszeit alternativ nachweisen könnte.

Mit freundlichen Grüßen

Musterbrief 5: Vollmacht gegenüber Banken

Für den Fall, dass ich, ... (Vorname, Name),
geboren am .... in ....,
aus gesundheitlichen oder anderen Gründen nicht mehr in der Lage bin, meine Bankgeschäfte wahrzunehmen, bevollmächtige ich hiermit
Herrn/Frau .... (Vorname, Name),
wohnhaft in .... (Straße, Ort), dies stellvertretend für mich zu tun. Die Vollmacht kann nicht auf Dritte übertragen werden.

....
....

Ort, Datum					Unterschrift

Musterbrief 6: Vollmacht gegenüber Behörden

Für den Fall, dass ich, ... (Vorname, Name),
geboren am .... in ....,
aus gesundheitlichen oder anderen Gründen nicht mehr in der Lage bin, meine Angelegenheiten mit kommunalen oder staatlichen Behörden wahrzunehmen, bevollmächtige ich hiermit
Herrn/Frau .... (Vorname, Name),
wohnhaft in .... (Straße, Ort), dies stellvertretend für mich zu tun. Behördenmitarbeiter sind dem Bevollmächtigten gegenüber von der Schweigepflicht befreit.

....
....

Ort, Datum   Unterschrift

Musterbrief 7: Widerspruch Wohngeldbescheid

Wohnungsamt ...
...
...

Ort, Datum

Widerspruch zum Wohngeldbescheid vom ....

Sehr geehrte Damen und Herren,

hiermit lege ich Widerspruch gegen den oben näher bezeichneten Wohngeldbescheid ein, der mir am .... zugegangen ist.

Soweit ich dies überblicke, haben Sie zwar das wohngeldrelevante Einkommen richtig berechnet, jedoch den Freibetrag für .... nicht abgezogen. Unterm Strich müsste das bewilligte Wohngeld um etwa .... Euro höher ausfallen.

Bitte berechnen Sie den Anspruch neu, und überweisen Sie den reklamierten Betrag auf mein Konto ...., damit ich mit der Miete nicht in Rückstand gerate. Den Fehlbetrag schicken Sie bitte beim nächsten Mal mit.

Mit freundlichen Grüßen

Musterbrief 8: Antrag auf Rundfunkgebührenbefreiung

Sozialamt ...
...
...

Ort, Datum

Befreiung von den Rundfunkgebühren

Sehr geehrte Damen und Herren,

hiermit beantrage ich, ab 1. .... von der Zahlung der Rundfunkgebühren befreit zu werden.

Ich bin stark sehbehindert, kann an öffentlichen Veranstaltungen nicht mehr teilnehmen und bin darauf angewiesen, Radio zu hören. Da meine Rente auch nur nahe an der Grundsicherung liegt (siehe Kopie des letzten Rentenbescheids), erhoffe ich mir positiven Bescheid. Bitte teilen Sie mir mit, ob ich weitere Schritte unternehmen muss.

Mit freundlichen Grüßen

Musterbrief 9: Pflegeantrag

Antrag auf Leistungen der Pflegeversicherung

An (Pflegekasse)

Versicherter: Name, Vorname — Geburtsdatum

Straße / Hausnummer — Versicherungsnummer

Postleitzahl / Wohnort — Telefon

○ Erstantrag   ○ Höherstufungsantrag

Antrag auf Leistungen bei ○ häuslicher Pflege ○ stationärer Pflege
als ○ Sachleistungen ○ Kombinationsleistungen ○ Geldleistungen
○ Beihilfeberechtigt

Kreditinstitut — Bankleitzahl — Kontonummer — Kontoinhaber(in)

Die Pflege wird durchgeführt von:
○ _____
Name und Anschrift der Pflegeeinrichtung (bei Sach-/ oder Kombinationsleistungen)
○ _____
Name und Anschrift der Pflegeperson (bei Geld-/ oder Kombinationsleitungen)

Hilfebedarf besteht im Bereich ○ Ernährung ○ Körperpflege ○ Bewegung (Mobilität)
○ hauswirtschaftliche Versorgung
○ sonstiges _____

Ich erhalte bereits Pflegeleistungen von ○ der Unfallversicherung ○ dem Sozialamt
○ _____

Der behandelnde Arzt ist: _____
Name des Hausarztes / Facharztes

_____
Anschrift des Hausarztes / Facharztes

Ich bin damit einverstanden, daß der Pflegekasse bzw. dem Medizinischen Dienst der Krankenversicherung vorhandene ärztliche Berichte, Gutachten und Befunddokumentationen zur Einsichtnahme zur Verfügung gestellt werden.

Datum — Unterschrift des Versicherten

Musterbrief 10: Widerspruch zur Ablehnung des Pflegeantrages

Pflegekasse ...
...
...

Ort, Datum

Widerspruch zur Ablehnung des Pflegeantrages vom ....

Sehr geehrte Damen und Herren,

hiermit lege ich Widerspruch gegen die Ablehnung meines Pflegeantrages ein, der mir am .... zugegangen ist.

Wie schon im Antrag begründet, kann ich folgende Verrichtungen des täglichen Lebens nicht mehr ohne fremde Hilfe bewältigen:

- ○ Ernährung
- ○ Bewegung (Mobilität)
- ○ Körperpflege
- ○ hauswirtschaftliche Versorgung
- ○ Sonstiges ....

Bitte senden Sie mir so schnell wie möglich eine Durchschrift des Gutachtens des Medizinischen Dienstes (MDK), um genau zu erfahren, warum der Antrag abgelehnt wurde. Wenn ich das Gutachten erhalten habe, werde ich den Widerspruch noch ausführlicher begründen. Dann werde ich auch in Rücksprache mit meinem Hausarzt oder anderen behandelnden Ärzten medizinische Unterlagen zur Verfügung stellen, die das Krankheitsgeschehen und den Pflegebedarf belegen können. Ab sofort führe ich auch ein Pflegetagebuch, in dem alle Hilfeleistungen – inklusive der benötigten Zeit – notiert werden.

Mit freundlichen Grüßen

Musterbrief 11: Einsicht in Behandlungsunterlagen

Krankenhaus/Arzt/Zahnarzt...
...
...

Ort, Datum

Behandlung von .... bis ..../Einblick in Behandlungsunterlagen

Sehr geehrte Damen und Herren,

ich bitte Sie, mir Kopien folgender Behandlungsunterlagen zu schicken:
....
....
....

Auf die Unterlagen habe ich nach der aktuellen Rechtsprechung des Bundesgerichtshofes (Az.: VI ZR 222/79 und 177/81) einen Anspruch. Die bloße Übersendung an einen behandelnden Arzt erfüllt diesen Anspruch nicht.
Kosten für Kopien übernehme ich selbstverständlich gegen Quittung; Röntgenaufnahmen erbitte ich leihweise im Original, da Kopien unnötig teuer sind.

Bitte schicken Sie mir die Unterlagen zusammen mit einer Erklärung, dass alles vollständig ist, innerhalb der nächsten drei Wochen, spätestens bis zum ...., zu.

Mit freundlichen Grüßen

Musterbrief 12: Überhöhte Arztrechnung

Privater Krankenversicherer ...
...
...

Ort, Datum

Überhöhte Arztrechnung

Sehr geehrte Damen und Herren,

kürzlich unterzog ich mich einer ärztlichen Behandlung, für die ich jetzt die Rechnung bekam (siehe Anlage). Als Laie habe ich das Gefühl, dass die Rechnung ziemlich hoch ausfällt.

Bitte prüfen Sie für mich, ob alles seine Richtigkeit hat. Mein Arzt meinte, alles sei rechtens. Für den Fall, dass Sie meine Bedenken teilen, gebe ich Ihnen hiermit das Einverständnis, sich direkt mit meinem Arzt in Verbindung zu setzen. Ich werde die Rechnung bis auf Weiteres nicht bezahlen, sondern erst, nachdem die Spezialisten Ihres Hauses mit dem Arzt gesprochen haben.

Sollte das Gespräch den Arzt nicht umstimmen, würde ich gern den angemessenen Betrag bezahlen, den Sie mir nennen müssten. Falls Sie mir sogar vorschlagen, gar nichts zu bezahlen, möchte ich allerdings schriftlich von Ihnen bestätigt haben, dass Sie das Prozessrisiko für mich übernehmen. Hiermit trete ich vorsorglich mein Verhandlungsmandat an Ihr Haus ab; Sie erhalten auch Prozessvollmacht. Mir entstehen dadurch keine Prozesskosten.

Freundliche Grüße

Musterbrief 13: Ordentliche Kündigung einer Versicherung

Versicherungsgesellschaft ...
...
...

Ort, Datum

...............-Versicherung/Versicherungsnr.: .... /
Kündigung

Sehr geehrte Damen und Herren,

hiermit kündige ich oben genannten Versicherungsvertrag fristgemäß zum Ende des Versicherungsjahres, also zum .... 200...

Schicken Sie mir bitte eine Schlussabrechnung. Etwaige Rückerstattungsansprüche überweisen Sie bitte bis spätestens .... auf mein bekanntes Konto.

Mit freundlichen Grüßen

Musterbrief 14: Anfrage zur Auszahlung der Lebensversicherung

Lebensversicherer ...
...
...

Ort, Datum

**Fälligkeit der Versicherungsleistung/
Versicherungsschein** ....

Sehr geehrte Damen und Herren,

am .... endet die Laufzeit meiner kapitalbildenden Versicherung (siehe Kopie des Versicherungsscheins und der letzten Beitragsabbuchung).

Bitte überweisen Sie die Ablaufleistung bis spätestens .... auf mein aktuelles Girokonto ....,
BLZ: ...., bei der .... Bank.
Zugleich bitte ich Sie, das zuständige Finanzamt .... darüber zu informieren, dass die Summe insgesamt steuerfrei ist (Kopie für mich wäre hilfreich).

Sollten Sie das Original des Versicherungsscheins benötigen, geben Sie mir bitte Bescheid.

Freundliche Grüße

Musterbrief 15: Antrag auf Auszahlung einer Lebensversicherung im Todesfall

Lebensversicherer ...
...
...

Ort, Datum

**Fälligkeit der Versicherungsleistung/
Versicherungsschein ....**

Sehr geehrte Damen und Herren,

am .... verstarb mein Ehemann .... durch .... (siehe Kopie der Sterbeurkunde). Er hatte bei Ihnen obige ....-Versicherung abgeschlossen (siehe Kopie des Versicherungsscheins und der letzten Beitragsabbuchung). Ich bin im Todesfall bezugsberechtigt.

Bitte überweisen Sie die Ablaufleistung bis spätestens .... auf mein aktuelles Girokonto ...., BLZ: ...., bei der .... Bank. Zugleich bitte ich Sie, das zuständige Finanzamt .... darüber zu informieren, dass die Summe insgesamt steuerfrei ist (Kopie für mich wäre hilfreich).

Sollten Sie das Original des Versicherungsscheins und gegebenenfalls weitere Unterlagen benötigen, geben Sie mir bitte Bescheid.

Freundliche Grüße

Musterbrief 16: Gewährleistung

Händler ...
...
...

Ort, Datum

Gewährleistung des Kaufs ....

Sehr geehrte Damen und Herren,

am .... habe ich bei Ihnen einen neuwertigen .... zum Preis von .... Euro gekauft, der bereits nach kurzer Zeit nicht mehr funktionierte. Ihr Versuch, den Fehler durch Reparatur zu beheben, schlug fehl (Nachbesserung am ....).

Beim anschließenden Versuch, den Kauf rückgängig zu machen, stellte sich Ihr Verkäufer .... quer. Ich fordere Sie hiermit auf, das Gerät bis spätestens zum .... zurückzunehmen und mir den vollen Kaufpreis von .... Euro bis spätestens .... 200... zu erstatten. Bitte ersparen Sie sich und mir weitere Verzögerungen, da ich für weitere Aufwendungen an Zeit und Geld Schadensersatz verlangen müsste.

Mit freundlichen Grüßen

Musterbrief 17: Annahmeverweigerung wegen offensichtlichem Mangel

Händler ...
...
...

Ort, Datum

Annahmeverweigerung der Lieferung wegen Mangel

Sehr geehrte Damen und Herren,

am .... habe ich bei Ihnen ein .... gekauft (Preis .... Euro), das vereinbarungsgemäß am .... geliefert wurde.

Leider wies das gelieferte Teil folgenden unübersehbaren Mangel auf, den ich auch auf dem Lieferschein dokumentiert habe:
....
....

Aus diesem Grund habe ich die Annahme verweigert. Ich fordere Sie auf, mir bis spätestens .... 200... einen fehlerfreien Artikel desselben Typs zu liefern. Nach Ablauf der Frist werde ich die Annahme endgültig verweigern. Für die Terminabsprache bin ich telefonisch unter .... zu erreichen. Bezahlen werde ich erst, wenn fehlerfreie Ware geliefert wurde.

Mit freundlichen Grüßen

Musterbrief 18: Kulanz

Firma ...
...
...

Ort, Datum

Antrag auf Kulanz

Sehr geehrte Damen und Herren,

am .... habe ich einen .... gekauft (Preis .... Euro), für den Sie als Hersteller neben der gesetzlichen Mängelhaftung von zwei Jahren eine zusätzliche Garantiezeit von ...... Monaten angegeben haben, die jedoch gerade abgelaufen ist (Termin: ....).

Bislang gab es überhaupt keinen Grund zur Beanstandung. Im Gegenteil: Der Kauf war ein voller Erfolg. Nun zeigt sich plötzlich folgender Mangel:
....

....

Ich bin ratlos und bitte Sie bei der Reparatur um Kulanz. Eine Kopie des Garantiescheins und des Kassenzettels liegen dem Brief bei. Für eine baldige Antwort wäre ich dankbar, da ich auf das Gerät regelmäßig angewiesen bin. Zu einer eventuellen Terminabsprache für die Kulanzreparatur bin ich telefonisch unter .... zu erreichen.

Bitte übernehmen Sie möglichst auch den größten Teil der Kosten für Material und Anfahrt.

Vielen Dank im Voraus und freundliche Grüße

Musterbrief 19: Reklamation Gebrauchtkauf wegen Fehlen zugesicherter Eigenschaften

Gebrauchthändler ...
...
...

Ort, Datum

Fehlen zugesicherter Eigenschaften; Kaufvertrag ....

Sehr geehrte Damen und Herren,

am .... habe ich bei Ihnen ein gebrauchtes Auto vom Typ .... gekauft (Preis .... Euro), das von Ihnen mit einem nagelneuen Getriebe und folgenden weiteren Neuerungen ausgestattet worden sein soll:
.... / .... / ....

Laut Gutachten meiner Werkstatt (siehe Kopie in der Anlage) hat das Getriebe aber mindestens eine Laufleistung von .... km erbracht und ist keineswegs neu. Damit fehlt dem Auto eine zugesicherte Eigenschaft. Hiermit mache ich von meinem Recht auf Wandelung Gebrauch und verlange einen angemessenen Preisnachlass in Höhe von .... Euro.

Ich fordere Sie auf, das Geld binnen einer Woche auf mein Konto ...., BLZ: ...., bei der .... Bank, zu überweisen.

Alternativ biete ich Ihnen an, den Kauf rückgängig zu machen. Sollte der Betrag nicht fristgemäß eingehen, werde ich gerichtliche Hilfe in Anspruch nehmen.

Mit freundlichen Grüßen

Musterbrief 20: Rückgabe Versandartikel

Versandhändler ...
...

Ort, Datum

Rückgabe Versandartikel; Kunden-Nr.: ....

Sehr geehrte Damen und Herren,

am .... habe ich die telefonische/Online-Bestellung vom .... unter oben genannter Kundennummer geliefert bekommen. Die Bestellung entsprach jedoch nicht meinen Erwartungen; ich sende Sie hiermit zurück und wünsche keinen Ersatz.

Da es sich um unser erstes Geschäft handelt, bitte ich Sie folgende Gepflogenheiten zu berücksichtigen, falls Sie an wiederholtem Kauf interessiert sind:

- Räumen Sie ein uneingeschränktes 14-tägiges Rückgaberecht ein.
- Ich bezahle nur gegen Rechnung mit 14 Tagen Frist.
- Bei Rückgabe erstatten Sie den vollen Preis, und übernehmen Sie auch die Versandspesen.
- Bei Rückgabe von Auslandssendungen übernehmen Sie nachträglich die Versandspesen (durch Verrechnung mit der nächsten Bestellung).
- Für jede Bestellung gilt eine Lieferfrist von höchstens ...... Tagen.

Bitte bestätigen Sie diese Geschäftsbedingungen schriftlich. An einer Speicherung meiner Kundendaten ohne entsprechende Information bin ich nicht interessiert. Die Weitergabe meiner Daten an Dritte darf ohne meine ausdrückliche Einwilligung nicht erfolgen.

Mit freundlichen Grüßen

Musterbrief 21: Reklamation Onlinekauf

Onlinehändler ...
...
...

Ort, Datum

Reklamation der Onlinebestellung; Auftrags-Nr.: ....

Sehr geehrte Damen und Herren,

am .... habe ich online folgende Ware .... bestellt und sofort per Kreditkarte bezahlt. Am .... erhielt ich die Lieferung, die ich hiermit reklamiere, da Sie einen höheren Preis als auf der Internetseite am Kauftag angegeben von meinem Konto abgebucht haben.

Das Landgericht München hat jedoch festgestellt, dass Anbieter von Onlineshopping die gesetzlichen Schutzvorschriften wie die Preisangabenverordnung einhalten müssen und keinerlei Sonderrechte genießen (Az.: 7 O 22251/97).

Erstatten Sie mir den Differenzbetrag von .... Euro bis spätestens .... auf das bekannte Kreditkartenkonto. Falls ich bis dahin keinen Zahlungseingang feststellen kann, mache ich den Kauf rückgängig und werde gegebenenfalls rechtliche Hilfe in Anspruch nehmen. Zugleich behalte ich mir vor, die Verbraucherzentrale wegen unlauteren Wettbewerbs einzuschalten.

Mit freundlichen Grüßen

Musterbrief 22: Widerruf eines Haustürgeschäftes

Firma ...
...
...

Ort, Datum

Widerruf des Haustürgeschäftes vom ....

Sehr geehrte Damen und Herren,

am .... habe ich einen Vertrag über .... mit der Vertriebsfirma .... an der Haustür abgeschlossen.

Hiermit widerrufe ich den Vertrag fristgemäß, zumal ich den Verkäufer nicht bestellt hatte. Die Annahme der Lieferung werde ich in jedem Fall verweigern. Falls ein Nachbar die Waren annimmt, werde ich Sie umgehend auf Ihre Kosten zurückschicken. Ihre Rechnung werde ich nicht bezahlen.

Mit freundlichen Grüßen

Musterbrief 23: Auftragsvergabe mit Festpreis

Firma ...
...
...

Ort, Datum

Auftragsvergabe für ....

Sehr geehrte Damen und Herren,

hiermit erteile ich Ihnen den Auftrag, folgende Arbeiten auszuführen:
....
....

Arbeitsumfang und Kosten richten sich nach Ihrem Kostenvoranschlag vom ...., in dem Sie sich ausdrücklich zu Festpreisen bekannt haben, an die Sie sich sowohl vom Material als auch von den Leistungen bis .... gebunden fühlen.

Die Auftragserteilung gilt nur für den Fall, dass Sie mir den vereinbarten Bruttopreis (inklusive Mehrwertsteuer) garantieren und die Arbeiten fristgemäß erledigt werden können, also bis spätestens ....

Ohne meine ausdrückliche Zustimmung dürfen keine zusätzlichen Leistungen erbracht werden. Für die Gewährleistung der Arbeiten soll ausdrücklich die gesetzliche Verjährungsfrist gemäß § 634a BGB gelten. Bei Barzahlung in angemessener Frist räumen Sie mir ein Skonto von ...... Prozent ein.
Bitte bestätigen Sie mir die Annahme des Auftrages bis spätestens zum .... schriftlich.

Mit freundlichen Grüßen

Musterbrief 24: Mängelbeseitigung

Firma ...
...
...

Ort, Datum

Auftrag vom ..../**Rechnung vom** ....

Sehr geehrte Damen und Herren,

nach Erledigung des Auftrages vom .... habe ich Ihre Arbeit am .... abgenommen. Dabei stellte sich aber folgender Mangel heraus:
....
....

Hiermit bitte ich Sie, die Mängel bis spätestens .... zu beseitigen. Für die Terminabsprache erreichen Sie mich tagsüber unter .... Sollten die Mängel bis zum .... nicht behoben sein, werde ich jede weitere Nachbesserung ablehnen und vom Vertrag mit allen Konsequenzen zurücktreten (Geld zurück, Schadensersatz für Mehrkosten durch andere Firma). Lassen Sie uns das Problem besser ohne Anwälte lösen.

Mit freundlichen Grüßen

Musterbrief 25: Rechnungsreklamation wegen wesentlicher Überschreitung des Kostenvoranschlags

Firma ...
...
...

Ort, Datum

Rechnung vom ..../Zurückweisung wegen wesentlicher Kostenüberschreitung

Sehr geehrte Damen und Herren,

mit der oben genannten Rechnung für den Auftrag vom .... bin ich nicht einverstanden.
Sie haben Ihren eigenen Kostenvoranschlag um .... Prozent und damit wesentlich überschritten, mich aber zu keinem Zeitpunkt darüber informiert, dass der vereinbarte Preis nicht zu halten wäre.

Mein Kompromissangebot: Ich bin bereit, ... Prozent mehr als veranschlagt zu zahlen, also insgesamt .... Euro – allerdings erst nach Übersendung einer neuen Abrechnung. Wenn ich die neue Rechnung in Händen halte, beginnt die Frist fürs Skonto zu laufen. Sollten Sie damit einverstanden sein, garantiere ich Ihnen die Bezahlung innerhalb von 10 Tagen.

Mit freundlichen Grüßen

Musterbrief 26: Einschalten der Schlichtungsstelle des Handwerks

Firma ...
...
...

Ort, Datum

**Auftrag vom ..../Rechnung vom ..../
Reklamation ....**

Sehr geehrte Damen und Herren,

leider haben Sie immer noch nicht auf meine obige Reklamation .... in der strittigen Angelegenheit zum Auftrag vom .... Stellung bezogen.

Falls ich nicht bis spätestens .... einen annehmbaren Vorschlag von Ihnen erhalte, lasse ich den Fall durch die regionale Schlichtungsstelle Ihrer Branche beurteilen und mache meinen Anspruch gegebenenfalls gerichtlich geltend.

Mit freundlichen Grüßen

Musterbrief 27: Beseitigung von Wohnungsmängeln

Vermieter ...
...
...

Ort, Datum

Information über Wohnungsmangel; Mietvertragsnr.: ....

Sehr geehrte Damen und Herren,

als Mieter der Wohnung .... möchte ich Sie auf folgende Mängel aufmerksam machen, die ich jetzt bemerkt habe bzw. die jetzt aufgetreten sind:
....
....

Ich möchte Sie herzlich bitten, die Mängel kurzfristig abzustellen, da sie die Bewohnbarkeit stark beeinträchtigen. Schön wäre es, wenn Sie dies in den nächsten 10 Tagen organisieren könnten. Für Ihre Mühe vielen Dank im Voraus; zu telefonischer Terminabstimmung für die Handwerker stehe ich Ihnen unter der Telefonnummer .... zur Verfügung.

Mit freundlichen Grüßen

Musterbrief 28: Widerspruch Mieterhöhung (Vergleichsmiete)

Vermieter ...
...
...

Ort, Datum

Widerspruch gegen Mieterhöhung (Vergleichsmiete)

Sehr geehrte Damen und Herren,

Ihre Forderung nach höherer Miete vom .... wegen gestiegener Vergleichsmieten für ähnliche Wohnungen in unserer Kommune habe ich am .... erhalten.

Hiermit widerspreche ich der Forderung, weil die ortsübliche Vergleichsmiete in meinem Fall innerhalb von drei Jahren dadurch um mehr als 20 Prozent steigen würde und so die gesetzlich zulässige Höchstgrenze überschreitet.

Bis auf weiteres werde ich nur die Miete in bisheriger Höhe zahlen.

Mit freundlichen Grüßen

Musterbrief 29: Widerspruch Modernisierungsankündigung

Vermieter ...
...
...

Ort, Datum

Widerspruch gegen Modernisierungsankündigung vom ....

Sehr geehrte Damen und Herren,

hiermit widerspreche ich Ihrer Modernisierungsankündigung vom ...., weil sie Reparaturen, Instandsetzung und Modernisierung nicht klar voneinander trennen und mehr als Modernisierung abrechnen als nach § 554 und 559 BGB erlaubt. Die unterstellte Mieterhöhung ist daher völlig inakzeptabel.

Ich wäre bereit, Modernisierung nach korrigiertem Konzept zu dulden, sofern die Arbeiten rechtzeitig angekündigt werden. Falls die Bautätigkeit zu erheblichen Belastungen führt, werde ich eine vorübergehende Mietminderung in Betracht ziehen.

Mit freundlichen Grüßen

Musterbrief 30: Renovierungskosten nach Modernisierung

Vermieter ...
...
...

Ort, Datum

Renovierungskosten nach Modernisierung

Sehr geehrte Damen und Herren,

die Modernisierungsarbeiten im Haus sind offensichtlich abgeschlossen. In meiner Wohnung ist jetzt teilweise eine malermäßige Instandsetzung nötig.
Es wäre schön, wenn Sie in den nächsten zwei Wochen die nötigen Arbeiten veranlassen. Für die Terminabsprache bin ich unter der Telefonnummer .... erreichbar.

Sollte ich nichts von Ihnen hören, werde ich die Arbeiten selbst veranlassen und Ihnen die Kosten in Rechnung stellen.
Ausdrücklich behalte ich mir für diesen Fall vor, wegen der Beeinträchtigung durch fehlenden oder mangelhaften Anstrich Mietminderung zu verlangen sowie die Kosten für die Renovierung von der Miete abzuziehen.

Mit freundlichen Grüßen

Musterbrief 31: Widerspruch gegen Eigenbedarfskündigung

Vermieter ...
...
...

Ort, Datum

Eigenbedarfskündigung vom .... **/Widerspruch**

Sehr geehrte Damen und Herren,

mit Schreiben vom .... haben Sie mir wegen Eigenbedarf die Wohnung gekündigt. Hiermit widerspreche ich der Kündigung, weil die Gründe für mich nicht nachvollziehbar sind und damit die Wirksamkeit der Kündigung infrage gestellt ist.
Zum einen war der angeführte Eigenbedarf schon bei Abschluss des Vertrages absehbar, zum anderen steht eine gleich große Wohnung im ...... Stockwerk leer, die ebenfalls Ihnen gehört.

Es besteht kein Grund, auf meiner Wohnung zu beharren. Daher gehe ich davon aus, dass unser Mietverhältnis über den Kündigungstermin hinaus Bestand hat.

Mit freundlichen Grüßen

Musterbrief 32: Änderung der Konditionen vor Reiseantritt

Reiseveranstalter ...
...
...

Ort, Datum

**Änderung der Konditionen vor Reiseantritt;
Buchungsnr.: ....**

Sehr geehrte Damen und Herren,

nach voller Bezahlung der Pauschalreise (Buchungsnummer ....) teilen Sie mir wenige Tage vor dem Start (Datum: ....) mit, dass ich mit folgenden Änderungen/ Mängeln rechnen müsse:
....
....

Ich bin nicht bereit, dies zu akzeptieren. Allerdings kann ich nicht beurteilen, wie schwerwiegend die Änderungen sind. Ich trete die Reise zunächst an, behalte mir aber ausdrücklich vor, gesetzliche Ansprüche geltend zu machen. Im Zweifel werde ich vor Ort reklamieren und nach Ablauf der Reise Schadensersatz verlangen.

Mit freundlichen Grüßen

Musterbrief 33: Mängelanzeige am Urlaubsort

Reiseleiter vor Ort ...
...
...

                                                    Ort, Datum

Mängelanzeige Buchungsnr.: ....

Sehr geehrte Damen und Herren,

wie soeben schon vor Ort besprochen, zeige ich Ihnen folgende Mängel an:
....
....

Dies beeinträchtigt die Erholung doch ganz erheblich. Daher bitte ich um sofortige Abhilfe.

Mit freundlichen Grüßen

Unterschrift   Unterschrift Reiseleiter

Musterbrief 34: Nachträgliche Minderung des Preises wegen Reisemängeln

Reiseveranstalter ...
...
...

Ort, Datum

Buchungsnr.: ..../Mängelanzeige vom ....

Sehr geehrte Damen und Herren,

meiner Aufforderung vom ...., bei folgenden reklamierten Mängeln Abhilfe zu schaffen, sind Sie während der Reise nicht nachgekommen:
....
....
Da die Mängel meine Erholung maßgeblich beeinträchtigten, verlange ich eine Minderung des Reisepreises um ...... Prozent. Der Nachlass orientiert sich an den Sätzen der Frankfurter Tabelle und schlüsselt sich wie folgt auf:
....
....
Hinzu kommen folgende Mehrkosten, die durch meine eigenen Abhilfeversuche entstanden sind:
....
....
Bitte überweisen Sie den Betrag von .... Euro bis spätestens .... auf mein Konto ...., BLZ: ...., bei der .... Bank. Nach dieser Frist werde ich gerichtliche Hilfe in Anspruch nehmen.

Mit freundlichen Grüßen

Musterbrief 35: Vereinbarung zu Umbauten für barrierefreies Wohnen

Vermieter ...
...
...

Ort, Datum

Umbauten für barrierefreies Wohnen

Sehr geehrte Damen und Herren,

mein Hausarzt hat mir mitgeteilt, dass ich wohl im kommenden Jahr mit einer ....-Operation rechnen muss. Zwar muss dies noch keine Pflegestufe bedeuten, aber eine Einschränkung der Beweglichkeit scheint sicher.

Da ich mich in der Wohnung sehr wohlfühle und nicht unbedingt umziehen will, würde ich gerne folgende Umbauten vornehmen, um auch in Zukunft vernünftige Lebensqualität zu erreichen (Zutreffendes ankreuzen):
- ○ Wohnung ist ohne Stufen und Schwellen erreichbar
- ○ Türen brauchen eine Durchgangsbreite von 80 cm
- ○ stufenlos begehbarer Duschbereich
- ○ Bewegungsfläche vor WC und Waschbecken von 120 x 120 cm
- ○ Balkon ist stufenlos erreichbar (Schwelle maximal 2 cm)
- ○ Sonstiges: ....

Es wäre schön, wenn Sie sich an den Kosten in Höhe von ...... Prozent beteiligen würden. Ich hoffe aber zunächst auf Ihre generelle Bereitschaft, solche Umbauten zu dulden, ohne sie beim Auszug wieder beseitigen zu müssen. Wegen der konkreten Planung und Einholung von Kostenvoranschlägen würde ich mich dann wieder mit Ihnen in Verbindung setzen.

Mit freundlichen Grüßen

Musterbrief 36: Widerspruch Preiserhöhung im Pflegeheim

Pflegeheimbetreiber ...
...
...

Ort, Datum

Pflegeheimvertrag ..../Widerspruch Preiserhöhung

Sehr geehrte Damen und Herren,

Sie haben mit Schreiben vom .... angekündigt, den Preis für den Heimplatz von monatlich ...... Euro auf ...... Euro ab dem 1. .... zu erhöhen. Als Begründung geben Sie allgemeine Kostensteigerungen an. Diese Begründung ist mir zu ungenau und die Erhöhung damit unwirksam. Ich werde unter diesen Umständen die Erhöhung nicht akzeptieren und allenfalls unter Vorbehalt zahlen. Ein Kündigungsrecht leitet sich daraus nicht für Sie ab (Oberlandesgericht München; Az.: 3 U 5752/93).

Sie sollten umgehend die Kosten offenlegen, damit ich die Notwendigkeit einer Preiserhöhung überprüfen kann. Tun Sie dies nicht, werde ich zwar unter Vorbehalt zahlen, aber Rückzahlung fordern, falls sich später herausstellt, dass die Erhöhung ungerechtfertigt war (OLG München; Az.: 3 U 2191/96).

Mit freundlichen Grüßen

Musterbrief 37: Aufnahme in die Robinsonliste

DDV-Robinsonliste
Postfach 14 01
71243 Ditzingen

Ort, Datum

Antrag auf Aufnahme in Robinsonliste

Sehr geehrte Damen und Herren,

ab sofort möchte ich keine brieflichen Reklamesendungen mehr erhalten. Bitte nehmen Sie mich unverzüglich in Ihre sogenannte Robinsonliste auf.
Unterrichten Sie in diesem Zusammenhang bitte alle Ihrem Verband angeschlossenen Mitglieder und Unternehmen. Besonders massiv haben meine Unterlassungswünsche bislang ignoriert:
....
....

Im Wiederholungsfall behalte ich mir vor, die Verbraucherzentrale und gegebenenfalls die Öffentlichkeit einzuschalten.

Mit freundlichen Grüßen

Musterbrief 38: Abmahnung wegen unerlaubter E-Mail-Werbung

I.D.I.
Franz-Wolter-Straße 38
81925 München

Sehr geehrte Damen und Herren,

ich bin wiederholt unverlangt mit E-Mail-Werbung belästigt worden und beantrage, dass in Wahrnehmung meiner Rechte der angegebene E-Mail-Versender auf seine Kosten durch den vom Internetverband I.D.I. benannten Rechtsbeistand abgemahnt wird.
Die E-Mails kamen von folgenden Absendern:
am .... von ....
am .... von ....

Ich hatte mit diesen Firmen bis auf eine Ausnahme noch nie geschäftlichen Kontakt. In diesem einen Fall habe ich bei der Bestellung ausdrücklich der Verwendung meiner Daten für Werbezwecke widersprochen. Ich schicke Ihnen die beanstandeten Mails sowie meinen Brief als Anhang mit.
Meine Daten sind:
Name: ....
Straße/Nr.: ....
PLZ: .... Ort: ....
Telefon: ..../Fax: ....
E-Mail: ....
Ort/Datum: ....

Mit freundlichen Grüßen

Musterbrief 39: Vorzeitige Beendigung Mobilfunkvertrag/Bitte um Kulanz

Mobilfunkanbieter bzw. Provider ...
...
...

Ort, Datum

Sehr geehrte Damen und Herren,

am .... habe ich mit dem Händler in .... einen Mobilfunkvertrag bis .... abgeschlossen. Ich habe mich wegen des niedrigen Grundpreises zum Abschluss des Vertrages entschlossen. Die hohen Folgekosten habe ich nicht in Betracht gezogen, und Ihr Händler hat mich auch nicht darüber aufgeklärt. Dies wertet der Bundesgerichtshof als Verstoß gegen die Preisangabeverordnung (Az.: I ZR 187/97).

Ich möchte keine rechtliche Auseinandersetzung. Fakt ist aber: Obwohl ich das Gerät nur sparsam benutze, wachsen mir die Kosten über den Kopf. Das kann ich mir als Hausfrau/Rentner/Arbeitsloser/Sozialhilfeempfänger nicht länger leisten. Daher bitte ich Sie hiermit, mich ohne Schadensersatz vorzeitig aus dem Vertrag zu entlassen.

Bitte geben Sie mir bald Bescheid, und bestätigen Sie die Vertragslauflösung schriftlich. Ich gebe das Gerät dann unverzüglich an den Händler zurück.

Mit freundlichen Grüßen

Musterbrief 40: Einspruch gegen Steuerbescheid

Finanzamt ...
...
...

Ort, Datum

Steuernr.: ..../
Einspruch gegen den Einkommensteuerbescheid vom ....

Sehr geehrte Damen und Herren,

gegen oben näher bezeichneten Steuerbescheid lege ich Einspruch ein.

Begründung: ....
....

Ich möchte Sie bitten, die folgenden Kosten nachträglich steuermindernd zu berücksichtigen:
....

Bitte berechnen Sie die Höhe der Steuer neu. Gleichzeitig beantrage ich, die Vollziehung bis zum neuen Bescheid außer Vollzug zu setzen.

Mit freundlichen Grüßen

Musterbrief 41: Offensichtlich falsche Abrechnung

Versorgungsunternehmen ...
...
...

Ort, Datum

Kundennr.: ...., **Abrechnung vom** ....

Sehr geehrte Damen und Herren,

am .... erhielt ich oben genannte Abrechnung für die Zeit von .... bis .... Danach soll ich insgesamt .... verbraucht haben. Dies kann nicht stimmen.

Laut von Ihnen abgelesenem und auf der Rechnung dokumentiertem Zählerstand ergibt sich ein Verbrauch von nur ...., also .... weniger als tatsächlich verlangt.

Der Rechnungsbetrag ist offensichtlich fehlerhaft. Daher werde ich die Summe nicht bezahlen. Falls Sie dennoch abbuchen und den überschüssigen Betrag nicht innerhalb von zwei Wochen auf mein Konto rückbuchen, werde ich die Einzugsermächtigung widerrufen.

Bitte schicken Sie mir die korrigierte Rechnung möglichst bis zum .... zu.

Mit freundlichen Grüßen

Musterbrief 42: Kündigung des Stromvertrages

Stromversorger...
...
...

Ort, Datum

Kundennr.: ...., **Kündigung**

Sehr geehrte Damen und Herren,

hiermit kündige ich den obigen Vertrag, den ich am ....
mit Ihrer Firma zur Lieferung von Strom geschlossen habe,
fristgemäß zum ....

Mit freundlichen Grüßen

Musterbrief 43: Erkundung des Punktekontos beim Kraftfahrt-Bundesamt

Formular wird nicht gesendet, nur zum Ausfüllen und Drucken geeignet.
Zutreffendes bitte ankreuzen

Kraftfahrt-Bundesamt
24932 Flensburg

Antrag auf Auskunft aus dem Verkehrszentralregister

○ Ich beantrage, mir Auskunft über die zu meiner Person im Verkehrszentralregister gespeicherten Entscheidung(en) zu erteilen. **Eine Kopie der Vorder- und Rückseite meines gültigen Personalausweises oder gültigen Reisepasses füge ich bei.**

○ Ich beantrage, mir Auskunft über die zu meiner Person im Verkehrszentralregister gespeicherten Entscheidung(en) zu erteilen. **Meine Unterschrift habe ich auf dem Antrag amtlich beglaubigen lassen.**

Geburtsdatum

Geburtsname

Familienname (nur bei Abweichung vom Geburtsnamen erforderlich)

Sämtliche Vornamen

Geburtsort

Postleitzahl und Wohnort

Straße und Hausnummer

Beglaubigungsvermerk einer siegelführenden Stelle
(Entfällt bei Vorlage der Kopie des Ausweises/Passes)

Die eigenhändige Unterschrift des Antragstellers/ der Antragstellerin wird beglaubigt.

_____
Datum, Unterschrift des Antragstellers/ der Antragstellerin

_____
Name der Behörde, Ort, Datum und Unterschrift

Musterbrief 44: Antrag auf Gewaltopferhilfe

Versorgungsamt ...
...
...

Ort, Datum

Antrag auf Gewaltopferhilfe

Sehr geehrte Damen und Herren,

ich wurde am .... in .... Opfer eines Gewaltverbrechens.

Hiermit beantrage ich Leistungen nach dem Gesetz über die Entschädigung für Opfer von Gewalttaten und bitte um Übersendung der erforderlichen Antragsunterlagen.

Mit freundlichen Grüßen

Datum   Unterschrift   Adresse

Musterbrief 45: Antrag auf Stundung bzw. Ratenzahlung der Erbschaftsteuer

Finanzamt ...
...
...

Ort, Datum

Steuernr.: ..../Erbschaftsteuerbescheid vom ..../
Antrag auf Ratenzahlung

Sehr geehrte Damen und Herren,

die mit oben genanntem Steuerbescheid festgesetzte Steuernachforderung in Höhe von ... Euro kann ich leider nicht in einem Betrag bezahlen.
Begründung: ....
....

Sicherlich sind Sie nicht daran interessiert, dass ich durch Sie zur Zerschlagung des Erbes gezwungen werde. Ich bitte Sie deshalb, die Steuer in ...... Raten zu jeweils .... Euro zum Ersten jeden Monats, beginnend ab dem ...., zahlen zu dürfen.

Alternativ wäre auch eine Stundung der kompletten Steuer für ...... Monate hilfreich. Danach wäre die Zahlung in einem Betrag möglich, weil ....

Mit freundlichen Grüßen

Musterbrief 46: Ausschlagung des Erbes

Nachlassgericht ...
...
...

                                                                                    Ort, Datum

Sehr geehrte Damen und Herren,

laut Testament vom ...., von dem ich am .... in Kenntnis gesetzt wurde, bin ich als Haupterbe des am .... verstorbenen .... eingesetzt worden.

Hiermit erkläre ich, dass ich das Erbe ausschlage.

Mit freundlichen Grüßen

Musterbrief 47: Antrag auf Nichtveranlagung zur Einkommensteuer

Finanzamt ...
...
...

Ort, Datum

ESt-Nr. ..../Antrag auf Nichtveranlagung

Sehr geehrte Damen und Herren,

wegen geringer Einkünfte von derzeit nur ...... Euro pro Jahr (siehe Kopie des Rentenbescheids) beantrage ich, ab sofort nicht mehr zur Einkommensteuer veranlagt zu werden.

Sollten sich meine Einkommensverhältnisse deutlich verbessern, werde ich unverzüglich wieder die steuerliche Veranlagung beantragen. Da ich aber keinen größeren Zuwachs (Erbschaft) erwarte, ist nicht damit zu rechnen.

Mit freundlichen Grüßen

Musterbrief 48: Antrag auf einen Erbschein

Nachlassgericht ...
...
...

Ort, Datum

Antrag auf Erbschein

Sehr geehrte Damen und Herren,

mein Ehepartner .... ist am .... gestorben. Wir lebten im gesetzlichen Güterstand der Zugewinngemeinschaft und haben ...... eheliche Kinder. Ein Testament wurde nicht hinterlassen; es tritt daher die gesetzliche Erbfolge ein. Ich versichere hiermit an Eides statt, dass mir nichts bekannt ist, was der Richtigkeit meiner Angaben entgegensteht.

Ich beantrage die Erteilung eines gemeinschaftlichen Erbscheins für die Kinder und für mich. Der Wert des Nachlasses beträgt etwa .... Euro. Ich benötige den Erbschein sehr bald, da ich sonst nicht über das Girokonto .... bei der .... Bank verfügen und meinen Lebensunterhalt nicht bestreiten kann.

Mit freundlichen Grüßen

Musterbrief 49: Rente im Sterbevierteljahr

Rentenrechnungsstelle der Bundespost
...
...

Ort, Datum

**Meldung des Todes des Ehepartners/
Antrag auf Rente im Sterbevierteljahr
Versicherungsnr. des Verstorbenen ....
Postabrechnungsnr. des Verstorbenen ....**

Sehr geehrte Damen und Herren,

hiermit teile ich Ihnen mit, dass mein Ehepartner ....,
geb. ...., am .... verstorben ist.

Als Witwe(r) steht mir Hinterbliebenenrente zu (siehe Kopie meines Ausweises, beider Geburtsurkunden, unserer Heirats- und seiner Sterbeurkunde in der Anlage).

Bitte überweisen Sie eine Vorschusszahlung in Höhe von drei Monatsrenten auf das bisherige Konto ....,
BLZ: ...., bei der .... Bank.

Sollte ich eine Frist für den Erfolg dieses Antrages versäumt haben, so bitte ich um Nachsicht, da ich nach dem plötzlichen Tod meines Partners unter Schock stehe und viele organisatorische Erledigungen rund um die Beerdigung mich voll ausgefüllt hatten.

Mit freundlichen Grüßen

Stichwortverzeichnis

Abonnementverträge 204, 248
Abgeltungssteuer 238ff.
Abkürzungsversicherung 125
Abtretung 63
Aktien 27, 143ff., 239
Aktienfonds 144, 148, 238f.
Altenheim 194ff., 267
Altenheimverträge 194ff.
Altentagesstätten 83
Altenwohnung 188
Altersrente, gesetzliche 14ff., 19, 27, 28, 37ff., 42ff., 51, 140ff., 169, 228ff.
Altersrente, vorzeitige 42ff.,
Altersvorsorge 118f., 172
Anlageberatung 151
Anleihen 238
Anwaltssuche 265f.
Arbeitslosengeld I 107, 171
Arbeitslosengeld II 18, 75, 107
Arbeitslosenversicherung 121
Arbeitsunfall 187
Arztrechnung 117, 311
Assistance 126ff.
Au-pair-Hilfe 113
Ausland 67ff., 112, 199ff.
Auslandsimmobilien 199ff., 267
Auslandskrankenkarte 132, 136
Auslandsreisen 123
Auslandsreisekrankenversicherung 132, 135, 137, 279
Auslandsvermögen 201
Auto 81

Banksparplan 29, 32
Basisrente 234f.
Basistarif 92, 98
Beamte 22ff.
Beamtenversorgungsgesetz 23
Behandlungssicherungspflege 106
Behinderung 45, 76ff., 244
Behindertenpauschbetrag 77, 81
Beitrag 46f.
Beitragsbemessungsgrenze 47, 96, 98
Beitragserhalt 29
Beitragsnachweis 53, 300
Beitragszeiten 37
Beratungshilfe 58f.
Berufsgenossenschaften 112
Berufskrankheit 187
Berufsunfähigkeitsrisiko 50
Berufsunfähigkeitsversicherung 118f., 121f.

Berufung 58
Bestattung 248ff., 265, 268f., 296ff.
Betreutes Wohnen 190, 194
Betreuung 183, 226
Betreuungsgesetz 183
Betreuungsvollmacht 224ff.
Betriebsrente 16ff., 27, 96, 236
Bundesanleihen 144
Bundesschatzbriefe 144, 283
Bundessozialgericht 57f.
Bundesversicherungsamt 97
Bußgeldkatalog 212

Deutsche Rentenversicherung 15, 261ff.
Deutsche Rentenversicherung Bund (DRV) 40f., 261
Deutscher Direktmarketing Verband (DDV) 203
Deutsches Institut für Altersvorsorge (DIA) 25, 41
Direktversicherung 17, 18, 236
Durchschnittsnettoeinkommen 70

eBay 162
Eckrentner 15
Ehegattensplitting 257
Eigenbedarfskündigung 330
Eigenheimbau 113
Eigenkapital 33
Eigentumswohnung 190ff., 197f.
Einkommen 71, 140ff., 241ff.
Einkommensteuer 18, 241ff., 346
Einkommensteuerbescheid 207
Einkommenstcuererklärung 207, 242
Einkünfte 45, 69, 241ff., 289
Einlagensicherung 155f.
Einlagensicherungsfonds 153ff.
Einliegerwohnung 190
Elternversorgung 214
Enkel 156
Entgeltumwandlung 17, 22
Entschädigung 278
Erbe 216ff., 267, 345
Erbrecht 201
Erbschaftsteuer 131, 218, 219, 344
Erbschaftssteuersätze 217
Erbschein 347
Erbvertrag 222f.
Erwerbsfähigkeit, verminderte 14
Erwerbsminderungsrente 39, 41, 46
Erwerbsunfähigkeitsrente (EU) 134

349

Erziehungsrente 14
Europäische Krankenversicherungskarte (EHIC) 133, 136
Europäische Sozialversicherung 134
Familie 72, 87
Finanzamt 206ff.
Fitnessstudios 204
Fondsshops 152
Fondssparpläne 148
Freibeträge 41, 216
Führerschein 211
Gebäudeversicherung 118, 123, 128, 243, 279
Gebrauchtkauf 160, 318
Geldanlagen 236
Geldmarktfonds 144
Geldvermögen 25f
Genossenschaftsbanken 154
Geschiedenenrente 260
Gesetzliche Krankenversicherung (GKV) 87, 89
Gesundheitsreform 92
Gewaltopfer 213f., 268, 343
Gewährleistung 159, 315
Gewässerschäden-Haftpflichtversicherung 279
Grabpflegeverträge 258, 269, 299
Grundbesitzer-Haftpflichtversicherung 279
Grundsicherung 70ff.

Haftpflichtversicherung 123, 243
Halbeinkünfteverfahren 238
Handwerker 164ff.
Hartz IV 74f.
Haushaltshilfe 244
Häusliche Pflege 76, 81, 90, 100, 106f.
Hausratversicherung 123, 128, 279
Haustiere 174
Haustürgeschäft 163f., 321
Heimunterbringung 245
Hinterbliebenenrente 14, 20, 41, 46, 93, 254, 257
Hinzuverdienst 44ff.
Hinzuverdienstgrenze 46
Hirntod 252
Hundesteuerbefreiuung 80

Immobilien 32f., 70, 148, 197, 240f.
Immobilienfonds 239
Immobiliensteuern 199
Inflation 39
Insassen-Unfallversicherung 121, 279

Integrationsamt 187
Internet 158ff., 268
Invalidität 118, 121
Invaliditätsrente 46
Investmentfonds 29, 147ff.

Job 169ff.

Kaffeefahrt 164
Kapitalabfindung 132
Kapitalertragsteuer 236f., 239, 242
Kapitallebensversicherung 124, 129, 130, 145, 232, 234, 253
Kapitalvermögen 45, 96, 207
Kaskoversicherung 123
Kassenpatienten 94ff., 117
Kfz-Haftpflichtversicherung 118, 214, 243, 279
Kfz-Steuer 206
Kfz-Steuer-Befreiuung 80
Kindergeld 156
Klassenfahrten 114
Kostenvoranschläge 166
Krankenhausersatzpflege 106
Krankengeld 57, 94
Krankenkassen 96, 100, 132
Krankenkassenbeiträge 41
Kranken- und Pflegeversicherung 39, 72f., 87ff., 121, 260
Krankenversicherung der Rentner (KVdR) 87ff., 267
Krankheit 244
Kulanz 317
Kündigung (Versicherung) 122, 312
Kunstfehler 114
Künstliche Ernährung 116

Lebensversicherung 129, 132, 147, 313f.
Leibrente 147f., 198, 218, 235
Letzter Wille 292

Mängelhaftung 159ff., 316, 323
Medizinischer Dienst der Krankenkassen (MDK) 103ff.
Mieterhöhung 174f., 327
Mieterverein 173, 267
Mietkaution 178
Mietmängel 173
Mietprobleme 267
Mietschulden 176
Mietwohnung 32, 186ff.
Minderung 158, 180
Mischfonds 238
Mobile Hilfsdienste 84
Mobilfunkvertrag 338

Mobiltelefone 205
Montrealer Abkommen 181
Müllabfuhr 209

Nachgelagerte Besteuerung 17, 48
Nachhaltigkeitsfaktor 48
Nachteilsausgleich 77
Nahverkehrsmittel 79
Nebeneinkommen 169ff.
Neukauf 158
Nießbrauch 197, 220

Obduktion 251f.
Öffentlicher Dienst 19
Ombudsleute 263
Onlinebestellung 162, 320
Operation 115
Organentnahme 251f., 268, 294

Parkausweis 82
Patientenverfügung 224ff., 268, 293
Pauschalreisen 178
Pension 22ff., 231ff.
Pensionsfonds 17, 24, 236
Pensionskasse 17, 236
Pfändungsfreigrenzen 64
Pfändungsschutz 65
Pflege 76, 244
Pflegeantrag 308f.
Pflegebedürftigkeit 100ff., 118
Pflegegeld 45, 100, 107
Pflegeheim 195, 287, 335
Pflegekasse 187
Pflegekosten 109f.
Pflegepflichtversicherung 103
Pfleger, ehrenamtliche 107
Pflegerente 110
Pflegestufe III 107f.
Pflegeversicherung, gesetzliche 76, 93, 98ff., 169, 275f.
Pflegezusatzversicherung 108ff., 122ff., 126, 144, 243, 279
Pflichtbeitragsjahre 50f.
Pflichtbeitragszeit 57
PKV-Basistarif 98f.
Privatbanken 154
Private Krankenversicherung (PKV) 97ff., 243, 264, 279
Privathaftpflichtversicherung 118ff., 123, 137f., 243, 279
Privatpatient 117
Privatvermögen 25ff., 32
Prozesskostenhilfe 58ff.
Prozesskostenrisiko 57
Putzhilfe 113

Rechnungsreklamation 324
Rechtsschutzversicherung 123, 243, 278f.
Regelaltersgrenzen 51
Rehabilitation 14, 41
Reisegepäckversicherung 279
Reisen 132ff., 178ff., 331
Reisemängel 178, 332f.
Reiserücktrittskostenversicherung 138, 178
Renovierungskosten 329
Rentenabfindung 260
Rentenalter 49
Rentenanpassung 47, 61f.
Rentenanpassungsmitteilung 62
Rentenantrag 53, 54ff., 301
Rentenanwartschaft 20f., 34, 39
Rentenauskunft 38ff.
Rentenbeginn 140ff., 281
Rentenberater 56
Rentenberatung 261
Rentenbescheid 52, 55ff., 302
Rentenfonds 239
Rentenhöhe 40, 49
Rentenklage 57, 60, 272, 303
Rentenplan 146
Rentenreform 48
Rentenschätzprogramme 40
Rentensplitting 258
Rentenversicherung, gesetzliche 14, 42, 50, 52, 54, 121, 236
Rentenversicherung, private 29, 129, 130, 132, 234ff.
Rentenversicherungsbeitrag 37
Rentenversicherungsträger 55, 57, 62, 64, 72, 91, 93, 207, 253
Rentenzahlung 53
Rentnerausweis 61f.
Reparaturpolice 279
Riester-Banksparpläne 30
Riester-Rente 28ff., 172, 256, 270
Risikolebensversicherung 119f., 129, 279
Robinsonliste 203, 268, 336
Rückwärtshypothek 148
Rundfunkgebührenbefreiung 77, 82, 307
Rürup-Rente 172, 228, 234

Schadensersatzansprüche 114ff., 118
Scheidung 34ff., 260
Schenkung 148, 216, 220, 222f.
Schenkungsteuer 218
Schlichtungsstellen 263, 325
Schlüsselnotdienst 129, 167f.

351

Schonvermögen 18, 172
Schul- und Studienzeiten 57
Schulden 267
Schwankungsreserve 47
Schwerbehinderte 72, 187
Schwerbehindertenausweis 77
Schwerkrankenversicherung 125
Selbstständige 14, 27, 35, 93
Seniorenlobby 266
Seniorentarif 98, 124ff.
Seniorenstudium 84ff., 266
Seniorenunfallversicherung 123, 126
Seniorenwohnresidenz 190
Sozialgeld 75
Sozialhilfe 17, 72, 75ff., 103, 107, 187
Sozial- und Versorgungsamt 187
Sozialversicherungsabkommen 68
Sparbuch 143
Sparerfreibetrag 238f.
Sparguthaben 146
Sparkassen 154, 265
Spekulationsfrist 238f., 241
Spekulationssteuer 239
Spenden 184f., 267
Startgutschrift 20f.,
Stationäre Pflege 102
Sterbebegleitung 268
Sterbegeld 112, 119, 252f.
Sterbegeldversicherung 125, 131, 253, 279
Sterbegeldverträge 131
Sterbeurkunde 247
Steuerbescheid 208, 339
Steuerklassen 217
Steuern 68, 228ff.
Steuererklärung 207, 288
Stiftung Warentest 30, 38, 44, 126, 137
Straftat 213
Stromanbieter 212
Stromvertrag 341
Studium 85ff., 274

Tagegeld 109f.
Teilrente 44ff.
Teilzeitjobs 57
Termingeld 144
Testament 221ff., 290f.
Todesfall 245, 247ff., 294f.
Transplantationsgesetz 252
Trickbetrüger 65

Umlageverfahren 38
Unfallrente 112
Unfallversicherung, gesetzliche 111ff.

Unfallversicherung, private 121, 126ff., 243, 279
Unfallversicherungsträger 187
Unternehmer 29, 64f.

Verbraucherrecht 158
Verbraucherzentrale 116, 131, 151f., 202, 266
Verkehrsunfall 213, 268
Verletztenrente 112
Vermietung 45, 96, 244
Vermögen 140ff., 172
Verpachtung 45
Verrentung 132, 145ff.
Versandartikelrückgabe 319
Versandhandel 160ff.
Versicherungen 118ff., 243, 279
Versicherungs-Check 118
Versicherungsverlauf 53, 271
Versorgungsamt 79, 80, 214
Versorgungsausgleich 34, 36
Versorgungsausgleich, schuldrechtlicher 34f.
Versorgungsfreibetrag 231f.
Versorgungslücke 142
Versorgungspunktemodell 19
Volkshochschulen 84
Vollmacht 63, 304f.
Vormundschaftsgericht 183, 227
Vorsorge, private 15, 50

Waisenrente 254ff.
Waisenversorgung 214
Wandelung 158, 318
Weißer Ring 214
Werbebriefsendung 202
Werbung 202f., 268, 337
Werbungskosten 243f.
Wertpapiere 71, 143
Widerspruch 57, 209, 302, 306, 309, 327, 330, 335
Witwenrente 112f., 254ff., 260
Witwenversorgung 214
Wohnen 186ff., 266, 285f., 334
Wohneigentum 32ff., 144
Wohngeld 70, 72ff.
Wohngeldbescheid 75, 306
Wohngemeinschaft 189
Wohnkosten 73
Wohnungskündigung 176ff.
Wohnungsmängel 326

Zinsabschlag 236, 239
Zusatzrente 19ff., 32, 126